La Voie des écovillages

Guide pour repenser nos lieux de vie en collectif

Nota : Le lecteur trouvera l'adresse Internet des organismes et entreprises signalés par un astérisque à la fin de l'ouvrage, p. 235.

ISBN : 978-2-35981-164-3
Dépôt légal : avril 2022

Éditions de Terran – 355, rue de la Montagne-Noire – 31750 Escalquens
terran@piktos.fr
www.terran.fr
@editionsterran
Éditions de Terran

William Wadoux

La Voie des écovillages

Guide pour repenser nos lieux de vie en collectif

terran

Dans le contexte actuel et avec les acquis techniques et scientifiques dont nous disposons, la crise, telle qu'on l'entend, apparaît comme une fausse crise. Car ce ne sont en effet ni nos capacités à produire ou à innover ni les ressources planétaires qui font défaut, mais la morale et l'équité, qui devaient présider à leur gestion, remplacées par l'égoïsme et l'avidité.

Pierre Rabhi, *Manifeste des Oasis en tous lieux*

Sommaire

Préambule 11

Introduction 13

PARTIE I : Définir le projet 19

Les grandes étapes 20
Qui sont les candidats à ce genre d'aventure ? 22
Est-ce facile de se lancer ? 23
Raison d'être, missions, vision, valeurs, objectifs 27
Identité du projet 39
Charte et règlements : les textes fondateurs 39
Quelques définitions 42
Du temps… après les idées 43
Le Rêve du Dragon 45

PARTIE II : Implantation 47

Considérations géographiques 49
Analyse géotechnique du terrain 55
Méthodologie de recherche 61

PARTIE III : Comptabilité et financement 65

Comptabilité et prévisionnels 66
Acquisition du bien immobilier 69
Le financement initial s'arrête rarement seulement à l'achat du terrain 72
Soutiens institutionnels 73
Financement participatif 74
Emprunt collectif 78

PARTIE IV : Gestion des espaces et ressources 79

Organisation des espaces 80
Eau 84
Énergie électrique 97
Alimentation 107

PARTIE V : Constructions 117
Règlement interne 118
Constructions bioclimatiques 119
Puits climatique 122
Habitat léger 123

PARTIE VI : Économie intérieure 125
Maintenir le système économique qui domine à l'extérieur 126
Troc et unités de valeur 126
Banques de temps 127
Monnaies alternatives 128
Propriété commune et mutualisation 133
Modalités de couverture des frais de fonctionnement 137
Le partage des revenus… et dépenses 137
Organisation du travail communautaire 141

PARTIE VII : Relation avec l'économie extérieure 143
Mini-projets pouvant générer des revenus collectifs 145
Que sont les *living labs* ? 147
Locations longue durée 147
Entreprises régénératives 149
Pragmatisme : le *business plan* 150

PARTIE VIII : Vie en commun 151
Festivités 152
Animaux de compagnie 153
Limites sphère privée/vie communautaire 154

PARTIE IX : Jeunesse, spiritualité et santé 155
Pour une nouvelle éducation 156
Spiritualité, santé 161

PARTIE X : Gouvernance 169
Droit à la parole 170
Organes de gouvernance 181
Auto-évaluation 182
Leadership 182
Dynamique de groupe 184

Outils de gestion de groupe ... 186
Enregistrement ... 194
Communication ... 194
Biais cognitifs ... 196
Organiser une réunion ... 198
Gestion des émotions ... 199
Gestion de la transgression ... 201
Formations ... 203

PARTIE XI : Intégration et séparation des membres ... 205
Dynamique intergénérationnelle ... 207
Processus d'inclusion ... 208
Processus d'exclusion ou de succession ... 211

PARTIE XII : Statut juridique ... 213

PARTIE XIII : En matière de risques ... 219
Gestion des risques ... 220
Défense du lieu ... 221

PARTIE XIV : Facteurs de réussite et raisons des échecs ... 223

PARTIE XV : Vous n'êtes pas seul ! ... 229
Réseaux ... 230
Des exemples inspirants ... 231

Sources bibliographiques ... 233

Sites Internet ... 235

Annexes ... 239
Annexe I : Exemple de charte (composition) ... 240
Annexe II : Exemple de charte (écovillage Local Earth) ... 244
Annexe III : Fiches d'analyse de terrain ... 247
Annexe IV : Exemple de questionnaire pour candidat à la résidence ... 253
Annexe V : Exemple de règlement interne (écovillage de Pourgues) ... 257
Annexe VI : Exemple de règlement de construction (écohameau du Plessis) ... 263
Annexe VII : Exemple de règlement interne en matière d'animaux de compagnie ... 268

Annexe VIII : Exemple de procédure pour régler une situation problématique 271
Annexe IX : Relevé des besoins énergétiques pour un système photovoltaïque 275
Annexe X : Listes pour stocks alimentaires 278
Annexe XI : Exemple de bulletin de souscription à une épargne solidaire (collectif Habiterre) 282
Annexe XII : Exemple d'entente pour le partage des revenus 284
Annexe XIII : *Check-list* pour l'organisation d'une réunion 292
Annexe XIV : Modèle de bilan financier initial 293
Annexe XV : Matrice de gestion des risques 297

Remerciements 302

Communauté de Köy en Turquie, dôme de méditation sonore. Travaux d'Aslı Tekin, conceptrice en écoarchitecture.

Préambule

Se lancer dans la rédaction d'un tel guide est évidemment un défi immense en raison de l'étendue du sujet, riche, polémique, difficilement exhaustif. C'est tenter de proposer un manuel pour ce qui peut être une société en miniature, avec ses degrés de complexité mais aussi avec sa taille pour avantage.
Comment faire en sorte de donner des éléments structurants, sans faire un recueil détaillé de toutes les techniques existantes, qui ressemblerait plus à une encyclopédie ? J'ai donc opté pour une compilation d'expériences et de solutions techniques, ouvrant différentes pistes de réflexion, mais demeurant adaptables selon les valeurs de chacun. Tout en tâchant de faire gagner un temps précieux en me référant à d'autres ouvrages plus spécifiques. Il m'a semblé qu'il manquait dans le panorama de ce type de projet un « guide » au sens noble du terme, un ouvrage donnant une vision d'ensemble du sujet. Sans compromis, sans naïveté débordante, dépassant la seule évidence des belles intentions de vie communautaire, pour que les choix soient les plus éclairés et pérennes. Rien de facile, l'humain étant complexe, mais je me plaisais à rêver qu'en fournissant quelques outils de base, souvent ignorés dans l'élan initial de ces projets, les chances de réussir de ces communautés d'intention en sortiraient renforcées. Je tente donc de synthétiser ici ce qui me semble être des facteurs essentiels de réussite et de durabilité de ces projets, ainsi que les écueils à éviter ou tout au moins les sujets qui requièrent une vigilance accrue pour ne pas mettre en péril son projet de vie.

Il va de soi que cet ouvrage pourra susciter des critiques étant donné son ambition. Je souhaite pouvoir m'en alimenter afin de poursuivre cet effort de synthèse et offrir en toute humilité à notre communauté humaine des briques pour construire un avenir meilleur.

Une dernière mise en garde concerne les valeurs sous-jacentes à ce type d'ouvrage. La plupart des projets étudiés dans ce livre recèlent des façons de rébellion et d'inconformité avec le mode de vie en société qui prédomine actuellement. Je cite certaines de ces initiatives, en rupture partielle ou totale avec la société dite dominante, car il me semble aller de soi que des solutions novatrices viendront plus naturellement de ce type de propositions que de projets plus conformistes. Pour autant, il ne s'agit pas, comme état d'esprit, de rester en opposition, mais plutôt d'être favorable à certaines valeurs, en mode disruptif.
Je reprends les mots d'Albert Einstein pour entamer cette aventure : « La folie, c'est se comporter de la même manière et s'attendre à un résultat différent. »

Tiny house à Topanga aux États-Unis.

Introduction

Les principes qui fondent les initiatives d'écovillages ne sont pas nouveaux mais ils ont subi de nombreuses évolutions restées méconnues du grand public, souvent ignorées en raison d'un imaginaire négatif et de nombreux préjugés.

Je n'ai pas ici pour objectif de retracer un historique qui passerait par les phalanstères, les communautés d'intention ou encore les groupements spirituels. Il existe bien des ouvrages à ce sujet qui intéresseront sans doute plus les sociologues et historiens que les potentiels lecteurs pragmatiques à qui je souhaite m'adresser.

Cependant, il faut noter l'évolution récente des valeurs qui animent ces initiatives et permettent de sortir de l'ornière philosophique « hippie » des années antérieures à 1980. En effet, le communautarisme se fait remplacer dans l'échelle des valeurs par la coopération, suggérant de manière sous-jacente une implication plus active et moins rebelle, en tout cas moins opposée au « système », et plus innovatrice, pour proposer des alternatives puisant dans ce qui peut être valorisé de la société dominante. Un certain réalisme est de rigueur, l'argent est moins tabou, la notion de développement personnel regagne une part significative sans négliger l'importance du groupe et les notions d'intelligence collective.

Puis surgit l'épisode du coronavirus qui vient ébranler une société arrogante selon certains, endormie pour d'autres, consciemment inconsciente, aveuglée par des mythes dont elle ne perçoit que très mal les ramifications dans l'esprit humain. La fragilité d'un système mondialisé soumis au dieu financier, indifférent envers nos semblables, se montre au grand jour. Entre engourdissement, confusion et incertitude, nous nous interrogeons sur les valeurs fondamentales de nos vies, au cœur de nos confinements et d'un temps redevenu perceptible.

Les réunions virtuelles, les webinaires et autres formations en ligne se multiplient, et tous les sujets sont bons à prendre. Les esprits s'ouvrent à d'autres horizons et notamment celui des lieux alternatifs, qui semblent proposer des espaces ouverts, épargnés par ces préoccupations sanitaires, comme des oasis de futurs possibles dans un panorama qui montre désormais sa noirceur et son inhumanité.

Je vous propose donc de passer de l'écovillage connoté des années hippies à l'écosystème coopératif ou, pour reprendre les propos de Rob Hopkins, penseur de la Transition : des unités locales résilientes.

À qui s'adresse cet ouvrage ? Disons principalement à ceux qui rêvent d'un lendemain où l'humain regagnera sa part centrale dans notre société tout en reconnaissant être un élément constitutif de l'univers, rompant avec la perte de sens de nos sociétés modernes, avec leurs mécanismes mortifères et suicidaires. Pour reprendre une nouvelle fois des propos d'Albert Einstein, il semblerait que notre époque se caractérise par de multiples moyens mais aussi par une absence de sens.
Les lieux que je vais mentionner au travers des différents aspects des écovillages sont diverses invitations à imaginer un « vivre ensemble », non seulement dans le respect de la nature, mais en tant que partie indissociable d'une Gaïa dont chaque constituant qui se retournerait contre elle ne serait que l'expression d'un cancer mettant en danger l'équilibre même de la vie sur cette Terre.

J'ai commencé cette odyssée intellectuelle il y a bien longtemps, sans toutefois envisager que je puisse y prendre part un jour. À la manière d'un rêve éveillé mais pour lequel inconsciemment j'assemblais les pièces d'un puzzle complexe. Dans une marginalité que j'assumais plus ou moins, souvent révélée par mes positions incomprises, décalées, aussi mal exprimées, au sein des entreprises et du monde des ONG que je côtoyais. Mes dernières expériences m'ont douloureusement fait comprendre combien il est difficile de sortir du troupeau et de désirer pour autant construire quelque chose collectivement.
L'actualité de la Covid-19 m'a en revanche éveillé à l'espoir qu'un véritable changement de perspectives s'opère. Et que parler d'écovillage ne semble plus une idée si décalée. Ce livre est donc le produit de nombreuses recherches, de lectures, de rencontres, mais il n'est pas le témoignage d'un membre d'un écovillage réussi, tout au moins pas à ce stade. Il ne prétend que faire gagner du temps à ceux qui souhaitent s'y mettre, en leur simplifiant l'accès à certaines données et réflexions.

Le cocktail magique qui fera de votre projet une réussite n'est pas ici décrit ; mais vous pourrez y puiser de nombreux outils qui vous feront gagner un temps précieux, voire vous éviteront des erreurs pouvant être fatales dans les premiers temps de votre initiative.
Ce recueil visant à couvrir nombre des aspects incontournables d'un écovillage, autrement dit d'une mini-société, il ne peut être qu'incomplet ou à certains égards superficiel. Il s'agit donc d'un guide destiné à ces personnes courageuses, conscientes des enjeux et des difficultés d'une telle entreprise, pour laquelle il n'existe pas de formule magique.

L'Oasis de Lentiourel, lieu de vie en collectif.

Le schéma page suivante, réalisé par le Réseau des écovillages mondial/Global Ecovillage Network (GEN)* et l'organisation Gaia Education*, résume les principaux aspects et défis d'un d'écovillage. Remarquez qu'ils l'ont nommé « Carte de régénération ». Tout l'enjeu de la grande majorité des écovillages est en effet de régénérer, reconstituer ou rétablir quelque chose qui s'est détruit, que cela soit en lien avec les relations humaines, notre environnement ou les dimensions culturelle et spirituelle.

Ce schéma nous servira de guide pour la suite de notre odyssée.

Carte de régénération des écovillages

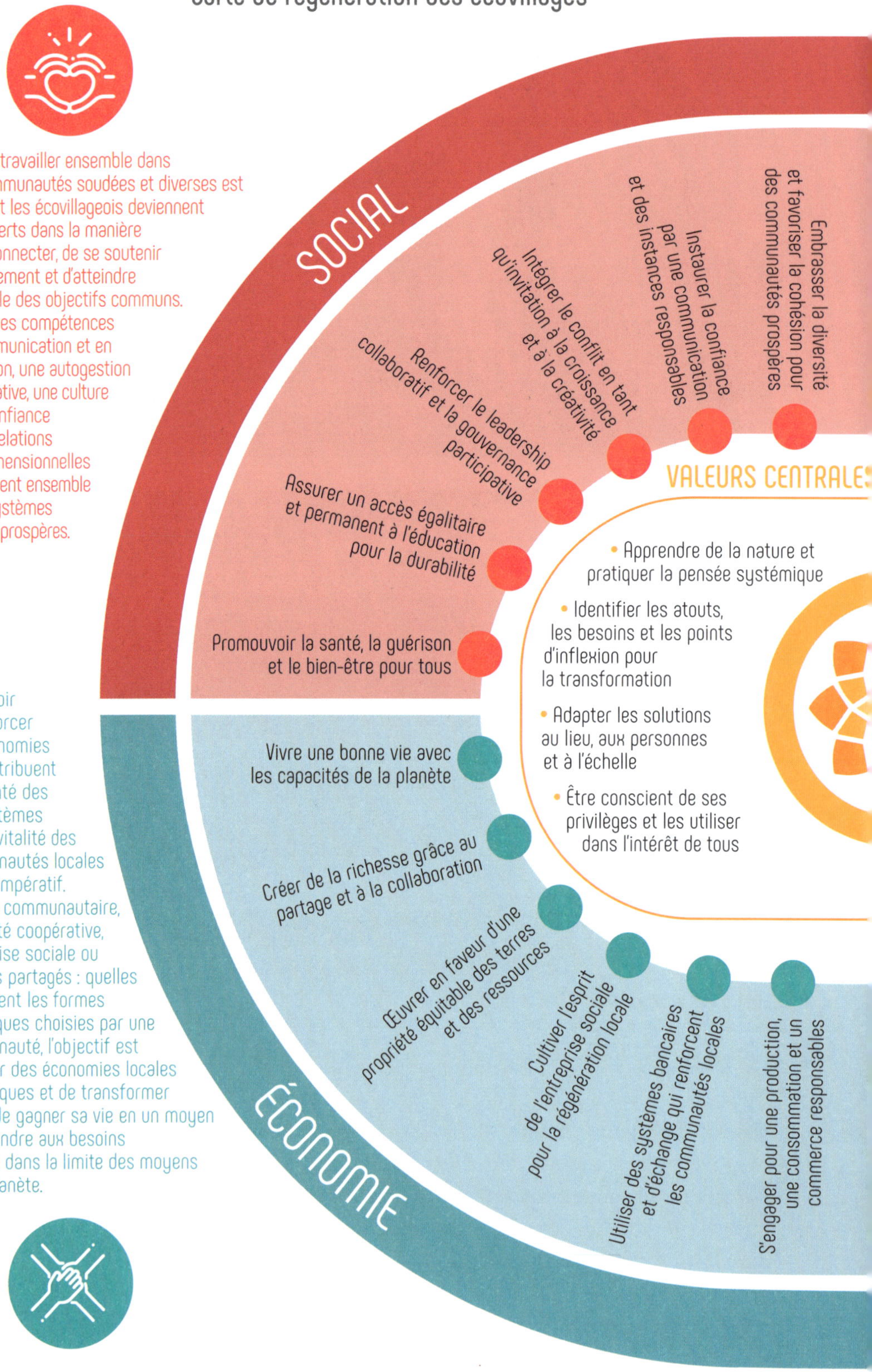

Vivre et travailler ensemble dans des communautés soudées et diverses est un art, et les écovillageois deviennent des experts dans la manière de se connecter, de se soutenir mutuellement et d'atteindre ensemble des objectifs communs. De bonnes compétences en communication et en médiation, une autogestion participative, une culture de la confiance et des relations multidimensionnelles contribuent ensemble à des systèmes sociaux prospères.

Concevoir et renforcer les économies qui contribuent à la santé des écosystèmes et à la vitalité des communautés locales est un impératif. Banque communautaire, propriété coopérative, entreprise sociale ou revenus partagés : quelles que soient les formes spécifiques choisies par une communauté, l'objectif est de créer des économies locales dynamiques et de transformer le fait de gagner sa vie en un moyen de répondre aux besoins de tous dans la limite des moyens de la planète.

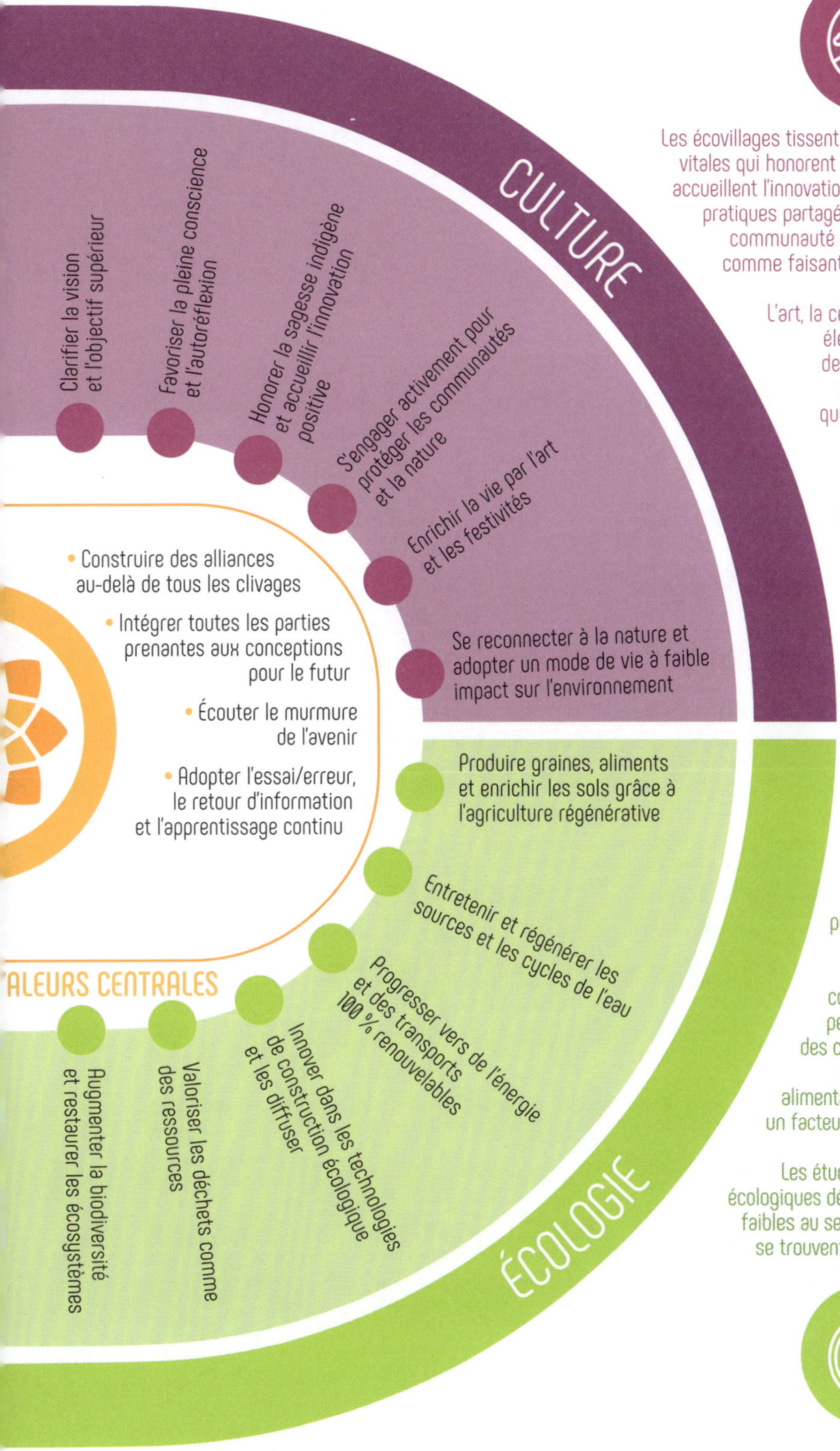

Les écovillages tissent des cultures riches et vitales qui honorent la sagesse indigène et accueillent l'innovation positive. Grâce à des pratiques partagées, les membres de la communauté vivent une expérience comme faisant partie d'un ensemble plus grand que soi.
L'art, la célébration, un but plus élevé et une conscience de soi croissante créent un champ fertile pour que chacun d'entre nous trouve son chemin de retour vers un sentiment naturel de valeur personnelle et d'interconnexion.

Les écovillages montrent que des modes de vie à faible impact et de haute qualité sont possibles : les écosystèmes peuvent être restaurés ; l'eau, la nourriture, les matériaux de construction et l'énergie peuvent être gérés dans des cycles de vie régionaux sains ; la souveraineté alimentaire et énergétique est un facteur décisif pour la survie et la liberté de choix.
Les études sur les empreintes écologiques démontrent que les plus faibles au sein du monde industriel se trouvent parmi les écovillages.

Source : Adapté de *GEN Annual Report 2018* – traduction de l'auteur.

Jardins d'Atyoula.

Partie I

Définir le projet

ENJEU

Structurer le projet collectif afin qu'il soit clair pour vous et vos camarades

Écohameau Les Trois Sources.

Pour fédérer qui que ce soit autour de vous et d'un projet, il est fondamental d'en définir une vision claire. On parle aujourd'hui de *storytelling*, pour signifier finalement que l'expression de votre rêve doit emporter l'adhésion des autres afin qu'il ait des chances de se réaliser.

L'écart important de vision entre différents membres du projet est source de conflits ou au minimum d'efforts incommensurables pour le résorber. Il peut paraître anodin de travailler la vision, mais je vous assure que ne pas la peaufiner, ne pas prendre le temps de partager le même vocabulaire et le sens qui se cache derrière, vous coûtera très cher en amitiés perdues et démotivation.

Les grandes étapes

ENJEU

Prendre conscience des rythmes classiques de création d'un collectif

Pour reprendre les bons mots de Diana Leafe Christian dans son ouvrage *Vivre autrement. Écovillages, communautés et cohabitats*, le processus de création d'un lieu de vie collectif est de nature organique et non linéaire. Beaucoup de développements se feront en parallèle et certains nécessiteront une construction patiente, posant brique sur brique les éléments d'un édifice solide. La patience est payante et permettra de consolider ces bases.

De nombreux collectifs suggèrent effectivement de commencer par former le groupe moteur avant de se lancer dans la recherche du terrain idéal, qui déterminera ensuite votre projet global.
Pour autant, il existe des cas d'initiatives nées de la trouvaille d'un terrain, mais ce n'est pas souvent l'étape initiale recommandée.

Voici un résumé inspiré des indications de Diana Leafe :

<table>
<tr><th colspan="8">ÉTAPES DE LANCEMENT D'UN ÉCOVILLAGE</th></tr>
<tr><td colspan="8">Apprentissage de nouvelles méthodes de communication, de gestion et valorisation de conflit

Apprentissage individuel vers une culture collective de tolérance, d'entraide et de partage</td></tr>
<tr><td rowspan="2">Conception</td><td>Conformation du groupe initial</td><td>Élaboration des documents fondateurs, à commencer par la vision</td><td>Sélection de critères et recherche de lieux</td><td>Élaboration du budget (achat, rénovation)</td><td>Disponibilité de financements (fonds propres, emprunts, aides)</td><td>Installation dans les lieux, aménagements</td><td rowspan="2">Installation</td></tr>
<tr><td>Apprentissage au contact des écovillages</td><td>Définition du mode de gouvernance</td><td>Choix du lieu d'implantation</td><td>Conception des projets économiques et associatifs, avec leurs budgets</td><td>Création des entités juridiques</td><td>Mise en place des projets économiques et associatifs</td></tr>
<tr><td colspan="8">Élaboration de règlements internes et autres documents clarifiant le fonctionnement du collectif

Relations avec d'autres collectifs et identification de nouveaux membres potentiels</td></tr>
</table>

Source : Adapté de Diana Leafe Christian, *Vivre autrement. Écovillages, communautés et cohabitats*, Écosociété, 2015.

Qui sont les candidats à ce genre d'aventure ?

ENJEU

Identifier les personnes qui sauront jouer dans la même cour de récréation que vous

À ce stade, alors que nous n'en sommes qu'aux premiers soubresauts d'une nature gravement atteinte par une gangrène rampante, peu de personnes ont pris conscience ou ont le luxe de pouvoir penser à des alternatives de vie. Alors, qui sont les personnes qui se lancent dans ce type de projet ?
Il n'existe pas de recensement formel en ce sens, mais une appréciation générale de plusieurs acteurs du milieu. Jean-Luc Girard, le créateur de la revue *Passerelle Éco**, parle notamment d'un mode de vie qui attire « surtout des 18-30 ans fauchés, des 45-55 ans aisés et des retraités ». Myriam Simard nous dit que « les néo-ruraux sont en grande majorité des ménages, relativement jeunes [entre 30 et 40 ans], avec enfants [deux en moyenne][1] ».

Pourquoi font-ils ce choix ? Vivre ensemble en harmonie et dans le respect de la terre… l'idée n'est pas nouvelle. « Elle réapparaît de façon récurrente lors des périodes de forte rupture historique », explique Hervé Thouément, chercheur à l'université de Brest. Leur point commun ? Le désir de construire un autre monde : « Beaucoup d'altermondialistes luttent en collant des affiches, en faisant des manifestations. Monter un écovillage, c'est sortir de la seule critique pour faire du concret », explique Jean-Luc Girard.

Je mentionne cet aspect avant même le détail sur la vision et les objectifs, à titre d'avertissement, car vous verrez qu'un certain réalisme influera sur vos idéaux. L'écart de perception entre générations – et cela semble ne pas cesser de s'accélérer – est un facteur non négligeable quant aux objectifs que vous vous fixerez. Les moyens à disposition ne seront pas non plus les mêmes en fonction des générations, et la peur d'un changement important sera relative au niveau de vie à laisser derrière soi.

1. Myriam Simard et Laurie Guimond, « L'hétérogénéité des nouvelles populations rurales : comparaison dans deux MRC contrastées au Québec », *Recherches sociographiques*, vol. 50, n° 3, 2009, p. 475-505, cité dans Maëva Rodier, *Le Phénomène écohameau : quelle influence sur le territoire ?*, projet de fin d'études, École polytechnique de Tours, 2009-2010 : www.applis.univ-tours.fr/scd/EPU_DA/2010PFE_Rodier_Maeva.pdf

Disons-le, il faut un certain courage pour se lancer dans ce type d'aventure car cette dernière ne répond pas aux classiques critères de succès, en faisant l'impasse sur la position sociale et la réussite économique. Il est fort probable que bien des candidats à cette odyssée seront simplement des personnes désabusées par la société qui ne leur offre pas d'espace de développement personnel. D'autres auront en revanche la fibre rebelle, révolutionnaire, convaincus de faire un choix qui n'est pas celui de la majorité, mais guidés par des valeurs plus conformes aux enjeux de la planète. Dans tous les cas, je considère ces personnes croisées lors de mes recherches à travers le monde comme des aventuriers, au même sens que ceux qui peuplent les récits de voyages dans des contrées « *uncharted* », comme on dit en anglais. Il faut un esprit de flibustier, de hacker pour relever le défi de se plonger dans ces territoires aux sables mouvants. Le capitalisme financier a vidé de son sens bien des domaines en les transformant en produits commerciaux, outils de management ou sujets à exploiter au bénéfice de quelques-uns. S'échapper de ces logiques requiert vision, détermination et audace. S'il y a une caractéristique que j'ai notée chez eux, c'est cette envie de recréer du lien sensible, mais un lien fait d'humanité, de compassion et d'amour, avec une belle dose de réalisme et d'optimisme actif.
Se lancer dans l'aventure des collectifs ressemble certainement à un pas dans le vide… et cela requiert inévitablement d'avoir sondé ses peurs intimes.

Est-ce facile de se lancer ?

ENJEU

Avoir en tête les difficultés majeures pour évaluer sa détermination

Tout projet présente des difficultés inhérentes et indubitablement des moments bénis de satisfaction. Mais il faut avouer que l'immensité des enjeux peut en faire reculer plus d'un.

Il existe tout d'abord de multiples obstacles qui amènent à ce que des personnes initialement motivées renoncent à entrer finalement dans un projet d'écovillage :

- La peur du changement : c'est plus facile lorsque l'on est au pied du mur mais difficile sans convictions affirmées.
- Les réalités financières : l'investissement initial peut sembler à risque si le collectif ne tient pas la route ; dans ce cas, engager sa maigre épargne dans un projet « utopique » peut faire peur.

- La paralysie par un idéal, avec le refus d'adapter le projet aux possibilités du réel, peut rebuter certains membres.
- Le rédacteur en chef de *Passerelle Éco* rappelle aussi qu'« un écovillage c'est très long à monter » et, à mesure que le groupe avance dans sa réflexion, l'ampleur du projet peut inquiéter.

Diana Leafe Christian, dès l'introduction de son ouvrage cité précédemment, avertit que 90 % des intentions de projets d'écovillages ne voient pas le jour. Il en reste donc 10 % qui naîtront, mais nous verrons ce qu'il advient de leur essor, afin surtout d'en retirer quelques leçons.

L'un des principaux défis est de préserver sa foi dans le projet, par un optimisme de bon aloi dosé de pragmatisme et d'une forte détermination.
Le ou les initiateurs du projet devront acquérir de nombreuses connaissances, sans pour autant devenir des spécialistes mais afin de comprendre la complexité de l'ensemble et d'identifier certains obstacles majeurs pour les surmonter au mieux.
À la lecture de cet ouvrage, j'ai espoir que vous aurez acquis de bonnes connaissances transverses. Cela étant, sachez qu'il existe un biais cognitif (je consacre plus loin, p. 196, un passage à ces bestioles) appelé « effet Dunning-Kruger », ou plus prosaïquement « effet de surconfiance ». Celui-ci se réfère à la tendance que l'on peut avoir en tant que débutant à surestimer ses capacités après avoir ingurgité de nombreuses connaissances. Il est de bon ton de cultiver la confiance en soi, mais comme tout excès cela implique un atterrissage et une démotivation dont la violence dépend de la hauteur de chute.

Schéma satirique de la courbe d'apprentissage d'une compétence *versus* l'auto-évaluation

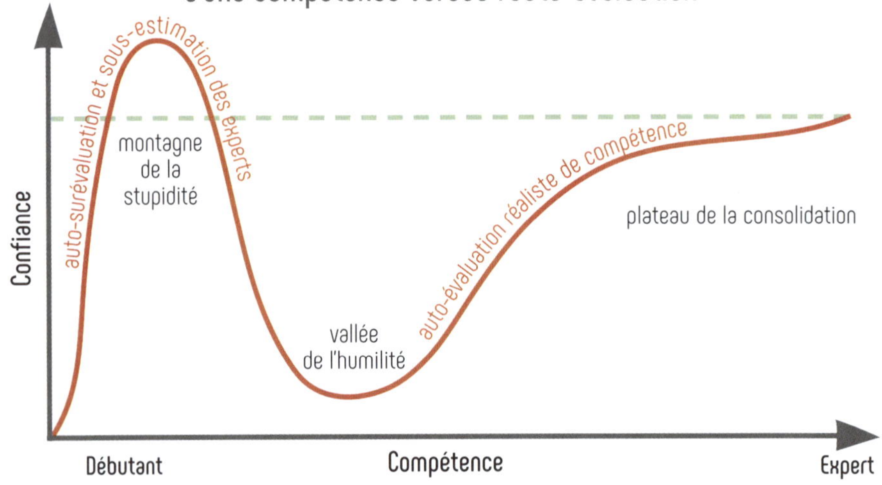

Source : Arjuna Filips – Wikipédia (CC BY-SA 4.0).

Concernant la question financière, l'obstacle est surmontable dans la mesure où la réalité économique est bien prise en compte. Il existe divers mécanismes pour permettre à de petits budgets de participer d'entrée au projet. Cela ne se fera qu'en adoptant une approche pragmatique quant aux projections des résultats économiques des activités du collectif, dans lesquelles leur apport futur pourra être valorisé. Nous aborderons ces questions dans la partie VII (p. 143), mais retenez qu'éclaircir tous les doutes relatifs à l'économie et la finance du projet est une étape incontournable.

L'un des défis majeurs est lié aux peurs. Celles-ci sont de toutes sortes. Et la société dans laquelle nous sommes immergés n'invite pas à la prise de risques ni à la confiance en soi. Un travail en profondeur est donc à opérer, et cela très tôt dans le démarrage de votre projet. Identifier ces peurs, à commencer par les vôtres, puis celles de vos pairs, sera d'une extrême utilité afin de rassurer chacun des membres au moment de se lancer dans la concrétisation du projet.

Je peux humblement témoigner de ces peurs et de l'importance de les surmonter grâce à mon vécu. Ingénieur de formation, donc évidemment formaté à un mode de perception limité de notre environnement, je me suis projeté dans un autre univers culturel en décidant de m'expatrier en Amérique latine. Déjà impliqué dans le monde associatif, j'ai commencé à côtoyer des ethnies amazoniennes qui ont tout naturellement bousculé ma conception de l'univers. Luttant contre mes croyances – car elles ne sont ni plus ni moins que cela –, j'ai été invité à entrer dans un monde éloigné du champ des connaissances scientifiques. Et celui-ci m'a permis de voir notre univers grâce à un prisme plus riche, moins empreint de préjugés, avec une plus grande humilité. Et en retour de gagner confiance en moi, en mes capacités. Mais pour cela je me suis mis en danger, ce qui m'a permis de grandir et lutter contre certaines peurs, celle notamment du changement. Rien n'est en effet permanent, et s'enfermer dans l'illusion d'une zone de confort où la sécurité semble pérenne nous met à la merci de bouleversements imprévisibles pour lesquels rien ne nous aura préparé.
L'accumulation de ce type d'expériences, après avoir changé plusieurs fois de lieu de vie, de profession (arts plastiques, ONG, tourisme, ingénierie) et d'entourage, m'a permis de développer des capacités d'adaptation, de résilience, de compréhension et de vision holistique, qui aujourd'hui me permettent d'appréhender ce monde nouveau avec une certaine sérénité.
En résumé, il est utile de « déconstruire » les illusions et les mythes sur lesquels se basent nos certitudes et nos peurs associées. Ces dernières sont de toutes natures :

- Les peurs dites fondamentales ou primaires, liées aux menaces anciennes ayant pesé sur l'humanité.

- Celles liées à la petite enfance, lorsqu'on est vulnérable à certaines situations (ex. : peur de l'abandon pour des nourrissons).
- Celles déclenchées par un événement spécifique : mépris, dégoût, envie, anxiété, culpabilité, honte, surprise, intérêt, espoir, soulagement, satisfaction, fierté…
- Celles qui se confrontent à nos valeurs existentielles, autrement dit qui contrecarrent nos désirs.
  Voyons quelques exemples et leurs conséquences :
  - Mon désir d'action vient se heurter à ma peur de l'échec. Je me désengage car ne vois que des obstacles qui pourront m'amener à la honte de la déconvenue. Sans appui pour identifier ces obstacles et me montrer comment les surmonter, je serai démuni.
  - Mon idéalisme craint la médiocrité. Je deviens trop critique et pousse ainsi à la démotivation. Je dois être rassuré sur la qualité de l'initiative.
  - Mon sens des valeurs morales ne supporte pas le manque d'équité : c'est la figure du juge. Je dois identifier les injustices pour me sentir contraint d'agir.
  - Je me sens détenteur de beaucoup de connaissances, mais les partager me donne le sentiment d'être spolié. J'ai besoin d'être rassuré quant à ce risque.
  - J'ai peur de ne pas être indispensable et de me voir mis à l'écart. Cela m'empêche d'envisager le changement pour préserver ma sécurité.
  - Je crains la banalité et le manque de couleurs. Je ne m'enthousiasme pas facilement. Je dois être emporté par le projet.
  - Mon besoin de confort s'oppose au risque, à l'excès de tâches à réaliser.
  - Tout changement me fait peur, c'est une perte de contrôle sur ma vie. Sauf si j'y suis obligé, et il faut alors me démontrer que je n'ai plus le choix et me rassurer sur un changement dans la douceur.
  - Je suis un meneur, mais je crains de perdre mon courage et de sembler faible. J'ai besoin de prendre part aux décisions et d'être valorisé.
- Le jugement des autres est une peur féroce qui n'engage pas à l'action. On retrouve cette crainte dans la figure du meneur précédemment citée.
- La peur de réussir, héritage probable de traitements dévalorisants dans l'enfance, est issue de l'idée que l'on ne mérite pas le succès. La tendance peut être au sabotage inconscient. On parle aussi de « syndrome de Poulidor », inspiré de ce coureur cycliste français constamment deuxième au Tour de France.
- La peur de l'inconnu[2]. C'est la sortie de la zone de confort, la crainte de ce qui m'attend si j'en sors, avec ses promesses de satisfaction mais aussi de

---

2. Anne-Laure Terrisse, « Comprendre et vaincre la peur de l'inconnu, sans mettre votre vie en danger », *Les Outils du coaching*, 10 août 2018 : https://lesoutilsducoaching.com/vaincre-la-peur-de-linconnu/

déception. C'est la peur et l'inconfort qui règnent avant que je ne sorte de cette zone, pour ensuite ne laisser place qu'à l'inconfort de la nouvelle situation, avec lequel il faudra composer.

Même si cette typologie est incomplète, cela vous donne une idée de ce qui peut se tramer dans l'esprit d'un enthousiaste au projet qui n'a pas encore pris la mesure de cet engagement. Et cela peut vous aider à sonder ces craintes, sans jugement, pour voir s'il est possible de s'y confronter.

Raison d'être, missions, vision, valeurs, objectifs

ENJEU

Définir le cocktail de principes fondateurs qui feront le socle de l'initiative collective

On confond souvent ces multiples notions, qui ont leur importance dans l'expression de votre projet.
Tentons ici quelques définitions pour clarifier ces concepts :

- La **raison d'être** désigne ce que vous pensez que va apporter à la société votre projet. C'est son intérêt général, votre contribution aux enjeux sociétaux. Le sens profond que vous donnez à votre projet. C'est en quelque sorte l'équivalent des **missions**.
- La **vision** décrit, à un horizon plus ou moins lointain, l'état que vous souhaitez atteindre. Elle est souvent exprimée en une seule phrase, de manière synthétique et compréhensible. Cet état désiré sera le résultat des objectifs fixés et pourra donc être revu en définissant de nouveaux objectifs.
- Les **valeurs** viennent préciser les croyances communes qui vont définir votre manière d'être dans le projet : cela concerne les comportements, les contraintes éthiques que vous vous fixez (en termes de construction d'habitat, par exemple). Cela répond à la question de qui vous êtes.
- Les **objectifs** s'illustrent en termes d'actions à mener, concrètes, spécifiques, réalistes et mesurables. Ces objectifs servent la raison d'être.

Ces éléments sont fondamentaux car ils devront obtenir l'acceptation totale de vos membres. L'exercice de clarification et de compréhension de l'expression de ces notions est un prérequis qui évitera de nombreux malentendus.

Pour exprimer ces concepts, je vous présente ci-après nombre de caractéristiques que peut adopter votre projet ; certaines s'accumuleront, d'autres ne feront pas partie de votre dynamique. On parle souvent de communauté d'intention, et ce sont ces intentions qu'il faut pouvoir exprimer de la manière la plus claire et compréhensible, sans ambages ni envolées lyriques.
C'est aussi le meilleur moyen de rassembler des personnes partageant votre rêve, sans qu'un excès de divergences vienne torpiller un projet déjà ambitieux.

L'écovillage de Sainte-Camelle*, l'un des plus aboutis de l'Hexagone, se base sur un ensemble de « sept incontournables » considérés comme indispensables pour la réussite d'un collectif. Le premier – et celui que Dane Charrier (co-fondatrice du collectif) évoque comme le facteur de succès le plus fondamental, au regard des nombreux accompagnements qu'elle a pu réaliser auprès de projets en difficulté – est la définition de la vision, qui doit être le reflet inconditionnel de la « mission de vie » de chacun et l'expression de l'idéal partagé.
Prendre le temps d'élaborer cette vision de la manière la plus précise n'est pas inutile, bien au contraire. Cela correspond au « pourquoi » non négociable de l'initiative collective ! Le « comment » viendra par la suite servir cette vision et sera sujet à beaucoup plus de souplesse et de variété.

Voyez, page suivante, cette illustration du collectif Centre UnisVers*, dont le site est source d'inspiration.

Vie en communauté

L'une des principales valeurs du groupe peut être justement de réactiver la vie commune, sous la forme d'un voisinage plus intégré ou d'une communauté plus fusionnelle, avec le souhait de retrouver du liant social au travers d'activités collectives…
L'humain est un animal social par excellence et le vécu de la crise de la Covid-19 nous l'a démontré. La déprime s'est installée dans de nombreuses chaumières faute de pouvoir se rencontrer, s'embrasser ou simplement partager un moment multisensoriel entre personnes appréciées.

L'univers du Centre UnisVers

Source : www.centre-unisvers.fr

La solitude étant devenue une conséquence de la désagrégation de nos sociétés (l'Italie en détiendrait actuellement le record), recréer du lien semble en soi une excellente raison pour générer un collectif. Les nouvelles technologies nous ont apporté un nouveau moyen de communication dépassant les frontières terrestres, mais les réseaux sociaux n'ont pas pour autant resserré ces liens. Ils ont même contribué à les marchandiser, à tel point que l'image que l'on donne de soi importe plus que notre réelle personnalité, ce qui a pour conséquence de nous enfermer dans une apparence acceptable. Le jeu de théâtre qui était surtout l'apanage du monde de l'entreprise s'est désormais étendu à la sphère sociale.
Aussi, beaucoup souhaitent sortir de cet engrenage pour retrouver de la spontanéité, de l'empathie non mesurée par des « *like* », une liberté d'être qui sera tolérée – car en se côtoyant tous les jours on découvre nos différences avec plus de profondeur et, j'ose l'espérer, d'amour.

D'autre part, l'autonomie est souvent plus facilement atteinte grâce aux apports professionnels d'autres personnes. Il y a bien des aspects de votre projet que vous ne saurez facilement mener à bien sans l'aide de compétences complémentaires, dont certaines seront régulièrement nécessaires et que, sauf moyens importants, vous ne pourrez systématiquement requérir à l'extérieur.

Dans une perspective par exemple de survie, le groupe devient un avantage, et de nombreux témoignages issus de conflits récents montrent à quel point la communauté offre plus de protection que la force physique seule ou l'isolement individuel.

Mais le groupe peut s'avérer un souci s'il manque d'union ou d'intelligence collective au moment de se confronter à certaines difficultés. Il s'agit d'être conscient de la nécessité de mettre en place des règles de convivialité et de gestion des conflits. Ce qui fera l'objet d'un point spécifique, car ce sont ces mécanismes qui contribuent à la régénération sociale.

Changement de paradigme

La raison d'être du collectif peut reposer sur une remise en question d'aspects fondamentaux de la société actuelle, que cela soit consciemment exprimé ou sous-jacent. Cela peut concerner l'éducation, le traitement social et culturel, le mode de relation économique, une conscience écologique plus développée (notion d'écologie profonde face à l'écologie scientifique), un mode de vie basé sur la sobriété (la décroissance volontaire) ou au contraire sur des technologies poussées, des valeurs écoféministes en réponse à la violence des cultures machistes.

L'avoir prédomine souvent face à l'être et renverser cette tendance est une noble cause qui peut fonder votre projet.

Le collectif peut donc se positionner en « anti » quelque chose, convaincu qu'il faut rompre avec une mécanique perverse intrinsèque ou non au système dominant.
Ce type de position requiert courage et détermination. Et si votre objectif est une critique ouverte du capitalisme sauvage, ne sous-estimez pas le fait que les réflexes que vous souhaitez combattre sont insidieux et susceptibles de revenir au galop en cas de conflit au cœur de votre collectif. D'où l'importance de rester ancré en terre tout en ayant la tête dans les nuages, et de bien saisir certains aspects de la psychologie humaine. Confondre libertarisme et perte de repères, opposer planification et rêve, dissimuler ses propres errances sous des prétextes de rébellion, il existe bien des manières de desservir le souhait sincère de changer de paradigme.

Pour beaucoup cependant, les écovillages font partie de ces « îlots d'espoir » nécessaires dans le « grand tournant » que notre société doit opérer si elle ne veut pas être confrontée à des situations apocalyptiques. Le projet peut donc se considérer comme un humble laboratoire participant à l'élaboration d'expériences utiles à la transition du système.

Agroécologie et permaculture

De nombreux projets sont initiés autour de la production d'aliments sains, de la régénération des écosystèmes et des sols et, de manière générale, du souci de produire son alimentation de façon autonome et sur la base des valeurs de l'agroécologie. L'immense communauté des agroécologues, permaculteurs et « gardiens » de semences anciennes est donc un terreau fertile pour la création de communautés d'intention.
Cette activité productive requiert souvent l'aide de volontaires venant séjourner à la ferme pour un temps plus ou moins long. Ce qui crée de fait une forme de communauté avec des règles formelles ou implicites.
En somme, il s'agit de ne pas prendre à la terre plus qu'on ne peut lui retourner, comme le suggère la fondation écossaise Findhorn* (communauté spirituelle, écovillage et centre international d'éducation holistique fondée en 1962, elle œuvre pour un avenir positif et durable).

Les principes permaculturels dépassent le simple domaine des activités agricoles. Ils sont de nature transverse car intègrent une éthique et une philosophie de respect de la vie, qui peuvent donc traverser toute votre réflexion au moment de concevoir votre lieu de partage. Voyez-en les principes, illustrés par la fleur permaculturelle :

La fleur permaculturelle

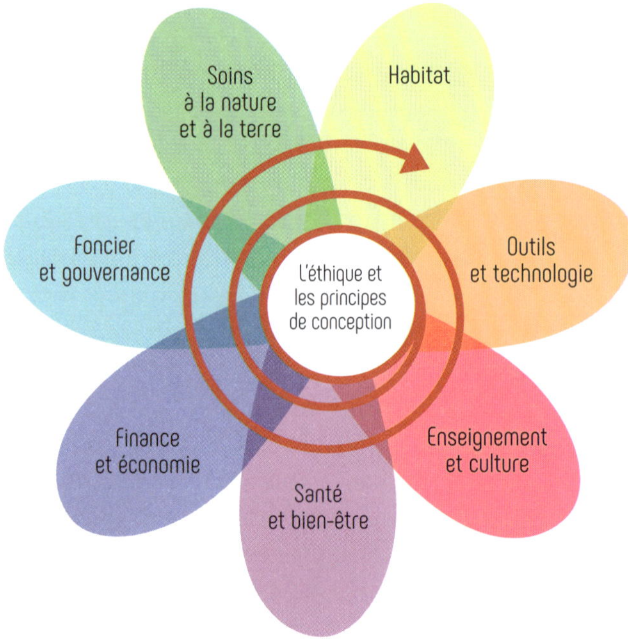

Le parcours permaculturel commence avec l'éthique et les principes de conception, et progresse à travers les domaines clés nécessaires à la création d'une culture durable. La trajectoire qui évolue en spirale raccorde ces domaines, et progresse depuis le cadre personnel et local jusqu'au collectif et au global.

Soins à la Nature et à la Terre

Jardinage bio-intensif
Jardins et forêts
Collectionner les graines
Agriculture biologique
Biodynamie
Agriculture naturelle
Collecte des eaux de ruissellement
Gestion holistique des pâturages
Agriculture en succession naturelle
Agroforesterie
Foresterie naturelle
Aquaculture intégrée
Chasse et cueillette sauvage
Droit de glanage

Habitat

Maisons passives
Matériaux naturels
Collecte et réutilisation de l'eau
Biotecture*
Bâtiments semi-enterrés
Prise en compte des risques naturels
Autoconstruction
Langage des formes

Outils & Technologies

Réutilisation et recyclage inventif
Outils à main
Vélos et vélos électriques
Foyers à bois efficaces et peu polluants

Valorisation énergétique des déchets organiques
Gazéification du bois
Valorisation des déchets forestiers en charbon de bois
Cogénération
Micro-turbines et micro-éoliennes
Énergies renouvelables raccordées au réseau
Stockage d'énergie
Ingénierie de la transition

Enseignement & Culture
Enseignement à domicile
Écoles Waldorf
Musique et création artistique participative
Écologie sociale
Apprentissage « en faisant »
Culture de la transition

Santé & Bien-être
Accouchement à domicile et allaitement maternel
Médecines complémentaires et holistiques
Yoga, tai-chi et autres disciplines réconciliant le corps et l'esprit
Sens du lieu, renouveau des cultures indigènes
Dignité dans la mort

Finances & Économie
Monnaies locales et régionales
Covoiturage et voitures partagées
Épargne solidaire et commerce équitable
Marchés de producteurs et amap
WWOOF et réseaux similaires
Quotas d'émissions négociables
Analyse du cycle de vie, bilan carbone

Foncier & Gouvernance
Coopératives et associations
Pratique de l'écoute et du consensus en réunion
Habitat collectif et écovillages
Propriété aborigène et droits d'usage traditionnels

L'éthique et les principes de conception
Soins à la Nature et à la Terre
Habitat
Outils & Technologies
Enseignement & Culture
Santé & Bien-être
Finances & Économie
Foncier & Gouvernance

* La biotecture englobe les techniques architecturales inspirées des structures biologiques.

Source : Adapté de David Holmgren – https://permacultureprinciples.com/fr/ (CC BY-SA 4.0).

Quant à l'agroécologie, ses définitions sont assez variées et évoluent dans le temps. En voici quelques principes, issus de théoriciens de la pratique :

- Favoriser les synergies biologiques en développant la biodiversité et donc une importante diversité génétique sur plusieurs strates (incluant l'agroforesterie).
- Dynamiser la vie des sols avec des apports en matières organiques, issus par exemple de la biomasse recyclée, tout en bannissant tout type d'intrant de la chimie de synthèse et en éliminant le travail du sol.
- Combiner les techniques agricoles à disposition, s'inspirant des connaissances tant traditionnelles que modernes.

- Minimiser les pertes de ressources.
- Inclure les dimensions socioculturelles et prendre soin de l'écosystème humain au-delà de la simple production alimentaire.

Tout comme pour la permaculture, il s'agit donc d'approches holistiques, visant la résilience à tous les niveaux, et qui vont à l'encontre des systèmes linéaires de l'industrie agroalimentaire.

Spiritualité, éveil des consciences et écologie intérieure

La spiritualité est l'une des raisons de la constitution de communautés. Je pense à des exemples comme Auroville* en Inde ou Damanhur* en Italie. Mais il est évidemment aussi possible de mettre l'accent sur l'écologie intérieure, entendue comme un processus de transformation individuelle en vue de devenir une meilleure version de soi-même, et par l'effet de l'exemple susciter des changements bénéfiques dans son entourage.
Les principes spirituels qui sous-tendent la création de la communauté peuvent être très fermés, de nature potentiellement sectaire ; ou diffus, embrassant des valeurs liées à un grand tout ou prônant des principes simples de tolérance et d'ouverture.
On peut ainsi considérer l'ashram comme un exemple de communauté spirituelle, dans ce cas sous l'égide d'un maître hindouiste.
La mondialisation a entraîné une étrange et très diverse mixité de pratiques, puisant dans des traditions anciennes authentiques ou fantasmées, réinventées ou reconstruites, tout autant que dans des méthodes de création récente, éprouvées ou non.

Quoi qu'il en soit, et faisant abstraction de tout fanatisme ou des intolérances sectaires, il sera bienvenu d'inclure quelques pratiques qui reconnecteront les humains ensemble et avec leur environnement. Certains groupes pratiquent par exemple des rituels d'offrande pour remercier la Terre nourricière ou des sessions de tambours pour approfondir leurs sensations.
De nombreux ateliers sont proposés pour travailler l'écologie profonde en suivant des méthodes inspirées par Joanna Macy[3], ceux-ci amenant les collectifs qui les pratiquent à un plus grand respect du vivant.

---

3. Joanna Macy et Molly Young Brown, *Écopsychologie pratique et rituels pour la Terre*, Le Souffle d'or, 2016.

Si l'on considère que la conscience est l'aspect de la spiritualité qui s'exprime dans le monde matériel, vous en viendrez naturellement à estimer que toute pratique qui suscite ces instants magiques et spontanés de prise de conscience permet de grandir personnellement et en groupe, sans que cela soit ésotérique pour autant.
Si la pensée occidentale a cultivé une certaine déconnexion avec la nature depuis l'apogée de la culture grecque ou en considération des propos de la Bible (livre de la Genèse) qui invitent à la domination de l'homme sur la nature, il est temps de prendre conscience que nous sommes la nature même, partie intégrante et dépendante de notre environnement. Et que tâcher de la dominer, avec les conséquences désastreuses que l'on connaît, n'est ni plus ni moins qu'une atteinte à notre intégrité.

Je reprends ici un texte de Vine Deloria, Jr., militant amérindien d'origine sioux, écrit dans les années 1970 et dont la traduction est proposée par l'école SupAgro de Montpellier dans le cadre d'un mooc sur l'agroécologie (séquence 1)[4]. Je vous laisse libre de l'interpréter :
« *Le mouvement écologiste actuel n'est pas concerné par le droit intrinsèque qu'a une rivière d'exister parce qu'elle est une rivière. Il ne se préoccupe pas de la responsabilité de l'homme quant à la création de l'univers. Les écologistes d'aujourd'hui, dans la plus pure tradition américaine, ne cherchent qu'une transformation nouvelle des ressources existantes ; ils n'essayent pas d'avoir une relation avec ces ressources elles-mêmes. On peut nettoyer la rivière Columbia ou la rivière Hudson, mais à moins de comprendre ce qu'est la rivière, quelle responsabilité on a envers elle, on ne peut qu'opposer les bénéfices d'un type d'utilisation aux bénéfices d'un autre type d'utilisation... Réexaminer l'expérience de l'humanité en fonction d'un univers vivant et non mort est trop demander au peuple américain.* »

Dane, de l'écovillage de Sainte-Camelle, fonde la réussite d'un collectif non seulement sur le fait de partager sincèrement et profondément une vision, mais sur la culture quasi quotidienne de l'écologie intérieure. Au-delà de la dimension spirituelle, cette pratique permet une plus grande communion entre les membres et évite ainsi la nécessité d'élaborer de nombreux documents fastidieux – par exemple, des règlements internes dignes d'encyclopédies –, car les décisions sont prises en toute conscience et empathie, et au bénéfice du collectif avant celui de l'individu, sans qu'il soit pour autant question de sacrifice.

4. Mooc proposé sur www.montpellier-supagro.fr

Autonomie

Il s'agit simplement de viser la capacité à répondre aux besoins fondamentaux de l'être humain sans avoir recours à l'extérieur. C'est l'aspect autarcie des communautés dites « soixante-huitardes ».
Je qualifierai certains de ces écovillages d'« unités autopoïétiques », pour reprendre la terminologie des scientifiques chiliens Francisco Varela et Humberto Maturana. Ce concept biologique décrit un système qui génère de lui-même des transformations internes pour s'adapter à des conditions externes changeantes. On parle aussi d'homéostasie, principe de régulation en science des systèmes, destiné à maintenir autour d'une valeur bénéfique une variable structurante du système. En clair, si votre variable est la disponibilité constante de l'eau dans la communauté, il vous faudra réfléchir aux principes qui permettent d'en assurer la provision.

Cette autonomie n'est pas qu'un simple principe pratique pour se dispenser des autres, elle porte en elle un germe politique de lutte contre des circuits absurdes qui font qu'un fruit produit en Amérique latine peut être emballé en Chine pour ensuite être vendu en Europe.
C'est relocaliser la production alimentaire et susciter des circuits courts (qui peuvent donc inclure des acteurs proches extérieurs à la communauté) allant dans le sens de la résilience. Reprendre le contrôle de son alimentation, de l'origine de ses aliments, de son eau et de l'air que l'on respire. Cette autonomie est la base de la fameuse pyramide des besoins de Maslow. La mondialisation a rendu cet équilibre incertain et en menace aujourd'hui les fondations. Sortir de l'illusion de ce confort pour prendre conscience de la fragilité de notre pyramide et réassurer ses bases est l'enjeu de cette autonomie.

Survie

C'est un concept remis au goût du jour avec la vision des collapsologues, et associé au monde informel et multifacétique des survivalistes, des *preppers* et du *bushcraft*. On parle alors, en référence au lieu géographique, de « base autonome durable » (BAD), un endroit destiné à survivre sans contact avec l'extérieur, en toute autonomie et pour une longue durée. Évidemment, il s'agit d'une vision extrême, mais qui peut servir d'horizon de réflexion au moment de concevoir votre lieu et d'envisager les aspects sécuritaires qui peuvent légitimement être considérés. C'est aussi un angle d'approche et une source de connaissance concernant les questions de stock alimentaire en cas de coup dur ou pour passer de rudes hivers.

Je vous recommande l'épisode 4 de la série française *L'Effondrement*. On peut le juger fictif, mais il n'est pas dénué de perspicacité.

La survie reprend les principes de l'autonomie précédemment cités et y ajoute une couche sécuritaire, imaginant des futurs plus sombres. On repart de plus bas, en réapprenant la façon de faire du feu, de se construire un abri de fortune, de chasser, de cueillir des baies dans la forêt où l'on s'est réfugié. Il s'agit de constituer des stocks de nourriture en cas de dégénérescence de la société. Et d'imaginer la possibilité d'agressions de la part de groupes armés. Cela ressemble en quelque sorte à un épisode de *The Walking Dead*…

Il y a cependant une dimension plus sentimentale qui pousse à la reconnexion avec la nature. On se réapproprie des connaissances simples pour assurer sa survie, comme les peuples nomades d'autrefois. Les intellectuels réapprennent à couper du bois, filtrer de l'eau, préparer un feu, faire des nœuds de corde pour suspendre leurs vêtements lavés dans la rivière…

Et puis certains stages proposent de se familiariser avec le maniement d'une arme à feu, histoire de gérer l'angoisse d'un tel objet mortel entre ses mains. Mieux vaut, comme disent certains instructeurs, savoir comment et quand l'utiliser plutôt que de se retrouver avec cette chose en main sans aucune notion de sécurité d'usage et sans avoir éclairci sa relation aux armes.
Dans tous les cas, c'est évidemment une question de valeur, de philosophie qui ne regarde que soi.

Résilience

Ce terme a gagné ses lettres de noblesse en même temps que les théories d'analyse systémique de la société.
La résilience est la capacité à encaisser des chocs, notamment face à des perturbations de l'environnement. Pour reprendre les propos de Bernard Lietaer, spécialiste des systèmes monétaires, la résilience est fonction de la diversité couplée à l'interconnectivité, ce qui rend un système moins efficace mais plus robuste.

L'un des éléments clés de la résilience est le fait de remplir une même fonction de plusieurs manières. Par exemple : je dispose d'électricité grâce à ma production solaire mais aussi *via* le réseau électrique public. La résilience peut s'opposer à l'efficacité absolue en raison de la duplication de certains services. Il s'agit donc de trouver un juste équilibre afin de ne pas tomber dans des dépenses irraisonnées.

Il existe d'autres circonstances dans lesquelles un groupe peut faire preuve de plus de résilience : en situation de danger, par exemple, la panique peut rapidement gagner un ou plusieurs individus ; mais le collectif peut générer des mécanismes qui apaisent le groupe et lui permettent de prendre de meilleures décisions. C'est aussi une source de réconfort face au stress.

La résilience est souvent associée aux notions de survie et d'autonomie, bien qu'elle n'en revête pas forcément les extrêmes. C'est donc un aspect qui peut être pris en compte dans la conception de votre site, sans toutefois en faire un objectif palpable.

La résilience est aussi un terme associé aux réflexions de la collapsologie, discipline visant à développer une vision systémique des enjeux qui attendent la société, sur la base d'une simulation de l'évolution des différents grands domaines touchant au fonctionnement du monde, depuis l'évolution des espèces naturelles jusqu'au fonctionnement de la sphère financière, en passant par le changement climatique, la croissance de la population, les pandémies et autres risques majeurs pouvant éprouver fortement notre planète.
Il existe au moment où j'écris cet ouvrage un consensus assez large dans le monde scientifique pour décrire des scénarios qui tendent vers une dégradation généralisée plutôt qu'une croissance infinie. Certains approfondiront des situations d'effondrement, d'autres d'érosion progressive ou de déclin localisé.

L'approche du concept de résilience a elle-même évolué depuis peu, passant de la perspective d'un retour à un seul état stable caractérisant un écosystème, à une gestion adaptative dans la mesure où un système peut basculer dans plusieurs états stables. Bref, la qualité des changements entre divers états devient plus significative que la stabilité en elle-même.
Si vous souhaitez approfondir cette question, voyez l'étude d'Alicia Rudaz sur « la résilience des systèmes agroalimentaires dans une perspective d'effondrement[5] ».

Quelle que soit votre perception de l'avenir, vous devriez considérer votre écovillage comme un mini-laboratoire permettant des expérimentations de solutions résilientes face à ces menaces, ou simplement une manière de vous doter d'un contexte durable pour servir la vision que vous vous êtes donnée.

---

5. Alicia Rudaz, *La Résilience des systèmes agroalimentaires dans une perspective d'effondrement*, mémoire de master, Université de Lausanne, 2019 : https://igd.unil.ch/memoires/uploads/memoire/memoire_pdf/1713/30c676bf-e072-4171-9f0b-1bb4f5f46b0b.pdf

Identité du projet

Cela peut sembler secondaire, mais donner un nom à votre lieu/projet puis lui associer un logo évocateur contribue à conférer une identité visuelle à la vision et permet une meilleure identification de la part de ses membres, ainsi qu'au moment de communiquer vers l'extérieur.
Le nom est souvent lié au lieu géographique (Domaine de Gauchoux, Ferme du Collet…), mais peut aussi être un clin d'œil (Dancing Rabbit, Le Bio Lapin…) ou traduire un grand principe (Projet Gaïa…).

Exemples de logos expressifs.

Charte et règlements : les textes fondateurs

La charte

ENJEU

S'équiper d'un document posant les bases du collectif en termes de valeurs et de principes de vie

C'est sans doute le premier document que vous créerez, car vous mettrez sur papier les grandes lignes de votre rêve, de votre vision, avant de le soumettre à vos amis.
La charte est un document de référence qui permet de définir le projet initial commun, les prérequis pour les nouveaux candidats lors de l'agrandissement du groupe (ou lors d'une rotation), ou encore de se remémorer la vision collective en cas de tension.
La charte doit couvrir les aspects de la gestion du groupe aussi bien que ses relations avec l'extérieur ; elle doit prendre en considération les aspects concrets (argent, temps, territoire) et les aspirations individuelles pour établir un équilibre individuel/collectif.

Elle doit donc insister sur le principe fondateur du projet commun et présenter les aspects précédemment mentionnés qui orientent l'écovillage. Et exhorter à ce que tout membre initial et futur adhère aux valeurs et principes du projet tels que décrits à travers ses documents. Cela constitue ainsi une condition *sine qua non*, qui s'appliquera en cas de revente d'un bien à des « inconnus » ou en cas de départ.

La charte peut s'articuler autour de deux grands axes : la relation à l'environnement naturel et la relation aux autres, individuellement et collectivement, et à la société en général. Vous pouvez ensuite entrer dans les détails. Par exemple :

- Le respect de l'environnement et du vivant.
- Les valeurs qui conditionnent les relations des uns aux autres : solidarité, respect, tolérance, liberté de croyance, partage…
- Les règles de construction.
- Les conditions d'entrée et de sortie du collectif.
- Les principes intergénérationnels.
- L'autonomie énergétique et alimentaire.
- Les activités économiques envisagées : maraîchage, école, ateliers, tourisme, artisanat…

Voyez en annexe (p. 240 et 244) les exemples de chartes pour inspiration.

Les règlements

ENJEU — Se donner des limites de fonctionnement pour éviter les dérives potentielles

Commençons par éclaircir deux conceptions qui souvent se confondent dans l'imaginaire des initiateurs de communautés intentionnelles : la liberté et l'absence totale de contraintes.
Il est aisé de constater que l'absence de contraintes, que l'on pourrait qualifier de laxisme, mène très souvent à un laisser-faire préjudiciable où les déterminismes acquis peuvent saper toute initiative.
La liberté, autrement dit la possibilité de gagner en autonomie, peut s'appuyer sur des règlements consciemment conçus et adoptés pour démultiplier son action et profiter des synergies du groupe.
De la même façon, en matière d'éducation – que nous aborderons dans une autre partie –, le respect de l'enfant n'implique pas une licence totale, pour la

simple et bonne raison que nous sommes des animaux sociaux et que la vie en collectivité impose de fait des contraintes de convivialité pour ne pas empiéter sur la liberté des autres.

En somme – et cela n'est que mon avis –, c'est plutôt le choix de ces règles, qui vont être partagées et acceptées dans la communauté d'intérêt, qui permettra de gagner en liberté, individuelle et collective.

Les règlements à mettre en place sont donc à la discrétion de chaque groupe, dans le respect de sa philosophie. Certains feront le choix très tôt d'élaborer de nombreux règlements plus ou moins détaillés, d'autres de les concevoir à mesure que des situations concrètes se présentent, voire, comme à Sainte-Camelle, d'en faire l'économie car l'important travail sur le développement personnel amène à un niveau de conscience collective qui court-circuite le besoin intellectuel de se munir de tels documents.

Ces textes porteront tout autant sur la gestion des espaces communs que sur l'emploi des moyens mis à disposition de tous.
À titre d'exemple, vous pourrez élaborer des règlements sur l'emploi des machines et de l'outillage collectif : que faire en cas de panne d'une machine à laver, comment gérer les horaires d'usage, comment décider du remplacement des pièces endommagées… Certains collectifs en ont aussi élaboré sur la gestion des animaux domestiques (source régulière de disputes)…
Je vous conseille de consulter les écovillages avec lesquels vous entretenez des relations pour savoir s'ils ont été confrontés à la même situation que vous et quel type de règlement ils ont élaboré. Il est fort probable qu'ils ont vécu des cas similaires et pourront ainsi vous faire gagner du temps. Si vous élaborez un règlement à partir de leur expérience, pensez à leur renvoyer la balle en leur partageant votre propre règlement.

Le simple départ des enfants d'une famille peut conduire à aborder le sujet des locations pour ne pas laisser vacantes certaines pièces ou constructions. C'est un autre exemple de sujet à envisager dans votre règlement interne : les locations temporaires ou prolongées.

L'écovillage de Pourgues* a fait un travail remarquable, et ils ont la gentillesse de partager certains de leurs documents sur leur site. Je vous en présente un en annexe (p. 257) : un règlement interne pour cadrer comportements et libertés individuelles au sein du collectif. Mais ils disposent aussi d'un manuel d'opérations qui ne laisse pas de place à des commentaires du style « on ne me l'avait pas dit »…

Quelques définitions

Mon objectif n'est pas ici de recenser tous les types d'initiatives, ni de traiter de sémantique, mais de cerner les grands concepts que j'aborde dans cet ouvrage.

- **Écovillage** : la définition du GEN Europe nous dit : « Les écovillages sont des modèles d'implantation durables à échelle humaine, rurale ou urbaine. Ils diminuent consciemment leur empreinte écologique à travers la simplicité volontaire. Ils sont l'exemple d'un développement qui maintient une réelle qualité de vie, préserve les ressources naturelles et promeut une approche unifiée et polyvalente intégrant l'éducation, la prise de décision commune ainsi que les technologies et entreprises écologiques[6]. »
- **Écolieu/écosite/écohameau** : englobe la définition des écovillages et intègre des principes supplémentaires. C'est en quelque sorte le stade avancé des initiatives alternatives, avec la mise en application au sein d'un groupe de personnes de principes « rebelles » et/ou « plus respectueux ».
- **Écoquartier, habitat communautaire** : on retrouve les principes précédents de la vie ensemble des écovillages mais à l'échelle d'une partie de ville ou d'un édifice, avec toutefois beaucoup moins d'engagement collectif.
- **Habitat groupé, co-habitat, habitat coopératif** : il s'agit d'un ensemble de personnes se rassemblant pour gérer les logements qu'elles occupent sous la forme d'une propriété collective, avec pour objectifs de s'extraire des principes spéculatifs du foncier et d'appliquer une gestion démocratique[7].
- **Tiers-lieu** : ce terme est plutôt synonyme d'espace de travail partagé, dans lequel la collaboration est un moteur de rencontre et de synergies créatives. Un exemple : le Moulinage de Chirols*.

Pour creuser ces définitions, je vous invite à parcourir l'étude de Maëva Rodier sur « le phénomène écohameau »[8]. Il y est aussi fait mention du mouvement des Oasis en tous lieux, conceptualisées et concrétisées par Pierre Rabhi à partir de 1995. Les principes en sont définis dans le *Manifeste des Oasis en tous lieux*[9]. L'image de l'oasis parle d'elle-même et exprime la notion d'autonomie.

---

6. Cité dans Maëva Rodier, *Le Phénomène écohameau*, *op. cit.*
7. *Cf.* Fédération française des coopératives d'habitants : www.habicoop.fr
8. *Cf.* note 1 p. 22.
9. Disponible en ligne : www.colibris-lemouvement.org/sites/default/files/content/manifeste_oasis_en_tous_lieux.pdf

Du temps… après les idées

Créer un écovillage, un écosystème, ou plutôt une société humaine en miniature, est un défi considérable et qui requiert des épaules solides et de la disponibilité. Vous allez tout autant reproduire dans ce microcosme des actes quotidiens de partage que des moments de conflit et des complications issues de l'âme humaine et de ses héritages.
Il s'agit donc d'une pépinière qui va mettre plusieurs années pour passer de la germination à une certaine maturation, et dont les différentes graines ne se développeront pas au même rythme. Vous devrez non seulement créer des solutions innovantes à diverses situations, mais parfois prendre des décisions radicales au nom du collectif (si toutefois l'individu est un horizon que vous considérez pouvoir dépasser).
Plusieurs initiateurs de projets de fermes maraîchères permaculturelles mentionnent souvent un délai de sept années avant d'arriver à un équilibre général et une certaine sérénité. Si le parallèle est valable entre ce type d'initiative, où la dimension humaine est moins travaillée, et l'écovillage, vous pourrez apprécier à quel point se lancer dans un tel challenge est un projet de vie.

On peut distinguer quatre grandes étapes, plutôt logiques, dans le développement d'un écovillage :

- **Phase 1** : c'est la mise en place du projet et à ce stade l'écovillage n'est encore qu'une structure relativement informelle, avec certains déséquilibres et de nombreux sujets de fond en cours de résolution.
- **Phase 2** : quelques années ont passé et l'expérience a permis de stabiliser le groupe ; le projet a gagné en capacité et les grands enjeux sont maîtrisés.
- **Phase 3** : c'est le stade de la maturité et le collectif a totalement intégré les concepts et pratiques. L'écovillage est en capacité d'encaisser tout changement sans être déstabilisé.
- **Phase 4** : l'expérience acquise, le recul et l'autocritique constructive peuvent être partagés avec l'extérieur. L'écovillage est une référence pour les autres et un lieu d'apprentissage avancé.

S'il fallait donner des notions de temps, avec toutes les réserves qu'il se doit :

- Phase 1 : de 2 à 5 ans.
- Délai entre les phases 1 et 4 : 10 à 15 ans.

Bill Metcalf mentionne dans *The Findhorn Book of Community Living* que les communautés d'intention suivent un schéma assez similaire à celui des petites entreprises. À savoir que, parmi les rares initiatives qui naissent, entre

Travaux à l'écovillage Écoravie.

toutes celles imaginées, la moitié ne passent pas les 2 ans ; et qu'ensuite la moitié de celles qui ont survécu à ce délai s'achèvent avant les 5 ans. Il considère ces 5 années comme un passage fatidique au-delà duquel les projets ont de véritables chances de s'établir dans la durée et de grossir, comme cela a été le cas avec Findhorn (Royaume-Uni), Damanhur (Italie) ou Twin Oaks* (États-Unis).

Et puis ne manquez pas le témoignage de Julien Leray, qui nous parle du temps qu'il a consacré à la préparation de son projet de collectif, Demain en main[10]. Il a fait l'effort d'enregistrer toutes ses activités de préparation et a abouti à la conclusion qu'il lui fallait leur dédier au minimum 8 heures par semaine pour que le projet ait des chances de se concrétiser en moins de 3 ans. Au-delà de ce délai, le contexte de vie des personnes intéressées peut changer (vieillissement, nouveaux enfants, changement de projet…).

---

10. Julien Leray, « Faut-il un temps plein pour créer un écovillage ? », *Permaculture pour tous*, 8 janvier 2019 : https://permaculturepourtous.com/faut-il-un-temps-plein-pour-creer-un-eco-village/

Le Rêve du Dragon

Je souhaitais dédier un passage à cette singulière méthode novatrice de conception de projet qu'est le Rêve du Dragon*. Tout d'abord parce qu'elle s'inspire, entre autres, de la sagesse des Aborigènes d'Australie, ensuite parce qu'elle porte en elle des façons de rupture avec les approches conventionnelles en visant à nous faire sortir de notre zone de confort.
Conçu en quatre étapes, ce processus structuré, imprégné des valeurs de respect, de solidarité, d'équité et d'esprit collaboratif, est un outil qui peut s'avérer bien utile, surtout si le collectif initial intègre de nombreux membres. Il s'agit d'une approche systémique permettant de structurer, conceptualiser et gérer des projets de manière intégrative.

Le premier schéma ci-dessous illustre les quatre étapes mentionnées, qui nous font passer de l'individu à son environnement et de la théorie à la pratique, indissociables et complémentaires. Le second schéma, écho du précédent, tente de situer vos caractères dominants ainsi que votre zone de confort.

La roue du Rêve du Dragon

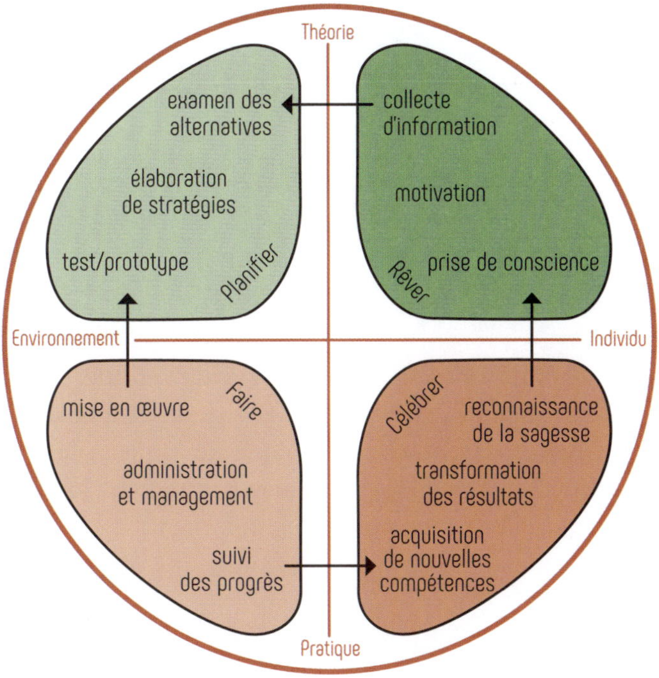

La roue du Rêve du Dragon décrit les 4 étapes d'un projet, en commençant par le rêve.
Source : https://revedudragon.org

Exercice de détermination de sa zone de confort à partir de la roue du Rêve du Dragon et de traits de caractère individuels

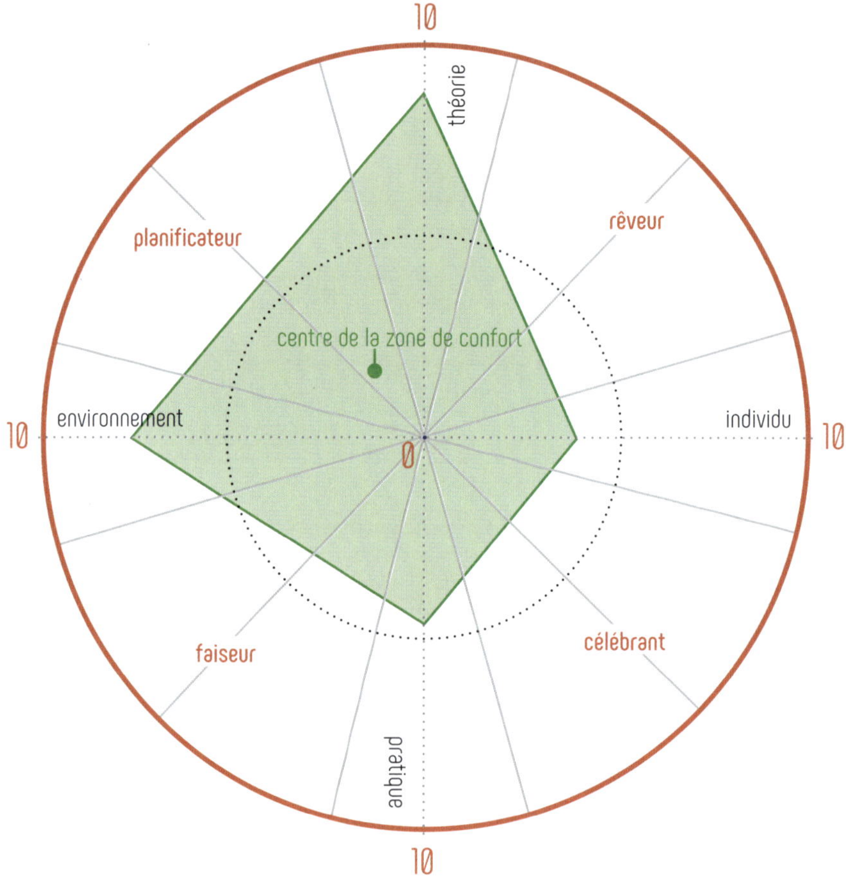

Source : https://revedudragon.org

Le Rêve du Dragon apporte ainsi de réels bénéfices au collectif en motivant l'expression de l'intelligence collective, en renforçant à chaque étape le sens du « nous » et en appuyant la gestion collaborative des projets. Ce n'est pas pour autant un processus linéaire mais s'auto-ajustant, tout en laissant une place importante au rêve, à l'inspiration et au divertissement.

Partie II

Implantation

ENJEU

Faire un choix optimal et éclairé du lieu d'installation

L'implantation est importante, cela semble une évidence. On pourra prendre en compte un ensemble de considérations techniques (présence d'eau, budget…) mais aussi affectives (beauté des lieux, plaisir d'y être…). L'équilibre entre les deux est souvent souhaitable car le coup de cœur peut, au fur et à mesure qu'il se dissipe, révéler une situation moins favorable.
Pour autant, il n'existe pas de lieu regroupant tous les aspects souhaités, et le piège peut être de ne pas pouvoir prendre une décision, car bloqué par le mental analytique.
Si vous rassemblez les cartes des prévisions des prochaines décennies quant au réchauffement climatique ou à la montée des eaux, vous risquez de ne jamais vous satisfaire d'une région donnée. Ces projections se basent sur des algorithmes et des modélisations scientifiques sérieuses, mais elles font l'emploi d'hypothèses quant à certaines valeurs de départ ou réduisent parfois la complexité à des approches schématiques. Autrement dit, comme dans tous les exercices de prospective et de prédiction, on n'a pas de certitude absolue. Épargnez-vous ce stress en relativisant ces données et ne prenez en compte que les conclusions extrêmes. Si l'on vous dit que choisir un terrain au milieu du Sahara est un bon investissement, peut-être cela vaut-il la peine d'y réfléchir à deux fois.
Dans tous les cas il vous faudra, lors de vos visites des lieux, identifier les facteurs limitants, ceux qui vont constituer des faiblesses pour un stade avancé d'autonomie.

Vous trouverez en annexe (p. 247) des fiches d'analyse de terrain, qui ne sont pas à prendre à la lettre car pouvant s'avérer très fastidieuses et chronophages si vous renseignez systématiquement toutes les données. En revanche, le faire pour le lot des derniers terrains sélectionnés évitera l'oubli malencontreux d'un aspect important.

Le choix pourra s'avérer difficile au regard du nombre de critères possibles. Dans mon cas, la comparaison s'est portée non seulement sur les régions de France mais entre deux pays, l'Équateur et la France. Chacun disposait d'avantages et d'inconvénients non négligeables qui nous ont longtemps fait hésiter, ma femme, mes enfants et moi-même. Devant l'impossibilité de voir la balance pencher clairement d'un côté ou de l'autre, l'argument qui a renversé la situation a été l'envie de ne pas séparer notre famille au moment où notre fils faisait le choix du lieu de ses études.
Autrement dit, c'est un critère que l'on considérait comme supérieur à tous les autres qui a prévalu, même face à la possibilité de s'installer dans un pays qui potentiellement pouvait s'avérer à haut risque.

En conclusion, je vous invite à aussi considérer des aspects qui, non quantifiables, voire plutôt émotionnels, pourraient balayer toute hésitation au moment des comparaisons.
Pour ceux qui envisageraient de s'installer en dehors de la France, la société suisse Global Risk Profile a mesuré les risques environnementaux, sanitaires, sécuritaires et relatifs aux droits de l'homme de 176 pays et territoires[11]. À prendre en compte avec une certaine réserve, mais ce sont des éléments qui peuvent orienter votre réflexion.

Considérations géographiques

Isolement et proximité urbaine

C'est un choix basé sur le souhait de rester plus ou moins connecté à la vie de la société actuelle. Certains choisiront un isolement radical afin de limiter les tentations ou l'influence de la vie moderne (y compris, par exemple, pour ne plus être à portée des communications envahissantes).
On pourra opter pour la proximité d'un centre urbain sur la base de l'accès à des écoles ou à des infrastructures médicales, ou encore pour permettre certaines activités économiques...
Vous devrez placer le curseur entre ces extrêmes : isolement radical ou intégration forte dans le tissu régional. Chaque extrême entraînant certains dangers mais ayant aussi des avantages. Un isolement excessif coupe de nombreux ponts et interactions, et ne permet pas de développer un environnement plus résilient (rappelez-vous : la diversité contribue à la résilience).
Établir une relation avec les villages des environs et les communautés locales permet d'adoucir les contraintes de l'isolement mais vous rend bien sûr moins anonyme.

Beauté des lieux

À ne pas négliger, le coup de cœur pour un lieu donnera une dimension affective qui permettra de sublimer l'initiative et d'entraîner d'autres partenaires. C'est l'aspect *storytelling*.
Dans la beauté des lieux, on pourra inclure la qualité des communes environnantes et la culture au sens large.

11. https://risk-indexes.com/indice-esg/?lang=fr

Sécurité

Si la sécurité fait partie de vos critères, vous pourriez intégrer dans votre appréciation les aspects suivants :

- Protections naturelles : promontoires, falaises, vallées, massifs boisés infranchissables…
- Visibilité sur les environs : angle couvert, voir sans être vu…
- Voies d'évacuation.
- Lieux industriels dangereux (classement Seveso, centrales nucléaires, usines pétrochimiques…) pouvant représenter un danger direct en cas d'accident ou de rejet dans les rivières, ou indirect par des pollutions visibles et invisibles.
- Risques naturels : éboulements, inondations, séismes, activité volcanique, tornades…

Surface

C'est à la fois la capacité d'accueil (nombre de constructions possibles, lieux à rénover…) et la possibilité d'implanter des projets diversifiés (agricoles, touristiques…).

Plus votre surface sera grande, plus elle permettra une expansion, en termes de communauté ou d'extension de vos projets.
Plus elle éloignera aussi les voisins indésirables. Qui sait qui, dans le futur, s'installera à vos côtés ?
Bien sûr, le prix va en général en augmentant avec la surface du bien.

À noter qu'une petite surface ne réunira pas facilement les éléments qui feront votre autonomie : eau, surface agricole, forêt…

1 hectare = 10 000 mètres carrés.
1 acre = 4 046,85 mètres carrés.
1 hectare = 2,47 acres.

hectares (ha)	ares (a)	centiares (ca)	
1	00	00	mètres carrés (m^2)

Toutefois, il est important de vérifier les conditions de constructibilité, qui pourront limiter l'idée d'extension des habitats.

Étages bioclimatiques et altitude

Il va être fondamental, lors de votre recherche d'un lieu, de définir les étages bioclimatiques qui auront votre préférence.
Ces étages étant différents selon les régions, il n'y a pas de règle en la matière. Mais ce choix se basera sur les plantes que vous souhaitez cultiver, le climat prédominant, la prolifération d'insectes et autres animaux, la propension aux parasites…
L'altitude offre certains avantages, notamment en termes de relief, de vue, mais elle peut constituer un obstacle à certaines activités. En France, à partir de 600 à 700 m, les arbres fruitiers subissent les gelées tardives du printemps et précoces de l'automne, ce qui compromet leur croissance.

Ressources déjà disponibles

L'eau

Critère numéro un ! On ne survit pas plus de trois jours sans eau. Il est fondamental de s'assurer de la disponibilité d'une ou plusieurs sources durables. Que cela soit sous la forme de puits (nappe phréatique) ou de rivières, il faut s'assurer que cette source reste disponible toute l'année et qu'elle ne subit pas de pollution. Tâchez donc de faire une visite sur le terrain que vous escomptez acquérir lors de la saison sèche afin de juger de la disponibilité en eau. Reste toutefois la possibilité de récolter l'eau de pluie (si vous avez une ample surface de collecte, sur les toits de votre maison par exemple) et de la stocker (étang, réserves enfouies…). Mais retenez que l'eau est le facteur essentiel, nécessaire à votre survie et à celle des animaux et plantes qui vous alimenteront.
Essayez de vous renseigner sur l'évolution dans le temps des points d'eau afin d'estimer leur pérennité ou tout au moins les saisons de raréfaction. Les agriculteurs locaux sont évidemment une source importante d'information.

Les terres cultivables

Il peut être pertinent de connaître la qualité des sols. Pour cela, je vous recommande cinq tests simples (test de compaction, test d'infiltration, test à la moutarde, test *tea bag*, test bêche), compilés dans un petit guide réalisé par les élèves du lycée agricole d'Auzeville en Haute-Garonne[12]. Il va de soi que le sol est un milieu complexe, dynamique car vivant, et que ces tests ne donnent

---

12. *Comment évaluer la qualité de vos sols ?*, disponible sur le site de la Chambre d'agriculture du Tarn-et-Garonne : https://agri82.chambre-agriculture.fr/fileadmin/user_upload/National/FAL_commun/publications/Occitanie/Agroenvironnement/guide-qualite-sols-ca822019.pdf

que des indications et non des mesures définitives. Toutefois, ils permettront d'orienter votre choix.
Il serait aussi utile d'enquêter sur les pratiques antérieures menées sur ce terrain afin d'évaluer le degré de contamination et/ou de fatigue de ces sols. Si c'est le cas, il faudra probablement envisager une étape de régénération des terres.

Les quatre éléments pouvant constituer un sol :
- sable
- argile
- calcaire
- humus

Le pH (potentiel hydrogène) :
- basique ou alcalin si pH entre 7 et 14
- acide si pH entre 0 et 7
- neutre si pH = 7

Pour votre culture générale, il existe différents types de sols, qui peuvent d'ailleurs se retrouver sur un même terrain. Il est utile d'en connaître les classes :

- **Sol argileux** : plutôt compact et lourd, car constitué de particules fines et serrées, il ne laisse que peu passer l'eau et l'air, rendant la propagation des racines plus difficile. C'est une terre qui retient l'eau mais qui en temps de sécheresse se craquelle, devient dure et se désagrège au toucher. Ce n'est pas la terre la plus facile à travailler (elle requiert d'ailleurs de penser à améliorer l'écoulement des eaux), mais il existe plusieurs moyens de la rendre plus propice à l'agriculture, notamment par l'ajout des ingrédients qui lui manquent.
  - **Comment l'identifier** : lorsque humide, il a tendance à coller aux doigts et forme des bosses. Ce qui y pousse aisément : les pissenlits. Si l'on y verse du vinaigre blanc, une sorte de mousse blanche s'en dégage par réaction chimique.
  - **Culture** : tomate, orge, soja…

- **Sol calcaire** : l'eau y circule avec facilité. C'est une terre aisée à travailler mais qui pourra laisser se perdre les nutriments par lessivage lors des pluies.
  - **Comment l'identifier** : il est naturellement plus sec et friable, et de couleur claire voire blanchâtre. On y voit pousser des coquelicots (si sol calcaire enrichi d'humus) ou des carottes (sol plutôt sec).
  - Plus il y a de calcaire, plus le sol est basique (pH > 7).

- **Sol sableux** : à l'inverse du sol argileux, il est constitué de grosses particules. Il ne retient donc que très peu l'eau, s'aère fortement et semble léger au poids. Un excès de sable rendra cette terre pauvre, car l'eau chargée des nutriments dilués n'y stagnera pas. C'est un sol instable.
  - **Comment l'identifier** : cette terre vous échappera entre les doigts car peu compacte. Sa couleur est claire.
  - **Culture** : convient aux végétaux n'ayant pas besoin de beaucoup d'eau : asperge, carotte, pomme de terre, cactus…

- **Sol siliceux** : peu favorable à la culture, il lui manque du calcaire et il est très friable.
  - **Comment l'identifier** : très friable, peu de consistance, on y trouve du sable ou du grès.

- **Sol tourbeux** : fait de matières organiques, il est acide et pauvre en nutriments. Il absorbe littéralement l'eau et se gorge ainsi avant les saisons où elle s'évaporera. Il lui faut de la chaux pour pouvoir le travailler correctement.
  - **Comment l'identifier** : de couleur noire et de texture spongieuse.

- **Sol limoneux** : il ressemble à de la terre argileuse mais avec plus de nutriments et moins de 10 % d'argile. Il a tendance à se tasser par temps humide.
  - **Comment l'identifier** : de couleur sombre et de texture douce au toucher, souvent collant lorsque humide mais poudreux lorsque sec.
  - **Culture** : légumes, arbres fruitiers…

- **Sol humifère** : appelé « terre végétale », il correspond au sol des sous-bois.
  - **Comment l'identifier** : de couleur sombre, spongieux et ne collant pas même en cas de forte pluie, avec une odeur caractéristique de sous-bois après la pluie.
  - **Culture** : tous types de légumes, arbres et fleurs.

> Une terre franche :
> - 70 % sable
> - 10 % argile
> - 10 % calcaire
> - 10 % humus
>
> = pH neutre

Objectifs : Transformer ces différents sols en des terres équilibrées dans les quatre éléments fondamentaux afin de tendre vers ce que l'on nomme une **terre franche**.

> Les trois éléments chimiques indispensables au développement des végétaux :
> - Azote (N) : favorise la photosynthèse et la fabrication des protéines.
> - Phosphore (P) : soutient la germination, la pousse des racines et le développement des fruits.
> - Potassium (K) : protège des agressions extérieures (climat, parasites et maladies).

Chemins d'accès

Aménager un accès carrossable représente un coût significatif. Il est donc important d'en vérifier l'existence ou d'évaluer la longueur du chemin à transformer en route définitive.
Si le terrain vous semble des plus intéressants, faites un état des différentes voies, qu'il s'agisse de routes goudronnées, de chemins de terre ou de sentiers non carrossables.
En temps de paix, ce sont des voies facilitant les échanges. En situation de danger, ce sont des accès à contrôler.
Leur état permettra de savoir quel type de véhicule peut y circuler et s'il y a des conditions différentes ou dégradées liées aux saisons (apparition d'un cours d'eau, éboulements possibles, boues…).

Prix du foncier

Critère impossible à négliger. Le prix du terrain sera un facteur de décision ultime. Dans lequel pourront entrer en ligne de compte les facilités offertes par les autorités locales (prêts, administratif…).

Nombre de sites sur le Net vous donneront une moyenne des prix des terrains constructibles en fonction des régions ou départements. Voyez le passage sur le choix de la région (p. 62), où je mentionne certains de ces sites.

Vous pouvez aussi avoir recours à la Safer*, société à but non lucratif, sous tutelle des ministères de l'Agriculture et des Finances, qui aujourd'hui appuie le développement durable dans l'agriculture et peut soutenir une installation en milieu rural[13]. Ils disposent aussi de biens à la vente et sont souvent incontournables.

Constructibilité

La gestion cadastrale est un point à vérifier, car le terrain pourra être soumis à des restrictions en matière de construction. Découvrir trop tard la législation qui s'applique à votre terrain peut être fatal.
Si vous pensez par exemple qu'il sera aisé de reconstruire sur les bases d'une ruine, je vous conseille un article de *Système D* sur les « conditions draconiennes à remplir[14] » qui vous montrera à quel point l'administration peut contrecarrer vos ambitions.
Cela commence par la découverte du PLU, plan local d'urbanisme (dans le cas de la France), qui indique les conditions de constructibilité et les règlements à respecter. Ces informations impliqueront un coût plus ou moins élevé pour vos travaux, mais pourront aussi vous restreindre.
Toutes les communes de France ne sont pas équipées d'un PLU ; dans ce cas, vous devrez vous adresser par exemple à la Commission départementale de consommation des espaces agricoles (CDCEA).
Qu'il s'agisse d'habitats légers (yourtes, roulottes, caravanes, mobiles ou démontables…)[15] ou de constructions en dur, tout est légiféré en France.
Consulter un PLU est tellement indispensable qu'il existe des sites dédiés, par exemple PLU en ligne*[16].

Analyse géotechnique du terrain

Nature des sols

Connaître la nature des sols apporte forcément des éléments utiles pour les constructions architecturales et les activités agricoles. D'un côté, cela peut vous donner des indices sur la difficulté à réaliser des fondations, bien que vous puissiez toujours trouver à terme un autre endroit où construire – si la taille de votre terrain le permet – s'il s'avère que ce premier choix de sol n'est pas idéal.

13. www.safer.fr/app/uploads/2020/07/Fiche-usager-projetrural.pdf
14. « Reconstruire une ruine : des conditions draconiennes à remplir », *Système D* : www.systemed.fr/normes-droit-regles/reconstruire-ruine-conditions,4938.html
15. « Encadrement légal des villages de yourtes et habitat léger », *Passerelle Éco*, juillet 2013 : www.passerelleco.info/article.php?id_article=1764
16. https://plu-en-ligne.com/le-plan-local-urbanisme/comment-consulter-le-plu-de-sa-commune/

Et ce genre d'analyse n'est en réalité pas aisé à faire. D'un autre côté, du point de vue des cultures, c'est pertinent, même si vous pourrez régénérer ou enrichir le sol en découvrant après l'achat que la terre est peu productive.
Vous pourriez donc effectuer quelques sondages pour déterminer les aspects suivants :

- dimension de la couche de terre végétale ;
- composition du substratum (gravier, sable...) ;
- profondeur de la roche mère (ce qui pourrait limiter la plantation d'arbres).

Il existe plusieurs tests simples qui vous permettront de découvrir la composition de vos sols[17]. YouTube est une source inépuisable de tutoriels !

On parle d'hydromorphie pour qualifier les marques visibles laissées antérieurement par des engorgements réguliers : c'est-à-dire que la saturation de l'eau dans le sol à certaines périodes de l'année a laissé des traces repérables par leur couleur.
Une couleur rouille-orangé correspond à des traces de fer oxydé en une période où le sol n'est pas saturé d'eau mais susceptible de l'être avec la remontée depuis la nappe phréatique. Une couleur verte ou bleue tirant vers le gris indique du fer, réduit cette fois chimiquement en raison d'un sol chargé en eau par une nappe phréatique quasi permanente. Les taches noires proviennent en revanche de réactions ferro-manganiques.
Ce type de sol vous indiquera que ce terrain n'est pas propice aux cultures mais permettra par exemple le développement de roseaux. Il faudra envisager des travaux de drainage pour l'utiliser à d'autres fins.
Pour évaluer ce type de situation, il faut effectuer une coupe du sol ou en extraire un échantillon jusqu'à 1,20 m au moyen d'une tarière manuelle.

Vous pouvez pousser plus loin le test de perméabilité pour déterminer la capacité de rétention des eaux. Le cabinet d'études RBO Ingénierie propose une méthode simple[18]. Sur YouTube, vous trouverez des vidéos de méthodes bricolées pour estimer la vitesse d'infiltration sans instrumentation sophistiquée.

---

17. « Estimer la texture de son sol », *Jardiner autrement*, 5 mars 2021 : www.jardiner-autrement.fr/estimer-la-texture-de-son-sol/
18. « Test de perméabilité – infiltration des eaux » : https://rbo-etude.com/test-de-permeabilite-infiltration-des-eaux/

Hydrologie et nappe phréatique

Connaître le réseau hydrographique est l'un des éléments les plus fondamentaux à l'heure de choisir l'emplacement idéal de son terrain.
Cela consiste en premier lieu à suivre le tracé des cours d'eau et à se renseigner sur leur étiage (la période de l'année où le débit est au plus bas).
Une rivière sèche tous les étés est à prendre en compte, car cela impliquera l'élaboration future d'un système de stockage de l'eau pour affronter les sécheresses annuelles.
À l'inverse, connaître les zones inondables évitera bien des déboires. Soit l'information existe au niveau des municipalités, soit ce sont les anciens de la région qui vous renseigneront.

Déterminer la profondeur de la nappe phréatique permet de savoir s'il suffira de creuser un simple puits ou s'il faudra envisager une perforation plus profonde donc plus coûteuse.
Quelques principes à retenir :

- La nappe phréatique est presque toujours plus proche du sol aux points bas d'un terrain qu'aux points hauts. Cela peut sembler une évidence !
- Elle sera plus proche aux points de rupture convexes (à savoir aux endroits où vous passez d'un lieu plat à une pente ascendante, ou à l'inverse en bas d'une pente au moment où le terrain redevient plat).
- S'il y a de l'eau sur une partie du terrain, il devrait y en avoir partout, certes à des profondeurs sensiblement différentes, mais bien présente.

Vous pourrez faire appel à un géohydrologue ou à un sourcier selon vos convictions.
Il existe cependant une excellente base de données concernant la France et ses formations aquifères, la superbe et lumineuse BDLISA*. Les informations sont consultables en ligne ou téléchargeables. Et pour les amateurs de belles cartes, voyez InfoTerre*.

Vents

Les vents dominants sur votre terrain peuvent jouer un rôle positif ou néfaste selon leur force et leur orientation. Des vents froids puissants lors de la période de floraison des plantes peuvent anéantir tous les efforts de production potagère en peu de temps.
Ils constituent aussi un élément fondamental dans la construction d'une maison bioclimatique et la conception en permaculture. Ils vous indiquent les déplacements d'air chaud et froid.

Allez, un petit rappel. Le vent est généré par une masse d'air chaud qui vient taquiner une masse d'air froid. Ce dernier, plus dense que l'air chaud, tend à descendre vers le sol et génère donc une zone de haute pression (qualifiée aussi d'anticyclone), car l'air y est plus dense. À l'inverse, l'air chaud monte en altitude, laissant au niveau du sol une zone de basse pression (dite aussi dépression), car il se dilate et est donc moins dense. Comme l'air de la zone de haute pression souhaite alléger son humeur pesante, il se déplace vers les zones proches de basse pression. Ce mouvement dit de convection de l'air, c'est le VENT !

La perception des vents dominants vous indiquera donc à première vue les aménagements à faire pour vous en protéger (barrières naturelles à implanter, avec des arbres) ou en bénéficier en construction.
Notez aussi que si vous envisagez l'installation de constructions « éphémères » ou « extravagantes », comme des yourtes ou des cabanes dans les arbres, se prémunir de rafales de 180 km/h n'est pas une mauvaise idée. Les yourtes sont bien adaptées à des vents importants en raison de leur forme circulaire et de la faible hauteur des parois et inclinaison du toit, mais les constructeurs ne les garantissent pas à ce niveau de rafales.

Voici, page suivante, une carte donnant des tendances régionales en France.

Et deux ressources pour des données plus géolocalisées : les sites Weathercloud* et Windfinder*.

Écovillage d'Amatciems en Lettonie.

Carte des vents dominants en France, avec directions, fréquences et vitesses

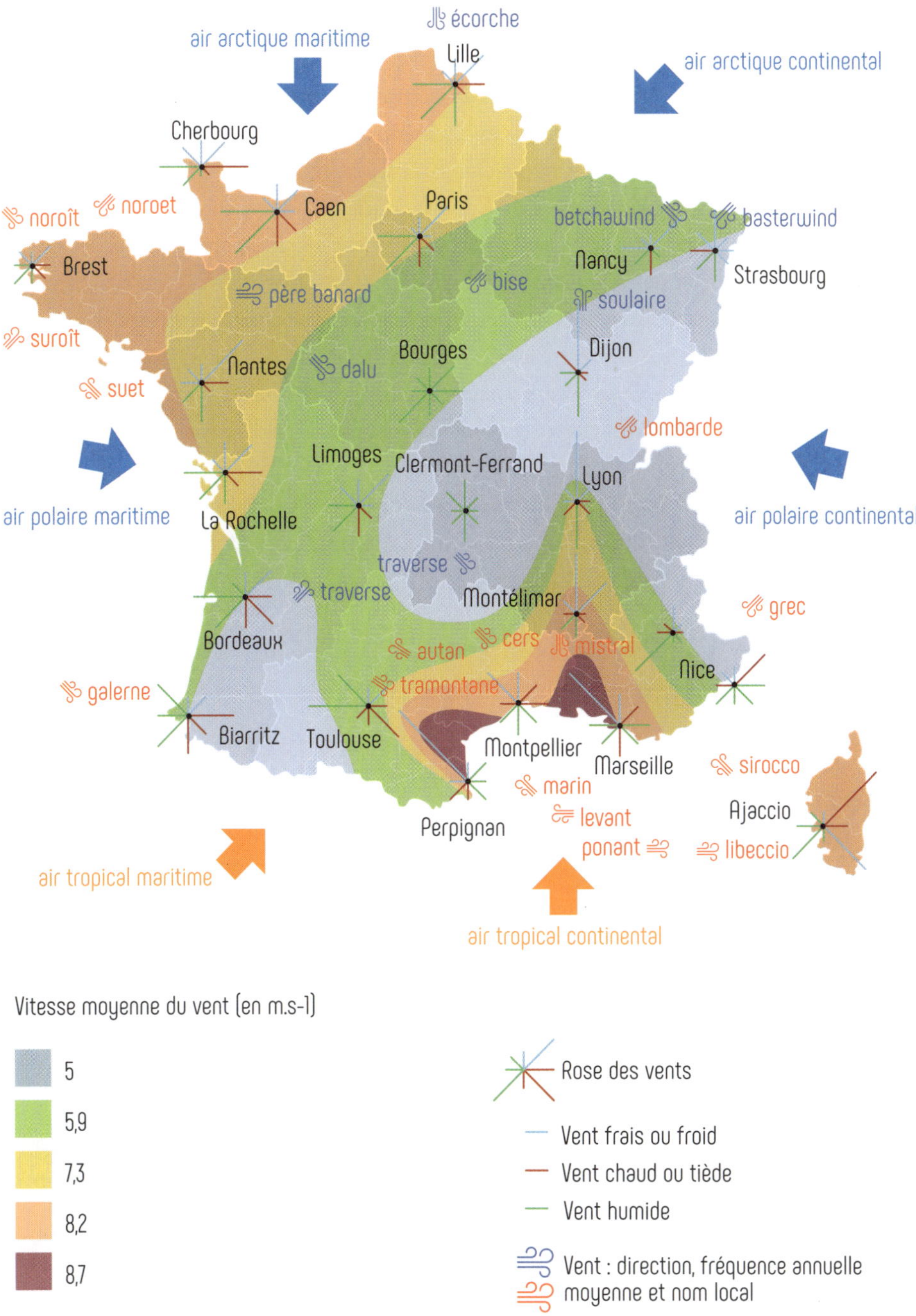

Sources : Adapté de http://tempetes.meteo.fr ; www.alertes-meteo.com ; www.meteo10.com

Constructions existantes ou nouvelles ?

Un terrain est constructible ou non constructible, car souvent destiné à des activités agricoles ou de conservation. Et dans chacune de ces catégories existent des nuances… Il est donc primordial de connaître le statut du terrain que vous convoitez.
Ayez en tête qu'une construction préexistante sur un terrain non constructible n'aura pas à être détruite mais au contraire pourra être rénovée et ainsi occupée. En revanche, y construire de nouveaux bâtis sera très limité. Voyez les explications données sur le site Travaux.com[19].

Le choix du lieu, et par conséquent sa nature et ses contraintes, seront souvent une question d'opportunité : l'un des membres possède un terrain qu'il n'a pas exploité, un hameau est en vente suite à la désertification des campagnes, vous avez eu vent d'une immense ferme à retaper dans le voisinage, la mairie a mis en vente un vieux moulin du XVIIIe siècle faute de budget pour le maintenir…

La France et de manière générale l'Europe sont riches d'un patrimoine historique fait de hameaux, de châteaux, de corps de ferme, de maisons de maître, de moulins, de vieilles industries ou encore de bâtiments religieux désertés.
Certaines agences immobilières en ont d'ailleurs fait leur spécialité, et cela vaut le coup de consulter leurs annonces pour vous faire une idée ou simplement rêver.

Même s'il existe des châteaux à des prix attractifs, ne vous emportez pas et regardez ce qu'il en coûtera en termes de maintenance, de discrétion ou encore de partage pour une vie communautaire. Il est fort probable qu'il n'existe qu'une seule cuisine, même grande, obligeant à partager son usage deux ou trois fois par jour tout au long de l'année.
Le degré d'intimité des noyaux familiaux est un élément important, car si les individus sont issus de cultures peu propices à la vie en promiscuité, il est fort probable que des conflits surgiront pour des prétextes fallacieux et mettront en péril la cohésion des membres du projet.
Il est préférable de respecter une forte privacité avant d'envisager avec le temps un rapprochement des groupes familiaux sur la base du volontariat.

---

19. « Terrain non constructible : autant de règles que d'exceptions », *Travaux.com*, 17 septembre 2014 : www.travaux.com/construction-renovation-maison/articles/terrain-non-constructible-autant-de-regles-que-dexceptions

Il faut ensuite considérer la conversion de certains locaux pour les adapter à vos usages prévisionnels. Si vous projetez de faire un gîte rural, il y a certains critères à prendre en considération pour là aussi assurer une certaine intimité à vos invités, voire un niveau de confort (imaginez une salle de bains pour 12 occupants !).

En somme, avant de choisir de l'existant, il faut se poser quelques questions :

- Les bâtiments répondent-ils aux usages prévus ?
- Sont-ils compatibles avec les valeurs et règles que le collectif veut se fixer (séparation sphères privée/publique) ?
- A-t-on prévu un budget pour la rénovation ?

Le dimensionnement de la communauté, initial et projeté, la nature des locaux collectifs mutualisés ainsi que les règles de construction que l'on s'est imposées impliquent des contraintes additionnelles. Sans aborder le cas où vous optez pour un bâtiment classé aux Monuments de France et assujetti à des règles très strictes…

Côté budget, il est fort à parier qu'une rénovation coûtera plus cher et qu'elle sera plus difficile à mettre à des normes écologiques récentes (pensez au désamiantage ou à l'isolation thermique). En revanche, elle sera moins consommatrice de matériaux de construction, et son empreinte écologique sera donc plus favorable. Un petit élément supplémentaire est la taxation : il est probable que la TVA en rénovation sera inférieure à celle d'une construction complète.

Méthodologie de recherche

Visiter des terrains est un investissement non négligeable en temps et en argent. Il est par conséquent évident que toute préparation préalable, avec notamment Internet, sera propice à une optimisation des visites. Avec toutefois un bémol : les terrains que l'on recherche au moyen d'annonces publiées s'avèrent bien souvent plus chers que ceux que l'on trouve en se déplaçant sur les lieux.

Je vous propose donc de passer par les étapes suivantes, à adapter ou à ignorer selon vos besoins.

Choix de la région convoitée

Envisager tout un pays peut vous faire perdre la raison à force de consulter toutes les annonces disponibles. Il s'agit donc de restreindre ce choix en fonction d'un ensemble de critères qui vous sont propres :

- climat général ;
- accessibilité, connectivité avec les autres régions ;
- tendances de prix ;
- densité de population ;
- ressources générales (eau, forêts…).

Concernant les prix et dans le cas de la France, vous pourrez commencer par vous en faire une idée sur le portail officiel Agreste* du ministère de l'Agriculture et de l'Alimentation qui recense les données pour les terres agricoles. Le site Terre-net* vous donnera pour sa part des ordres de prix pour les terres et prés libres[20]. Quant aux terrains constructibles, le site Maison-Construction* vous communiquera de précieuses informations[21].

Il va donc de soi qu'un terrain non constructible est moins cher qu'un terrain constructible. Retenez aussi qu'un bâtiment déjà édifié sur un terrain non constructible gagne à être rénové plutôt que détruit.

Quant aux ressources, le ministère de la Transition écologique donne accès à un atlas par région concernant l'occupation des sols[22].
Vous trouverez par ailleurs les données des densités de population sur le site de l'Observatoire des territoires*[23].
Le Géoportail du gouvernement[24] donne accès à des cartes géographiques sur toutes sortes de thématiques pouvant compléter votre analyse.

---

20. Delphine Jeanne, « Un niveau d'échanges inégalé sur les terres et prés en 2019 », *Terre-net*, 28 mai 2020 : www.terre-net.fr/actualite-agricole/economie-social/article/prix-du-foncier-un-niveau-d-echanges-inegale-sur-les-terres-et-pres-en-2019-202-169300.html
21. Jean-François Martin, « Le prix des terrains en France », *Maison-Construction*, mis à jour le 21 juin 2019 : www.maison-construction.com/le-prix-des-terrains-en-france.html
22. *Atlas régional de l'occupation des sols en France (CLC)*, octobre 2016 : www.statistiques.developpement-durable.gouv.fr/atlas-regional-de-loccupation-des-sols-en-france-clc
23. www.observatoire-des-territoires.gouv.fr/densite-de-population
24. www.geoportail.gouv.fr

Recherches sur Internet

Internet vous fournira de nombreuses informations sur la région et les environs proches des terrains convoités. Notamment l'existence de forêts, de rivières, de routes d'accès, de terres agricoles exploitées ou encore de zones en friche. En revanche, les terrains et bâtiments mis en vente sur Internet le sont à des prix souvent supérieurs à ceux que vous trouverez sur place. Cela vous donnera toutefois une vision globale des opportunités et des budgets à consacrer.

Vous pouvez combiner des mots-clés comme « vente », « terrain », « manoir », « grange à rénover », « corps de ferme », « moulin », et vous tomberez immanquablement sur les sites de diverses agences immobilières.
Selon les critères de sélection que propose le site, vous pourrez ordonner les offres et par exemple donner la priorité au prix, à la surface du terrain ou au nombre de chambres.

Pensez par ailleurs à mobiliser votre réseau ou à faire appel aux groupes thématiques sur les réseaux sociaux.
Le Répertoire départ installation (RDI)* est une mission de service public confiée aux chambres d'agriculture qui accompagne la transmission des exploitations agricoles. Il présente donc des offres sur tout le territoire français.

Recherches sur place

Internet vous aura fait gagner du temps pour limiter les zones géographiques à couvrir. Mais sur place, vous pourrez trouver des informations *via* :

- Les panneaux annonçant la vente sur les terrains convoités.
- Une sympathique conversation chez des commerçants locaux.
- L'identification visuelle de terrains à l'abandon lors de votre visite.
- Les agences immobilières locales.
- Les notaires.

Louer ou acheter un van ou un camping-car pour vadrouiller dans ces régions s'avérera extrêmement pratique. N'oubliez pas qu'il vous faudra vous loger, vous alimenter, et énormément vous déplacer. Il n'existe pas de transports publics dans tous les lieux, surtout si vous cherchez un terrain isolé.
L'achat d'un van peut se révéler un excellent investissement, y compris une fois que l'acquisition du terrain sera concrétisée : pensez à ses nombreux usages pour vous, votre famille ou la collectivité.

Identification des propriétaires

Concernant les terrains abandonnés, vous trouverez les numéros des parcelles sur le Géoportail du gouvernement précédemment cité. Grâce à ces numéros, vous pourrez identifier les propriétaires en appelant la mairie.
Le site Toits alternatifs* publie un article éclairant sur la possibilité de construire sur des terrains agricoles et les contraintes administratives qui en découlent[25].
Je vous conseille de consulter ensuite PLU en ligne, qui vous donnera des indications sur le plan local d'urbanisme en France[26], afin de déterminer les zonifications relatives au terrain convoité.

Bail emphytéotique et terres patrimoniales

Il existe des opportunités sous la forme de baux emphytéotiques, qui consistent en l'octroi d'un bail par une mairie par exemple, pour l'exploitation d'une terre ou d'un bien immobilier. Cette location est réalisée sur la base d'une mensualité souvent très faible et d'une durée très longue pouvant aller jusqu'à 99 ans. Vous ne devenez donc pas propriétaire du bien pour autant, ni des aménagements que vous y aurez effectués.

L'Église tend à revendre ses terres et bâtis si elle n'est plus en mesure de les maintenir. Renseignez-vous auprès d'un évêché, cela peut représenter une belle option.

25. « Construire sur un terrain agricole : est-ce que je peux m'installer ? », *Toits alternatifs* : https://toitsalternatifs.fr/conseils-pratiques/construire-sur-un-terrain-agricole-est-ce-que-je-peux-minstaller/
26. « La dénomination des zones PLU », *PLU en ligne* : https://plu-en-ligne.com/le-plan-local-urbanisme/

Partie III

Comptabilité et financement

ENJEU

Assurer l'investissement initial en cohérence avec les nécessités de financement ultérieures pour le fonctionnement confortable du collectif

Comptabilité et prévisionnels

ENJEU

Assurer la viabilité de votre projet avec des prévisionnels réalistes

Business plan, prévisionnel financier, voilà des sujets rébarbatifs mais qui sont une nécessité à l'heure de créer votre structure juridique ou d'envisager les activités économiques qui maintiendront le collectif.
À défaut de devenir spécialiste, il est de bon ton de comprendre quelques notions comptables afin de rester maître à bord. Leur connaissance vous permettra de mieux saisir le langage des experts-comptables et de vous sentir plus libre de prendre les décisions opportunes.
Confondre ces règles administratives avec le fonctionnement de la société capitaliste est une erreur. Même si vous souhaitez vous libérer des mécanismes d'une société financiarisée, comprenez que ces outils vous permettent avant tout de juger si votre initiative est viable économiquement. Car tout projet est une question d'équilibre des flux.

Le ***business plan***, ou **plan d'affaires** en français, est un ensemble de documents qui décrit votre projet à réaliser. C'est en quelque sorte le *storytelling* de votre rêve. Il narre l'histoire du projet que vous comptez concrétiser et comment vous envisagez de vous y prendre.
Il regroupe notamment une présentation du projet, avec sa stratégie et une étude de marché, une présentation de votre organisation et de ses membres, mais surtout un prévisionnel financier qui abordera toutes les questions terre-à-terre liées aux moyens mis en œuvre.
Ayez en tête qu'un manque de clarté concernant les questions financières est l'un des sujets de conflit qui peuvent mettre en péril le collectif, et que les idéaux risquent de fondre face aux réflexes limbiques liés à l'argent.

Le **prévisionnel financier** intègre les trucs barbares suivants :
- compte de résultat ;
- bilan.

Ça c'est un peu le minimum syndical, et les élaborer vous rendra service. On peut y ajouter :
- budget de trésorerie ;
- plan de financement ;

- soldes intermédiaires de gestion ;
- indicateurs financiers.

Voyons de quoi il s'agit, de manière simplifiée, car bien évidemment ce qu'englobent ces notions est plus compliqué.

1. Compte de résultat prévisionnel

Ce sont les prévisions du déroulement économique du projet. On y traite des **produits** (les ressources obtenues de manière définitive par le projet) et des **charges** (les services et/ou biens consommés).
On y présentera donc le chiffre d'affaires (CA), les charges de toutes sortes (d'exploitation, financières…), les impôts et taxes, les amortissements.

2. Bilan prévisionnel

Ce bilan parle des prévisions d'évolution du patrimoine de l'initiative à l'échéance de chaque exercice. Cette fois-ci, on y traite des **actifs** (ce que l'organisation va posséder) et du **passif** (ce que l'entreprise devra).
Les actifs sont des éléments identifiables qui ont une valeur positive. Cela couvre les immobilisations, les créances de clients, ce qui est en stock, les comptes bancaires.
Le passif englobe les dettes, le capital, les comptes courants d'associés ou encore les découverts en banque.
C'est ce bilan qui facilite le calcul du **besoin en fonds de roulement** ou de la trésorerie nette, que nous aborderons page suivante.

3. Budget de trésorerie

Ce document est celui qui va permettre de comprendre les flux réels d'argent. Et d'identifier les moments où vous pourriez manquer de fonds pour couvrir les dépenses.

4. Plan de financement

Ce document se focalise sur l'équilibre financier du projet. Autrement dit, on regarde les besoins en financement et les ressources dont dispose l'initiative. Plus de ressources signifie plus de trésorerie.
C'est aussi une manière de déduire le besoin d'emprunt pour viabiliser le projet.

5. Soldes intermédiaires de gestion

Ces calculs servent à analyser l'évolution de votre projet. Ils sont issus du compte de résultat. On pourra évaluer la marge commerciale, la valeur ajoutée et différents résultats afin de piloter l'activité.

6. Indicateurs financiers

Commençons par le plus fondamental : le **besoin en fonds de roulement (BFR)**. Il vous permet d'estimer les fonds servant à couvrir les besoins financiers issus du décalage dans le temps entre entrées réelles d'argent et paiements. Typiquement, il existe des factures que vous paierez en différé ou encore des stocks immobilisés à financer en vue de futures demandes. Il est donc important de disposer d'argent sur vos comptes pour couvrir ces dépenses, surtout au début de votre projet.

La **capacité d'autofinancement (CAF)** vous permet d'estimer toutes les ressources générées par votre initiative, sans tenir compte des délais de paiement.

Un peu de vocabulaire pour vous aider à décrypter le langage des comptables, qui parfois vivent dans un autre monde que le restant des mortels. Je reprends les définitions du site Compta-Facile*, qui me semblent très claires :

Immobilisation : c'est un bien durable que le projet acquiert pour son activité et qu'il préservera au moins 12 mois. On distingue trois catégories :

- Les immobilisations incorporelles : tout ce qui est lié aux frais d'établissement (honoraires…), dépôt de marque, achat de fonds de commerce…
- Les immobilisations corporelles (le concret) : le terrain, les constructions, les outils, le matériel, les meubles, les véhicules…
- Les immobilisations financières (l'argent bloqué que vous devriez récupérer) : les cautions et dépôts de garantie.

Amortissement : c'est la prise en compte de la perte de valeur d'un bien en raison de son usage ou du temps qui passe. Cela permet de correctement évaluer le patrimoine de votre projet, mais aussi d'anticiper le remplacement de ses équipements en provisionnant les sommes nécessaires[27].

---

27. « La présentation du *business plan* », *Compta-Facile* : www.compta-facile.com/creation-d-entreprise/business-plan/presentation-du-business-plan/

Acquisition du bien immobilier

ENJEU

Définir la figure juridique qui fera l'acquisition du bien et s'assurer de la cohérence des contraintes administratives avec le projet

C'est évidemment une étape fondamentale et, s'agissant d'un acte symbolique pour le lancement du projet et d'une décision aux lourdes conséquences économiques, il ne faut pas sauter les quelques étapes décisives.
Le choix du mode de financement pour l'achat du bien immobilier sera le reflet des valeurs du collectif et dessinera potentiellement les lignes de pouvoir au sein de la future communauté.

Les prérequis avant la signature

Si votre choix s'est arrêté sur un bien spécifique, vous devrez vérifier certains aspects afin d'écarter toute mauvaise surprise ultérieure.
Cela commence par se rendre à la mairie afin de consulter, si ce n'est déjà fait, le fameux et sexy PLU, le **plan local d'urbanisme**, tel qu'appelé en France. Vous confirmerez ainsi que rien ne s'oppose à ce que vous construisiez de nouveaux bâtiments, ou acquériez simplement le terrain. Joint au PLU, voyez aussi le **plan de prévention des risques naturels prévisibles**, qui vous fournira des informations précieuses sur les éventuels dangers naturels qui peuvent peser sur le terrain convoité. Et pour compléter le tout, vous pouvez consulter la Direction départementale de l'Équipement pour savoir si, par le plus grand des hasards, il n'y aurait pas dans les cartons un projet d'infrastructure, comme une autoroute ou un aéroport, qui pourrait venir perturber la tranquillité des lieux. Pour achever cette litanie de précautions, assurez-vous qu'il n'y a pas un droit de préemption d'une quelconque administration, à commencer par la commune elle-même.

Si les limites du terrain ne sont pas correctement définies (pour un terrain isolé, le cadastre n'est pas toujours suffisant), ou si le propriétaire ne vous vend qu'un lot, un géomètre devra intervenir pour baliser les lieux. Dans tous les cas cela devrait être à la charge du vendeur, mais c'est une démarche nécessaire. Le géomètre procédera à plusieurs déclarations, concernant par exemple la délimitation de la surface, la division en lots ou encore le bornage vis-à-vis des voisins.

Le jour J se rapproche. Vous allez donc signer, individuellement ou au nom de la collectivité, en tant que représentant par exemple de la SCI constituée, le compromis de vente, chez un notaire ou sous seing privé. Ce document contient un certain nombre de conditions que chaque partie doit remplir avant de passer à la signature de l'acte de vente.
Parmi les documents nécessaires au moment du compromis, vous devriez obtenir du vendeur un certificat d'urbanisme qui viendra confirmer le caractère constructible du terrain ainsi que les règles applicables, de même que le détail des servitudes d'utilité publique qui s'y imposent.
Une fois ces conditions remplies, vous aurez un délai relativement court pour réaliser le paiement complet du bien, ce qui impliquera le transfert de propriété entre les deux parties.

Les formules d'acquisition

L'achat collectif peut se matérialiser de plusieurs manières, chacune présentant avantages et inconvénients mais ayant surtout de multiples implications quant à la culture communautaire et aux contraintes futures.

Achats individuels par parcellisation du terrain

S'assurer que ce découpage n'est pas contraire aux règles d'urbanisme locales sera un prérequis.
Un géomètre devra alors effectuer le travail de parcellisation.
Toutefois, on voit vite comment cette modalité peut s'opposer à l'esprit communautaire :

- Difficile de faire croître le collectif avec la perspective d'un traitement relativement égalitaire.
- Difficile aussi de contraindre les propriétaires de suivre des règles communes, notamment en matière de construction.
- Impossible de s'opposer à la revente de la parcelle à une personne non adoubée par le collectif.
- Cela complique la mise en place d'espaces communs.

Achat en copropriété

Si le terrain n'est pas divisible, cette option est bien sûr envisageable. Les parties privatives seront traitées différemment des parties communes, pour lesquelles les décisions seront prises selon le règlement de copropriété, dont les contraintes légales peuvent limiter l'application de principes de gouvernance novateurs.

Achat en indivision

Dans cette figure, le bien complet est propriété de tous. Toute décision doit donc se faire en bonne entente et à l'unanimité. Rien n'interdit à un individu de revendre sa part sans l'accord de ses co-acheteurs. Cette figure protège moins bien que la SCI, même s'il existe des protections additionnelles comme la signature d'une convention d'indivision ou l'exercice d'un droit de préemption pour éviter que les parts revendues ne le soient à un parfait inconnu.

Achat en tontine

Cette ancienne pratique toujours en vigueur en France stipule qu'au décès d'un des acquéreurs, ses parts seront redistribuées entre les autres. Ce qui implique que le dernier survivant hérite de tout et devient *de facto* le réel propriétaire… Contrairement au cas précédent, impossible de vendre sans l'unanimité des copropriétaires.

Achat en société civile immobilière (SCI)

L'acquisition suit le principe de l'indivision mais l'achat se fait *via* la constitution d'une entité juridique qui en facilitera la gestion et apportera plus de sécurité aux propriétaires. La SCI peut alors regrouper les lieux habités et les biens collectifs, y compris à usage économique (logements loués…).
La SCI est une formule très souvent adoptée par les projets collectifs, mais il est à retenir qu'elle a un coût, sachant qu'il faut passer par un avocat ou un notaire. Il faudra nommer un gérant, qui devra mettre en place une comptabilité.
Les dettes de la société seront de la responsabilité de chaque associé, à hauteur de ses parts sociales.
En revanche, personne ne peut revendre ses parts sans l'accord des autres associés.

Achat en association

C'est possible, certains collectifs le font, mais avec beaucoup de contraintes légales ne permettant pas de liberté économique.
Il existe la figure de l'association syndicale libre (ASL), que des projets comme l'écohameau du Plessis* ont adoptée[28] pour gérer les parcelles et biens communs, laissant à chaque famille l'initiative de l'achat de sa parcelle privée.

Apports individuels et mécanismes égalitaires

Selon la modalité choisie, les parts de chacun pourront donc correspondre à un pourcentage du terrain acquis ou à un lot bien défini.

28. https://ecohameauduplessis.fr/le-projet/

Dans l'idéal pour un écovillage, il est souhaitable, bien que parfois difficile, de définir des parts égales, donc des apports en numéraire identiques pour chacun, afin d'éviter à l'avenir des commentaires du style : « Tu n'as rien à dire, c'est moi qui ai apporté la plus grande part… » Le fait du Prince, qui en a marre de tergiverser et impose sa décision arbitraire, est une menace non négligeable pour le collectif ! Il y aura toujours des opportunités de faire surgir ce genre de réflexe, alors mieux vaut en limiter les possibilités.
Toutefois, si l'acquisition est faite de manière inégale, afin d'intégrer par exemple des personnes au capital inférieur à celui des autres, il pourra être convenu de reventes ultérieures à de nouveaux entrants pour rééquilibrer la donne ou d'un remboursement *via* les comptes courants d'associés (référez-vous à la partie XII, p. 213, dédiée aux statuts juridiques).

Le financement initial s'arrête rarement seulement à l'achat du terrain

En effet, il est recommandé d'intégrer dans votre budget initial un montant pour la viabilisation du lot et le financement d'aménagements communs considérés comme prioritaires. Prenons comme exemples l'implémentation d'un système alternatif d'énergie ou l'aménagement de parcelles en permaculture avec leur mécanisme d'arrosage…
Vous verrez plus loin (p. 74-78) que les instruments de financement sont multiples et que la créativité ne fait pas défaut à ce stade. On a souvent recours à la famille et aux amis proches, mais je suis convaincu que votre enthousiasme saura séduire de nombreuses personnes au patrimoine endormi.
Le défaut de moyens financiers à titre individuel n'est pas toujours un obstacle, s'il est consciemment assumé par le groupe. Autrement dit, si l'apport est assuré par d'autres (mise à disposition du terrain, de logements, de fonds) de façon désintéressée (mieux vaut prévenir et bien poser les bases de cette générosité par écrit) ou à titre d'avance dont les modalités de remboursement ou de contrepartie sont clairement énoncées. Mais retenez qu'en temps de conflit cette situation inégale peut amplifier la discorde et faire renaître les vieux démons de l'argent roi.
De la même façon, les initiateurs du projet qui y auront passé un temps considérable et dépensé leur propre argent pour en organiser les prémices (recherche de terrain, élaboration du projet, création des structures…) pourront donner une valeur à cet apport ou consciemment ne pas le prendre en compte. Comme beaucoup de ces sujets et sans tomber dans une obsession d'égalité à tout prix, le mentionner est un acte de transparence.

Concernant la mobilisation des fonds, le premier mode de financement est évidemment l'apport d'économies personnelles. Mais il existe des options à ne pas négliger pour compléter ou alléger vos apports initiaux.

Soutiens institutionnels

ENJEU

S'assurer de l'appui des autorités locales pour une meilleure intégration, l'obtention de conseils voire d'un soutien technique et/ou financier

Maintenir une relation, étroite ou discrète, avec les autorités locales est la garantie d'obtenir un écho favorable en cas de tracas. C'est en sortant de l'anonymat complet que vous pourrez vous intégrer au tissu local et être pris en considération. Le choix de s'isoler totalement, option bien évidemment possible, vous laissera d'évidence plus démunis si les autorités viennent à vous chatouiller ou si un quelconque désastre advient (incendie ou calamité naturelle/pompiers, maladie ou accident/services sanitaires).

Si la communauté intègre des activités économiques significatives et tournées vers l'extérieur, il est possible de bénéficier de fonds d'aide aux projets. L'exemple typique est bien sûr la ferme maraîchère. Nombre de municipalités sont disposées à fournir une aide, si ce n'est financière, tout au moins en appui technique voire en fourniture d'outillage, par exemple pour des travaux de voirie. Votre commune pourra en effet voir un intérêt à vous soutenir pour réactiver l'économie locale ou répondre à ses objectifs de responsabilité socio-environnementale.
Il est donc de bon ton de rendre une petite visite à madame la mairesse ou monsieur le maire pour engager un échange sur les objectifs de la commune, la feuille de route régionale, et déterminer si votre projet y répond sur tout ou partie de ses aspects. Il va de soi qu'il faut présenter un avantage pour la collectivité afin de justifier l'appui des autorités locales. À défaut d'un apport direct, la mairie pourra faire une demande de soutien financier à un plus haut échelon administratif.

Financement participatif

ENJEU

Alléger votre engagement financier et faire appel à la communauté

Il existe de nombreuses personnes bienveillantes disposées à soutenir votre projet qui les inspire, et ce sans passer par les banques traditionnelles. Cela peut se faire sous forme de donation mais aussi de prêt.

Crowdfunding

Les donations partielles correspondent à ce que les Anglo-Saxons nomment le *crowdfunding*, autrement dit le financement participatif.

Vous pouvez l'organiser de manière totalement privée. Il s'agit d'insérer sur votre site une demande de dons en ligne, comme le font la plupart des initiatives. Mais les montants récoltés sont souvent assez minimes au regard des investissements que vous pourriez souhaiter financer.
Aucune piste n'étant à négliger, cherchez donc un ami dans votre entourage susceptible d'installer un petit module de paiement en ligne sur votre site Internet.

Vous pouvez et devriez d'ailleurs passer par des acteurs reconnus sur la place. En voici quelques-uns : WiSEED, Anaxago, Lendopolis, ClubFunding, Unilend, October, Credit.fr, Lendosphere, Homunity, Fundimmo, Ulule, Kickstarter, KissKissBankBank… ayant chacun ses caractéristiques et modalités de fonctionnement.
Certains peuvent ne vous verser les fonds que si le montant visé est atteint. Autrement dit, si les dons n'atteignent pas l'objectif dans les temps impartis, vous ne bénéficierez pas même d'une petite partie.
Voyez le « Top 10 des plates-formes de *crowdfunding* 2021[29] » pour vous guider parmi tous ces acteurs. Le site qui publie cet article offre par ailleurs de nombreuses réflexions sur le monde du financement participatif.

---

29. Mathieu, « Top 10 des plates-formes de *crowdfunding* 2021 », *Crowdlending*, 10 avril 2020 : www.crowdlending.fr/top-10-des-plateformes-de-crowdfunding-2020/

Activité de maraîchage.

Pour ne pas s'y perdre totalement, voyons les généralités. Le principe qui rassemble toutes ces plates-formes est d'obtenir le financement de son projet en faisant appel à des donateurs privés, considérés comme des mécènes, sans passer par les banques classiques.

La modalité la plus connue est celle du *reward-based crowdfunding*, qui n'offre en retour de l'investissement qu'une contrepartie symbolique, au travers par exemple de communications sur les financeurs ou d'un cadeau d'une valeur économique limitée.

Pour votre culture générale, il existe une variante à cette pratique, pour le financement de prototypes de produits, afin d'en tester l'intérêt pour les futurs acheteurs. La contrepartie n'est pas ici symbolique mais constitue soit une prévente du produit, soit la promesse d'un rabais sur un achat ultérieur.

Une seconde modalité, l'*equity-based crowdfunding*, est plutôt destinée au financement d'entreprises : en échange du versement, la personne se voit récompensée par l'octroi d'actions dans l'entreprise créée. Je le mentionne car ce principe pourrait s'appliquer à des initiatives économiques internes à votre projet.

L'écovillage Oasis du Coq à l'Âme* invite ainsi les bonnes âmes à effectuer des dons en ligne (voir page suivante), en rappelant que ces sommes sont susceptibles de constituer une réduction fiscale (des deux tiers de la somme versée dans le cas du fisc français).

Leur module de paiement est fourni par HelloAsso*, qui offre de nombreux services susceptibles de vous intéresser pour vos différents projets, dont des campagnes de *crowdfunding*.

Formulaire de dons en ligne de l'Oasis du Coq à l'Âme

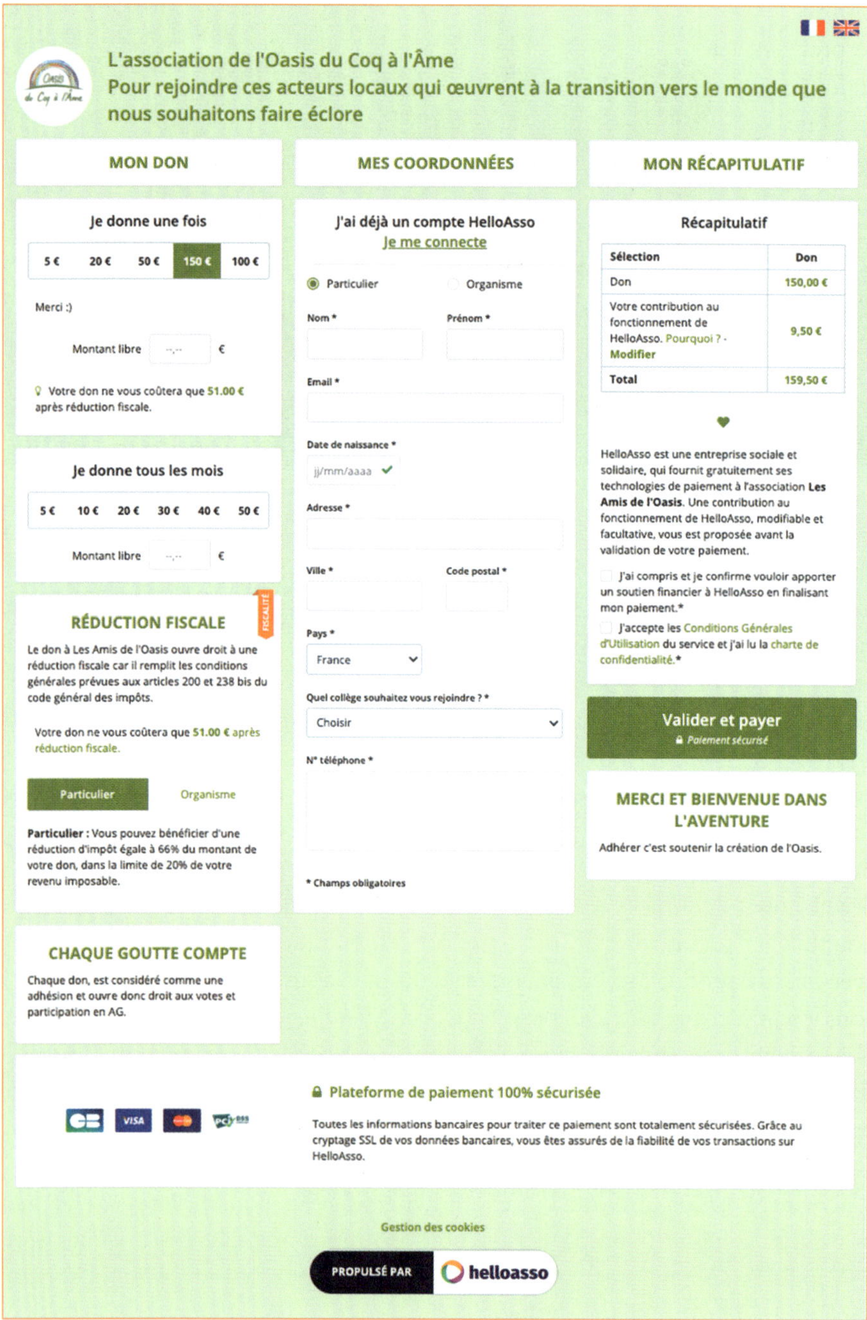

L'association de l'Oasis du Coq à l'Âme
Pour rejoindre ces acteurs locaux qui œuvrent à la transition vers le monde que nous souhaitons faire éclore

MON DON | MES COORDONNÉES | MON RÉCAPITULATIF

Je donne une fois

5 € | 20 € | 50 € | 150 € | 100 €

Merci :)

Montant libre --,-- €

Votre don ne vous coûtera que 51.00 € après réduction fiscale.

Je donne tous les mois

5 € | 10 € | 20 € | 30 € | 40 € | 50 €

Montant libre --,-- €

RÉDUCTION FISCALE

FISCALITÉ

Le don à Les Amis de l'Oasis ouvre droit à une réduction fiscale car il remplit les conditions générales prévues aux articles 200 et 238 bis du code général des impôts.

Votre don ne vous coûtera que 51.00 € après réduction fiscale.

Particulier | Organisme

Particulier : Vous pouvez bénéficier d'une réduction d'impôt égale à 66% du montant de votre don, dans la limite de 20% de votre revenu imposable.

CHAQUE GOUTTE COMPTE

Chaque don, est considéré comme une adhésion et ouvre donc droit aux votes et participation en AG.

J'ai déjà un compte HelloAsso
Je me connecte

Particulier / Organisme

Nom * / Prénom *

Email *

Date de naissance *
jj/mm/aaaa

Adresse *

Ville * / Code postal *

Pays *
France

Quel collège souhaitez vous rejoindre ? *
Choisir

N° téléphone *

* Champs obligatoires

Récapitulatif

Sélection	Don
Don	150,00 €
Votre contribution au fonctionnement de HelloAsso. Pourquoi ? - Modifier	9,50 €
Total	159,50 €

HelloAsso est une entreprise sociale et solidaire, qui fournit gratuitement ses technologies de paiement à l'association **Les Amis de l'Oasis**. Une contribution au fonctionnement de HelloAsso, modifiable et facultative, vous est proposée avant la validation de votre paiement.

J'ai compris et je confirme vouloir apporter un soutien financier à HelloAsso en finalisant mon paiement.*

J'accepte les Conditions Générales d'Utilisation du service et j'ai lu la charte de confidentialité.*

Valider et payer
Paiement sécurisé

MERCI ET BIENVENUE DANS L'AVENTURE

Adhérer c'est soutenir la création de l'Oasis.

Plateforme de paiement 100% sécurisée

Toutes les informations bancaires pour traiter ce paiement sont totalement sécurisées. Grâce au cryptage SSL de vos données bancaires, vous êtes assurés de la fiabilité de vos transactions sur HelloAsso.

Gestion des cookies

PROPULSÉ PAR helloasso

Source : www.oasis-ducoqalame.com

Crowdlending

Enfin il existe le *crowdlending*, qui consiste en un prêt rémunéré. Ce type de prêt par des acteurs privés est fortement réglementé, avec notamment un plafonnement (en France, 2 000 € pour un prêt avec intérêts et 5 000 € sans intérêts). La durée du prêt est elle aussi limitée (inférieure à 5 ans), avec des taux allant de 3 à 10 %.

Le collectif Habiterre* présente ses conditions sur son site et fait mention du fait que les épargnants solidaires sont très souvent des proches des occupants[30]. Du point de vue statutaire, le prêteur entre dans la SCI qu'ils ont constituée, à hauteur d'une part pour ne pas bousculer la gouvernance mais de manière à pouvoir ouvrir une ligne de compte qui enregistre la somme.
Deux modalités sont laissées au choix de l'investisseur : sous la forme d'un prêt avec une échéance convenue, date à laquelle il sera remboursé ; par une avance sans échéance, qui peut être récupérée à tout moment moyennant un préavis d'un à six mois selon la fourchette des sommes empruntées. La SCI verse alors des intérêts annuels à hauteur des taux d'un livret A.
Consultez en annexe (p. 282) le bulletin de souscription d'Habiterre à cette épargne solidaire.

Finance décentralisée

Notez aussi qu'avec la popularité des nouvelles techniques décentralisées de la finance, de nouvelles formes de financement entre acteurs privés sont ou seront proposées sous peu. Je veux parler de la *blockchain* et des services de finance décentralisée (*decentralized finance* ou DeFi). Ce thème est bien trop complexe pour le développer ici, mais je vous invite à faire vos propres recherches en lien avec le monde des cryptomonnaies. Nous aborderons ce sujet dans le passage consacré aux monnaies alternatives (p. 128).
Voyez cet article qui présente la plate-forme Equisafe[31], première entreprise française à appliquer la *blockchain* aux transactions immobilières et aux emprunts.

30. « Participer au financement solidaire de la maison commune », *Habiterre* : www.habiterre.org/participez/
31. Guillaume Chanut, « Equisafe, la plate-forme d'investissement sur la *blockchain* », *Cryptoast*, modifié le 15 juin 2020 : https://cryptoast.fr/equisafe-plateforme-investissement-blockchain/

On pourrait imaginer à terme la création d'un jeton (*token*, pour les connaisseurs) spécifique à un projet, ou commun à un ensemble d'initiatives, mis en vente lors de ce que l'on appelle une *initial coin offering* (ICO), suivant ainsi la logique du *crowdfunding*. Le *token* acquis permettrait au collectif de lever des fonds et à l'acheteur d'acquérir par avance un service qu'il pourrait réclamer sur les lieux de l'écovillage.

Emprunt collectif

Il est possible, si vous manquez conjointement de fonds, de réaliser un emprunt collectif. Je parle ici d'un seul emprunt au titre du groupe constitué, et non de la somme des emprunts que chacun peut réaliser à titre individuel. Toutefois, cela n'est pas sans contraintes, à évaluer sérieusement :

- L'emprunt doit se faire dans la même institution bancaire.
- Vous êtes alors considéré solidaire des autres emprunteurs, *via* la signature d'une convention de solidarité, ce qui signifie que les mensualités non payées par l'un d'eux devront l'être par le restant du groupe.

Il n'est cependant pas nécessaire que chacun emprunte la même somme à l'intérieur du fonds sollicité à la banque.

Un article du *think tank* Mr Mondialisation aborde la question des banques éthiques[32], parmi lesquelles vous trouverez des banques solidaires susceptibles de vous aider dans le financement du projet. La Nef* et le Crédit coopératif* sont certainement de très bons exemples d'établissements financiers pouvant vous accorder des prêts.

---

32. « La liste des banques éthiques : pourquoi il est important de responsabiliser ses placements », *Mr Mondialisation*, 10 avril 2017 : https://mrmondialisation.org/la-liste-des-banques-ethiques/

Partie IV

Gestion des espaces et ressources

ENJEU

Optimiser l'usage des espaces disponibles, intégrant une vision d'extension à plus long terme et prenant en compte les contraintes géoclimatiques, et assurer la fourniture des besoins vitaux de la manière la plus autonome possible

Organisation des espaces

Étape fondamentale, elle permet de planifier l'usage de l'espace disponible en fonction de la topographie des lieux. Vous aurez engagé cette réflexion soit avant – tout au moins un minimum, afin de vous projeter –, soit après l'achat.

Mais il faudra envisager un stade initial de votre projet et réaliser une projection dans le futur, si vous imaginez par exemple d'intégrer d'autres personnes à un stade ultérieur. En somme, il faut prévoir un lieu où elles pourront construire leur habitation de manière satisfaisante.
De la même façon, vous pourriez projeter de réaliser des constructions ou d'aménager des espaces en vue de créer par exemple un lieu d'accueil pour les visiteurs, des extensions agricoles…

Pour faire ce travail, les principes de la **permaculture** sont d'une aide significative. Ils visent en effet à donner une cohérence aux différents écosystèmes qui interagissent sur un lieu. On prendra ainsi en compte la dimension humaine et ses besoins : alimentation, sécurité, énergie, appétence pour un lieu de vie esthétique et/ou répondant à des injonctions spirituelles… Mais l'homme n'étant pas déconnecté de la nature, il est primordial de considérer la résilience et la préservation des équilibres des écosystèmes naturels qui permettent la survie des habitants.
La démarche permaculturelle est donc un processus qui tend vers une situation désirée d'harmonie et de durabilité, mais conscient des erreurs inévitables, voire souhaitables pour l'apprentissage des connaissances et pratiques, que seul le milieu peut offrir.

Cette discipline considère six zones, numérotées de 0 à 5, comme sur le schéma page suivante. Elles se basent sur la fréquence de vos visites et les activités que vous devez y mener. L'objectif étant d'économiser vos déplacements pour une meilleure efficacité et afin d'interférer le moins possible avec certains espaces considérés comme sauvages. C'est la philosophie du moindre effort, pour optimiser les flux et les dépenses énergétiques.

Zonage en fonction de la fréquence des visites et activités

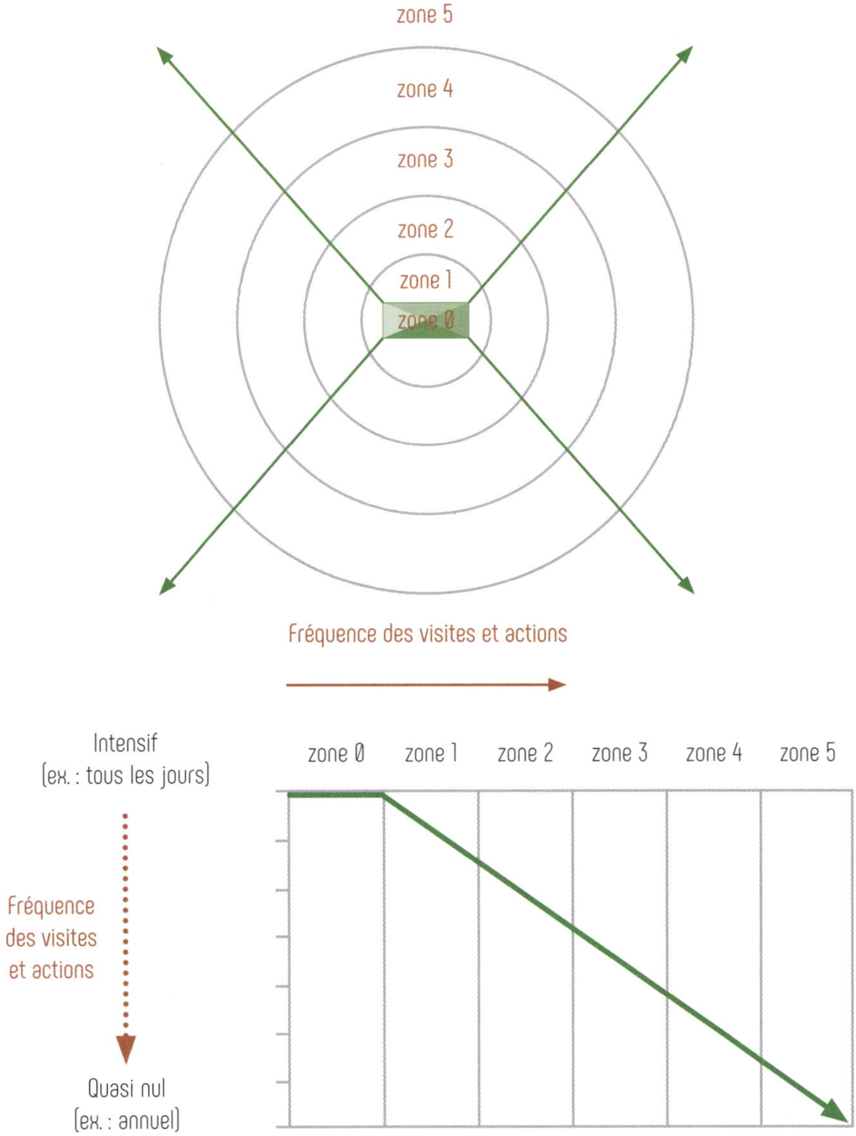

Source : www.permaculturedesign.fr

La zone 0 sera votre lieu d'habitation. La zone 1 intégrera votre potager. Et ainsi de suite, jusqu'à la zone 5, souvent attribuée aux espaces sauvages (la forêt en bout de terrain…). Les premières zones sont donc celles qui requièrent le plus d'attention et d'huile de coude, ou qui sont susceptibles d'être les plus sollicitées pour des prélèvements comme les légumes du potager. Vous pouvez alors imaginer qu'il ne s'agit pas uniquement de s'appuyer sur des connaissances objectives scientifiques pour chaque écosystème, mais aussi et surtout sur une approche systémique intégrant des appréciations subjectives. Rappelez-vous les recommandations de la permaculture et observez avant tout. Prenez ce temps pour bien comprendre la dynamique naturelle et celle qui pourra être la vôtre sur le terrain. C'est une façon d'être au monde et de considérer l'ensemble des interrelations.

Une fois les lieux de circulation récurrents identifiés, vous pourrez commencer à placer sur une carte les zones en question, avec la mention des bâtiments que vous envisagez d'implanter. Voir l'exemple ci-dessous :

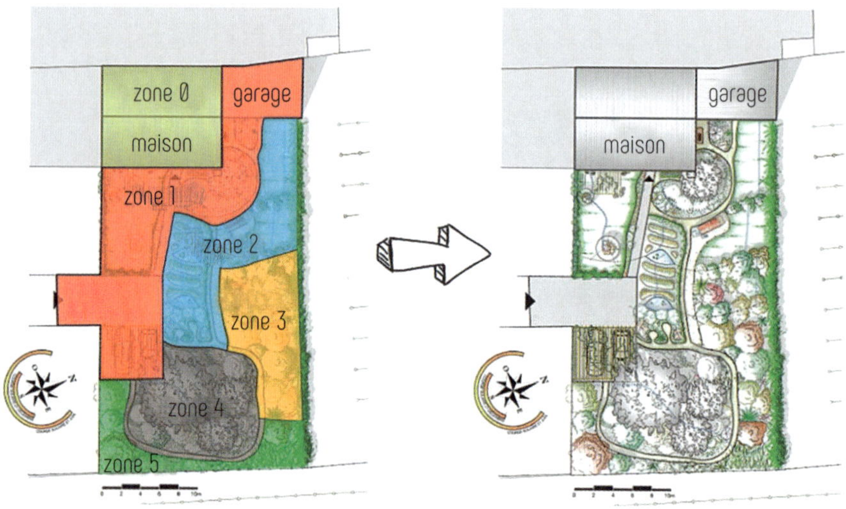

Zone 0 : bâtiments, structures et visites intensives

Zone 1 : visites très fréquentes (petits animaux, maraîchage...)

Zone 2 : grandes cultures, animaux

Zone 3 : ressources forestières

Zone 4 : sauvage intouchée

Zone 5 : privée

Source : www.permaculturedesign.fr

Un second principe important est la dynamique des fluides. Connaître l'orientation des vents dominants, le parcours du soleil et les zones d'évacuation des eaux va vous aider à déterminer l'emplacement de vos constructions et leur orientation.
Cela vous servira tout autant pour votre habitation principale que pour implanter une serre.

L'entreprise Écomestible partage un document de cours[33] qui vous guidera dans les étapes de la conception en permaculture et résume plusieurs belles suggestions pour l'élaboration des espaces naturels.

Conception en mandala. Ferme en permaculture de Dan Key au Costa Rica.

Vous aurez sans doute entendu parler de la « règle de 3 » qui détermine les limites humaines classiques en mode survie (même si elle comporte des exceptions) :

- 3 minutes sans oxygène ;
- 3 jours sans eau ;
- 3 semaines sans nourriture.

On peut y ajouter la règle suivante, plus controversée :

- 3 secondes sans attention (pour les nouvelles générations *addict* aux réseaux sociaux) ;

33. http://permabox.ressources-permaculture.fr/1-PERMACULTURE/DESIGN/COURS_Le-design-applique_par-e-comestible.pdf

- 3 heures sans une bonne circulation sanguine ou régulation thermique pour garder nos 37,2 °C ;
- 3 mois sans lien social ou sans hygiène (infections rendues plus aisées).

Ces règles peuvent vous aider à définir certaines priorités.

Eau

60 % du corps d'un homme adulte est constitué d'eau ; c'est dire l'importance primordiale de cet élément. On parle ainsi d'environ 42 l d'eau chez une personne de 70 kg. Pour les femmes, en raison de la proportion plus importante de tissus adipeux, cela tombe à 55 %. En revanche, à la naissance, le corps d'un bébé contient près de 78 % d'eau.

> Besoin quotidien en eau :
> - Adultes :
>   - pour boire : 2 l ;
>   - pour cuire les aliments + hygiène : 2 l.
> - Enfants, mères allaitantes, personnes malades, en région chaude ou de forte altitude : ajouter 1,5 à 2 l par personne.

En bref, l'eau doit être une priorité dans votre gestion. Cela commence dès le choix de votre lieu de vie. Je considère que dans une dimension « survie », vous devez opter pour une source d'eau avant que de vous préoccuper du terrain. Les projections liées au changement climatique nous montrent à quel point cette ressource sera primordiale, tant pour la consommation directe que pour la production alimentaire. Et pensez aux chacals de l'industrie qui placeront prochainement l'eau à la bourse des ressources !

Sources d'eau

L'eau peut provenir de multiples « sources » autonomes :
- une véritable source qui surgit dans votre terrain ;
- une rivière qui le traverse ;
- une retenue naturelle (lagune, marécage) ;
- un puits ou un forage donnant sur une nappe phréatique ;
- un système de collecte d'eau de pluie.

Tâchez d'en évaluer la disponibilité en termes de volume et de fréquence. Cela vous permettra de savoir si vous devrez avoir recours à d'autres techniques pour couvrir vos besoins, notamment pour l'alimentation des potagers.

Sa conservation

Des techniques de conservation s'imposent lorsque votre eau n'est pas disponible toute l'année. La récupération des eaux de pluie en est un exemple :

- réserve fermée, enfouie ou sur le sol ;
- plan d'eau : lagune, bassin ;
- cuves (voir photo ci-contre).

Cuve IBC.

Son traitement

Disposer d'eau n'implique pas que cela réponde au besoin en eau potable. Une eau contaminée peut engendrer de nombreuses maladies dont certaines peuvent être fatales, comme une diarrhée non contrôlée, en particulier dans les pays où les infrastructures sont déficientes. Tout dépendra donc de l'usage attendu :

- pour la boire ;
- pour se laver ;
- pour le nettoyage en général ;
- pour les animaux ;
- pour l'irrigation de votre potager.

Il existe trois grandes techniques pour traiter les eaux contaminées physiquement ou microbiologiquement, souvent combinées entre elles pour un meilleur résultat :

- **Par sédimentation** : les particules de matière, avec les micro-organismes qui s'y sont fixés, se déposent au fond du contenant, ce qui permet leur extraction.
- **Par filtration** : les particules sont arrêtées par un filtre en céramique ou une membrane synthétique en fonction de la taille des pores ; on parle de nano- ou de micromètres.

- **Par désinfection** : action chimique destinée à tuer les micro-organismes, comme avec l'usage de chlore ; mais cela peut être par ébullition.

Pour plus de détails, consultez les documents produits par l'ONG Programme Solidarité-Eau (pS-Eau)*, qui incluent de superbes fiches sur des méthodes pratiques de traitement de l'eau[34].
À noter aussi que l'eau de pluie est souvent impropre à la consommation en raison des micro-organismes et des substances chimiques contaminantes qu'elle contient. Même après ébullition, les polluants chimiques persistent.

Techniques de récupération des eaux

Puits

Cette ancienne technique est clairement associée à l'image d'une certaine autonomie. Elle présente toutefois des avantages et des inconvénients qu'il vaut mieux considérer.
Le puits classique est une ouverture verticale, pouvant descendre sur plusieurs dizaines de mètres, et dont les parois sont souvent enduites de manière à favoriser le ruissellement des eaux à l'intérieur et à limiter leur filtration vers la terre. Le principe de base est donc l'infiltration et son accumulation au fond du trou par captation.
Remonter l'eau peut se faire manuellement en installant une potence et une poulie pour le seau, à condition que la profondeur ne rende pas l'exercice trop fastidieux et que votre besoin ne soit pas excessif. Mais vous pouvez aussi équiper votre puits d'une pompe immergée, voire couplée à un système solaire, afin d'en faciliter l'usage.
Si votre puits donne directement dans une nappe phréatique piégée par une couche imperméable (d'argile, par exemple), sous le niveau dit piézométrique, on parle de **puits artésien**. L'eau remonte par pression, ce qui économise la mise en place d'une pompe électrique. C'est donc un système à privilégier mais plus coûteux, car requérant souvent un forage plus profond (pouvant aller jusqu'à 300 m).

34. Liana Rajaonary et Pierre-Marie Grondin (pS-Eau), *Conservation et traitement de l'eau à domicile*, décembre 2018 : www.pseau.org/outils/ouvrages/ps_eau_conservation_et_traitement_de_l_eau_a_domicile_2018.pdf

Pompe immergée pour les eaux de puits

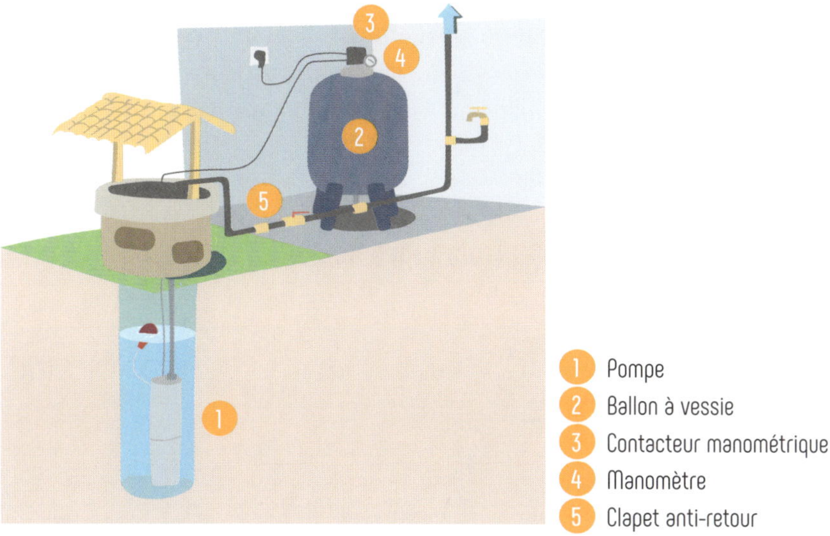

Les pompes pour puits ou de réservoirs peuvent remonter l'eau de près de 20 m de profondeur.
Source : www.e-pompes.com

Source artésienne du Blâme (après une période de plusieurs jours de fortes pluies), puits de Bontemps, Brouchaud, Dordogne.

Un autre aspect important est la législation des lieux en matière de déclaration et de comptage de l'eau prélevée. Les permis de prélèvement peuvent en effet dépendre du débit journalier, qu'il vaudra alors mieux évaluer avant de se lancer dans les travaux.
Voyez le site du gouvernement canadien de l'Ontario, qui propose des bulletins techniques sur le sujet[35].

Trois types de puits

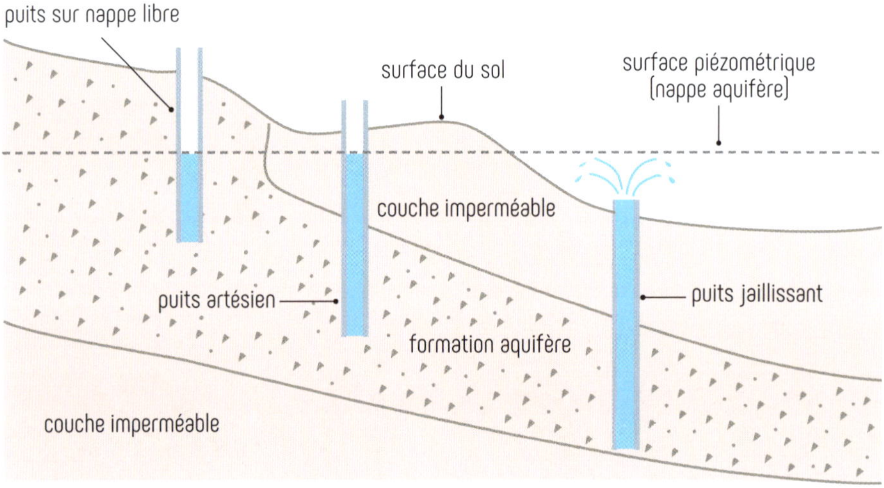

Source : www.ontario.ca/fr/

Forage

Le forage est plus efficace que le puits classique car il plonge directement dans la nappe phréatique, pouvant aller jusqu'à 300 m de profondeur, et offrira ainsi un débit d'eau constant (de 2 à 3 m^3) indépendamment des périodes de sécheresse.
Cela consiste à forer un trou d'environ 20 cm de diamètre pour atteindre la nappe préalablement localisée. Le trou est équipé d'un tube en acier, doublé d'un tube en plastique solide et éventuellement d'une pompe pour remonter l'eau, si votre forage ne correspond pas à un puits artésien.

Dans les deux cas, il faudra vous assurer de la propreté de l'eau et de son usage potentiel comme eau potable.

35. *Puits d'approvisionnement en eau : bulletins techniques*, mis à jour le 14 janvier 2016 : www.ontario.ca/fr/page/puits-dapprovisionnement-en-eau-bulletins-techniques

Voyez le site Wikiwater*, riche en informations, et qui vous fournira de nombreuses indications sur les techniques de forage[36].

Collecte des eaux de pluie

La surface de captage est le premier facteur déterminant, et le toit de votre habitation est naturellement approprié pour ce type de projet. Toutefois, il est important de considérer les matériaux employés pour la couverture de votre maison, car certains peuvent émettre des substances toxiques emmenées par le ruissellement de la pluie.

> 1 mm de pluie tombant sur 1 m^2 de surface de captation = 1 l d'eau accumulé.

Voici les constituants d'un tel système. Nous avons déjà mentionné le toit. La gouttière est ensuite ce qui permet d'acheminer cette eau vers son stockage. De nombreuses impuretés vont être emportées par le flux et contaminer l'eau stockée. Afin d'éviter cela, un principe simple consiste à laisser goutter les premières eaux en plaçant à la verticale directe un tuyau en PVC qui captera les impuretés (dimensionné pour contenir 40 à 80 l). Une fois ce tuyau rempli, l'eau passera par un autre tuyau connecté grâce à un coude, comme sur le schéma ci-dessous.

Système de prélavage

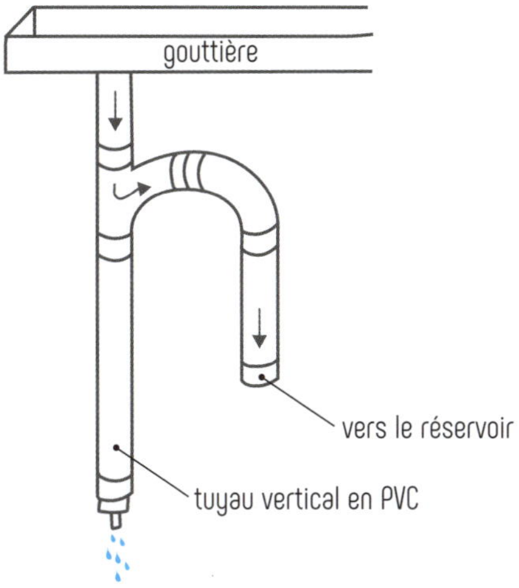

Source : www.ecohabitation.com – traduction de Denis Boyer.

36. https://wikiwater.fr/E28-Les-divers-types-de-puits-et-de-forages-Generalites

Il s'agit là du système le plus simple. Vous pouvez le sophistiquer en y ajoutant un flotteur ou un filtre à feuilles.

Système de prélavage avec flotteur

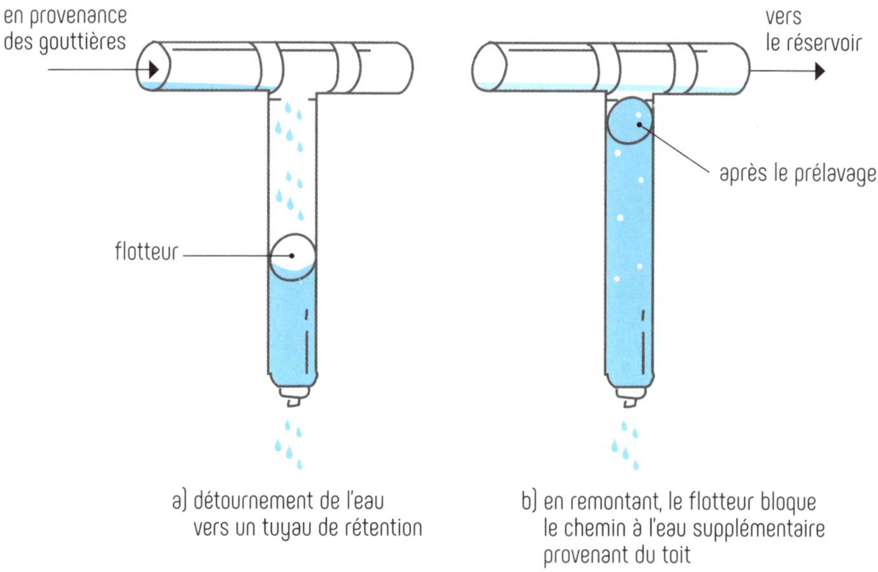

Source : Adapté de www.infonet-biovision.org – traduction de Denis Boyer, d'après Rain Harvesting.

L'étape suivante consiste à acheminer l'eau vers votre stockage (citerne, bassin à ciel ouvert, réserve enterrée).

Afin de dimensionner vos canalisations, voici un petit calcul simple :
Considérons que le volume d'eau est de 30 mm (= 0,03 m)/m^2.
Et qu'il pleut cette quantité toutes les 10 minutes, soit 600 secondes.
Vous disposez de S m^2 de surface sur votre toit pour capter cette eau acheminée *via* votre système. Cette surface correspond à l'empreinte au sol, autrement dit en tenant compte de l'inclinaison. Si vous vous rappelez vos cours de géométrie : S = surface pleine du toit × cosinus de l'angle d'inclinaison. Mais vous pouvez faire une approximation.
Le débit dans votre canalisation sera donc de S × 0,03 / 600, exprimé en litres par seconde.

Pour plus de précision, vous pouvez considérer un coefficient de perte dû à la nature de votre toiture. Voici quelques valeurs que vous pouvez intégrer à votre calcul :

- coefficient de perte pour une toiture ondulée : 0,8 ;
- coefficient de perte pour une toiture en tuiles : 0,9 ;
- coefficient de perte pour une toiture plate : 0,6.
- Il ne vous reste plus qu'à choisir votre type de stockage.

Une cuve pourra faire l'affaire si vous ne disposez pas d'un bassin. Pensez surtout à gérer le trop-plein, qu'il vous faut évacuer à bonne distance de votre maison sans risque de provoquer une inondation.
Pensez aussi à l'emplacement de votre citerne afin que vous puissiez utiliser cette eau sans la nécessité d'ajouter une pompe, autrement dit par gravité.

Stockage de l'eau

En somme, quel est le volume de votre système de stockage pour tenir toute l'année et en particulier lors des périodes de canicule ? Nous parlons ici d'une eau non potable.

Pour calculer ce volume, il vous faut partir de votre consommation globale.
Pour l'arrosage d'un potager, on considère qu'il faut environ 100 l/m^2.
Pour un usage en habitation, si l'eau ne sert qu'à alimenter les toilettes et une machine à laver, voici quelques niveaux de consommation :

	2 adultes	2 adultes et 1 enfant	2 adultes et 2 enfants
WC	16 512 l	20 640 l	24 768 l
Machine à laver	8 820 l	14 700 l	17 640 l
Besoin annuel	25 332 l	35 340 l	42 408 l

Source : www.lacentrale-eco.com

Le principe de dimensionnement est le suivant :
Volume du réservoir = [(volume récupérable + volume du besoin) / 2] × jours d'autonomie / 365.

Volume récupérable : c'est le volume d'eau que vous pouvez récupérer annuellement en fonction des précipitations enregistrées dans votre région.
Volume du besoin : c'est la consommation que vous comptez couvrir.
Jours d'autonomie : c'est le temps pendant lequel vous souhaitez tenir sans pluie.

Précipitations moyennes annuelles en France

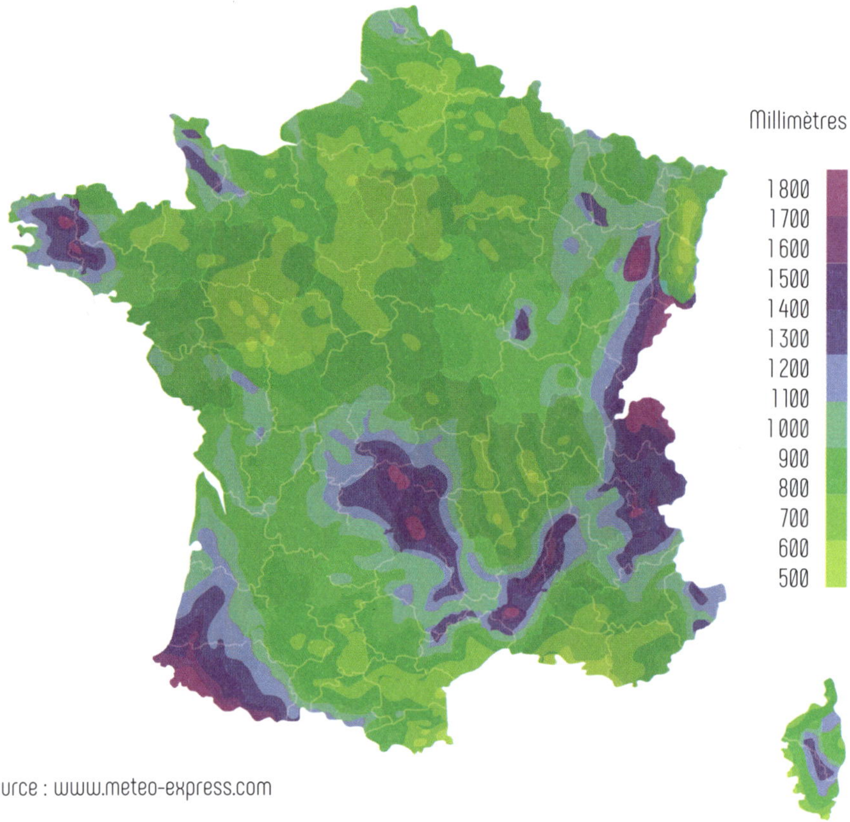

Source : www.meteo-express.com

> 1 mm de pluie correspond à 1 l/m².

Pour l'exemple, disons que vous recevez 1 000 mm/an.
Vous disposez d'un toit de 50 m².
Vous pouvez donc recevoir à l'année 50 000 l (= 50 m³). C'est le volume récupérable.

Voyons maintenant le volume de besoin :

- Vous disposez d'un potager de 40 m² ; vous consommerez donc l'équivalent de 40 × 100 l, soit 4 000 l ou 4 m³.
- Vous êtes un couple avec un enfant ; votre besoin annuel pour utiliser les WC et votre machine à laver sera donc de 35 m³.

Le volume de besoin est donc de 39 m³.
Vous souhaitez une autonomie de 30 jours car la canicule la plus intense a duré 1 mois.

Le volume du réservoir = [(volume récupérable + volume du besoin) / 2] × jours d'autonomie / 365, soit [(50 + 39) / 2] × 30 / 365 = 3,7 m^3.

Assainissement des eaux

L'assainissement est l'ensemble des moyens mis en place pour évacuer et traiter les eaux usées et les eaux de pluie. Dans un contexte domestique, les **eaux usées** incluent les **eaux grises**, issues des activités ménagères, et les **eaux noires**, provenant uniquement de vos WC.

Il existe deux types d'assainissements :
- public, encore appelé tout-à-l'égout ;
- autonome, non raccordé au réseau public.

Nous traiterons ici du second cas, le premier étant facilement gérable avec l'administration locale. Il existe un service public, nommé Spanc*, qui gère les projets d'assainissement privés[37]. Ne le négligez pas…
Deux techniques sont employées :
- la fosse septique ou fosse toutes eaux ;
- la phytoépuration, basée sur l'emploi de plantes spécifiques connues pour absorber certains composants.

Fosse septique

Ce système est constitué des éléments suivants :
- un bac à graisse, destiné à recevoir en premier les eaux grises et à empêcher que les graisses qu'elles contiennent aillent boucher les canalisations suivantes ; il est donc conseillé de l'installer au plus proche de l'évacuation des eaux de ménage ;
- des canalisations ;
- une fosse septique.

Il est à noter que ce type de système ne permet pas une épuration de la totalité des rejets et que son impact sur l'environnement n'est pas négligeable, notamment pour les nappes phréatiques.

37. www.assainissement-non-collectif.developpement-durable.gouv.fr/le-service-public-d-assainissement-non-collectif-r11.html

Fosse septique classique en béton

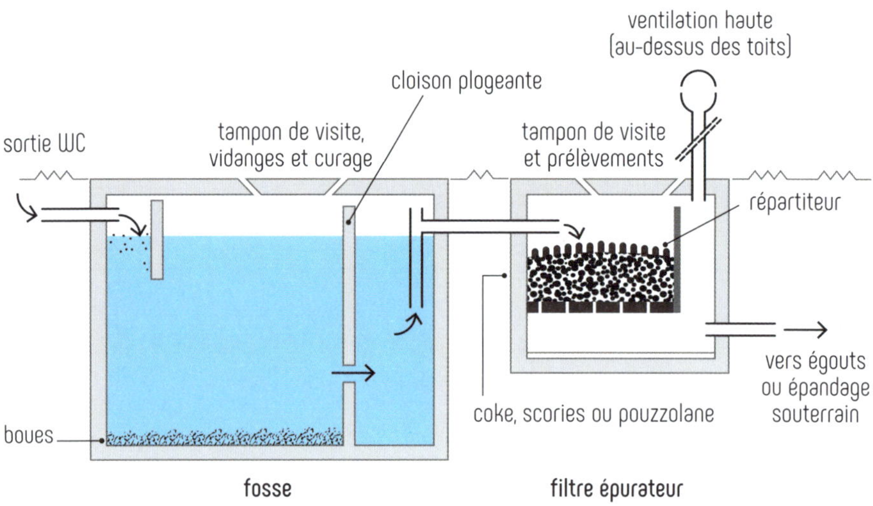

Source : Adapté de www.pdfprof.com

Côté dimensionnement, le sujet est un peu plus complexe que la récupération des eaux de pluie, car de nombreux facteurs sont à prendre en compte. Un mooc du lycée Chérioux vous expliquera comment dimensionner ce type de système[38].

Notez aussi qu'une fosse septique mal ventilée concentre des gaz, issus de la dégradation des matières organiques, pouvant être toxiques voire dangereux.

Phytoépuration

Il s'agit d'une filière d'assainissement reproduisant l'écosystème naturel de marais végétalisés, développée sous la forme de filtres plantés de roseaux. Voici, page suivante, une coupe schématique.

38. « Dimensionnement des canalisations d'eaux usées domestiques » : http://lycee-cherioux.fr/Mooc/reseaux_humides/dimensionnement/~gen/dimensionnement.publi/auroraW/co/dimensionnement_7.html

Assainissement par les plantes avec 4 bassins

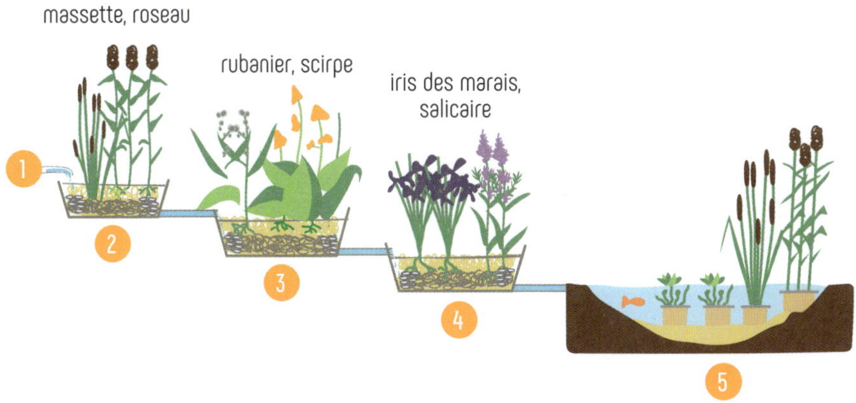

1. Arrivée d'eau grise (uniquement)
2. 1er bassin de traitement vertical
3. 2e bassin de traitement vertical
4. 3e bassin de traitement horizontal
5. Bassin terminal laissé en eau libre

Source : Adapté d'André Agout – www.picbleu.fr

Chacun de ces bassins est tapissé d'un substrat fait de sable, de gravier, de pouzzolane, de terre, voire de paille et de compost.
Cette technique comporte un certain nombre d'avantages, comme l'aspect esthétique et la réutilisation des eaux, avec une efficacité reconnue quant à la décomposition des matières organiques. Son inconvénient réside essentiellement dans l'espace nécessaire requis pour l'installation des bassins. Idéalement, son intégration doit donc être envisagée au moment de la conception des habitations.

Build Green* est un site très complet sur les systèmes de phytoépuration[39]. Quant à l'entreprise Aquatiris*, elle propose ce type de projet pour des habitats collectifs[40]. Consultez notamment leur page sur les aides et subventions dont vous pourriez bénéficier[41].

---

39. Ecologs, « Phytoépuration : créer un filtre planté », *Build Green*, 24 février 2017 : www.build-green.fr/phytoepuration-creer-un-filtre-plante/
40. « Pour un groupement d'habitations. Création, réhabilitation ou mise aux normes ? », *Aquatiris* : www.aquatiris.fr/votre-projet/votre-besoin/pour-un-groupement-dhabitations/
41. « Les aides et les subventions. Pour un assainissement individuel », *Aquatiris* : www.aquatiris.fr/votre-projet/aide-au-financement/

Desserte en eau

L'idéal est évidemment que vous puissiez acheminer l'eau par gravité, autrement dit que votre source se trouve à une altitude supérieure à celle des lieux où elle sera employée. Ce cas de figure est bien sûr peu fréquent dans un cadre non transformé par l'homme, voire peu souhaitable en raison des risques d'inondation.

Si vous avez construit une réserve d'eau, vous aurez à l'alimenter depuis la source. Il existe quelques techniques, dont évidemment la pompe électrique très classique.

Vous pouvez aussi étudier l'emploi d'un **bélier hydraulique**, dont le principal intérêt est qu'il n'utilise pas d'électricité. Cependant, cela ne fonctionne qu'avec une source dotée d'un certain débit (n'est pas utile dans le cas d'un puits).

Principe du bélier hydraulique

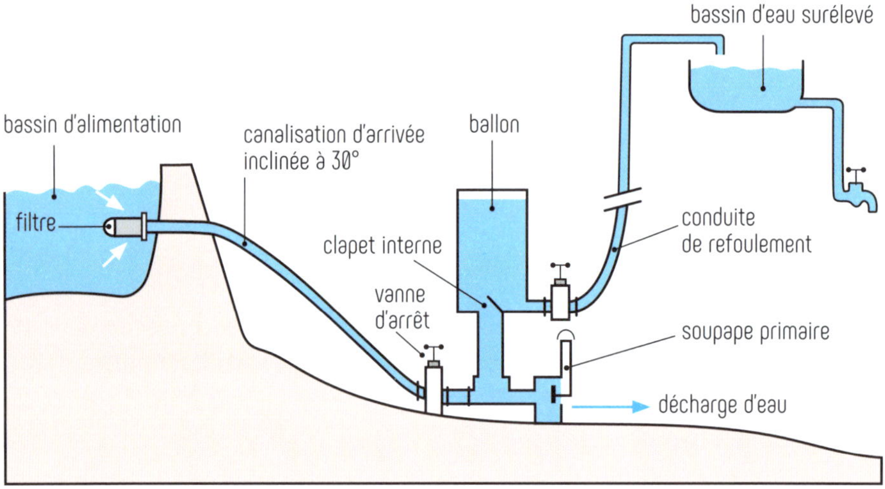

Source : Adapté de Jorge Czajkowski – Wikipédia (CC BY-SA 2.5) – traduction libre de l'auteur.

Quelques explications sur le principe du bélier hydraulique, histoire de vous persuader de l'intérêt d'en réaliser un (elles sont issues du site Low-Tech Lab[42]) :

1. *À l'amorçage, l'eau qui s'engouffre dans la canalisation d'arrivée s'écoule dans le déversoir à travers la soupape primaire.*
2. *L'accélération de l'eau provoque la brusque fermeture de la soupape primaire.*

42. https://wiki.lowtechlab.org/wiki/B%C3%A9lier_hydraulique

3. *Freinée brutalement, la colonne d'eau génère une surpression dans le corps de pompe (coup de bélier), qui ouvre le clapet interne.*
4. *Sous l'effet de cette surpression, l'eau s'écoule dans le ballon (et le conduit de refoulement), comprimant le volume d'air jusqu'à équilibrage des pressions.*
5. *L'inversion des pressions referme le clapet interne.*
6. *L'eau emprisonnée sous pression dans le ballon se vide dans la canalisation de refoulement jusqu'à équilibrage des pressions (déterminée par la hauteur du conduit).*
7. *La fermeture du clapet interne ayant fait chuter la pression, la soupape primaire s'ouvre à nouveau. Un nouveau cycle commence…*
   Sans accident, ce processus se renouvelle perpétuellement tant qu'il est alimenté en eau.

Vous trouverez en ligne[43] un document d'étude bien utile pour ce type de matériel, élaboré avec l'aide de l'entreprise Schlumpf et de l'ONG Codéart.

Énergie électrique

La disponibilité de sources d'énergie permet de réaliser des travaux avec plus d'efficacité, plus de rapidité et moins d'effort physique humain. Certains services sont même difficilement envisageables sans une source d'énergie « abondante ».
Si l'on considère le cas extrême d'un lieu entièrement basé sur l'énergie physique humaine et animale, il est peu probable que vous ayez le temps et l'envie de pédaler sur un vélo pour produire l'électricité qui vous permettra de vous connecter à Internet (si tant est, évidemment, que cela soit toujours possible).

En résumé, il faut avoir une certaine clairvoyance quant à vos besoins en énergie pour déterminer votre style de vie.

Notions d'électricité

Certains se souviendront sans doute de leurs cours d'école, mais quelques rappels vont nous aider à bien cerner les aspects techniques des systèmes électriques.

---

43. *Réalisation d'un bélier hydraulique* : https://assomaleva.files.wordpress.com/2016/02/realisation-dun-belier-hydrolique.pdf

Commençons par le **courant électrique** : la comparaison la plus facile est celle de la rivière. Le courant est un déplacement d'électrons équivalant aux molécules d'eau qui se déplacent d'un point haut vers un point en contrebas. Plus la différence de hauteur entre les deux points est importante, plus le débit de la rivière est important. L'équivalent des hauteurs dans le cas du courant électrique correspond à la notion de tension. Nos petits électrons vont donc se déplacer de la tension la plus haute à la plus basse. Plus cette différence de tension est importante, plus la puissance active est importante, à l'image du débit de l'eau. L'unité de mesure de l'**intensité (I)** est l'ampère (A).

La **tension (U)**, ou **différence de potentiel**, correspondrait dans notre analogie aquatique à la pression exercée par un réservoir d'eau. Mais il faut, comme vu précédemment, une différence de tension entre deux points pour générer un courant. L'unité de mesure est ici le volt (V).

De la même façon que l'eau est freinée par le fond de la rivière, le courant électrique est ralenti par des frottements dus aux molécules du matériau qui le conduit. C'est la **résistance (R)**, mesurée en ohms (Ω).

La relation entre nos trois mesures est : **U = R × I**. C'est ce qu'on appelle la loi d'Ohm.

Puissance active (P) : c'est le produit de l'intensité en ampères et de la différence de potentiel entre deux points. On la mesure en watts (W). Comme on le verra ci-après, dans le cas d'un courant alternatif, qui n'est donc pas constant, cette valeur est une moyenne de la puissance instantanée[44].

Consommation : exprimée en kilowatts/heure (kWh), elle correspond à la puissance active consommée par les appareils (on parle aussi de charge) multipliée par le temps de consommation. Le « k » de « kilo » signifie que l'unité est en milliers de watts.

Courant continu/alternatif : dans le premier cas, le courant circule dans un seul sens. Dans le second, le sens du courant oscille sous forme de courbe sinusoïdale, l'amenant à changer constamment suivant une certaine

44. En raison de la forme sinusoïdale du courant et d'un possible déphasage entre courant et tension (je n'entre pas dans les détails), la notion de puissance active peut ne pas refléter toute l'énergie consommée. On utilise alors une valeur dite de puissance apparente, mesurée en voltampères (VA). Vous pourriez donc voir apparaître sur votre facture d'électricité la mention d'un contrat à 24 kVA, par exemple.

fréquence (F), mesurée en hertz (Hz). Le choix du courant alternatif est essentiellement dû à des raisons technologiques de transport de l'énergie et d'obtention de forts voltages. Les deux fréquences utilisées selon les régions du monde sont 60 ou 50 Hz (50 Hz signifiant 50 périodes par seconde).

Réseau électrique

Tant que les services gouvernementaux seront assurés, vous pourrez compter sur l'alimentation électrique des entreprises nationales.
Si vous visez l'autonomie sur cet aspect, vous pouvez considérer cette source comme utile lors d'une phase initiale, mais dont vous pourriez vous libérer par la suite.
De nombreuses menaces pèsent sur la maintenance des services d'un réseau de distribution électrique national :

- Sabotage et piratage des installations : le réseau de distribution, géré informatiquement, peut être « hacké » (voir le piratage du réseau ukrainien en décembre 2016, les intrusions récurrentes dans les systèmes de contrôle de centrales énergétiques nord-américaines...). Je vous invite à lire le roman *Black-out* de Marc Elsberg, qui se base sur le scénario d'une dégradation du réseau électrique européen.
- Raréfaction ou défaut de maintenance de la source de production (hydroélectrique, nucléaire, solaire, éolien...).

Combiner une production locale autonome avec le réseau électrique peut être une bonne stratégie. Les systèmes photovoltaïques permettent souvent de coupler les deux et ainsi de basculer sur l'une des deux sources en cas de défaillance.

Énergie solaire

Commençons avec quelques notions si vous optez pour ce type d'énergie. Distinguons tout d'abord deux familles d'usages : la production d'électricité photovoltaïque et le solaire thermique.

Énergie photovoltaïque

Il s'agit de la production d'électricité à partir de la captation du rayonnement solaire grâce à des panneaux solaires. Cette énergie peut être directement utilisée ou stockée dans des batteries spécifiques.

Vous pouvez envisager l'une des cinq modalités suivantes :

1. ***Off-the-grid*** : en totale autonomie, vous êtes complètement déconnecté du réseau électrique national. Votre système est constitué d'un banc de batteries. Autonomie : +++. Coût : +++.
2. **Mode connecté au réseau sans stockage** : vous êtes connecté au réseau mais vous n'y réinjectez rien. Ce que vous produisez avec vos panneaux solaires vous sert en journée, puis le réseau prend le relais si les panneaux sont inefficaces, donc au moins dans la nuit. Autonomie : +. Coût : +.
3. **Mode connecté au réseau avec stockage** : vous êtes connecté au réseau mais vous n'y réinjectez rien. Ce que vous produisez avec vos panneaux solaires sert vos besoins ou est stocké dans des batteries. Le réseau ne prend le relais que si les panneaux et le stockage en batteries ne couvrent pas vos besoins. Autonomie : +++. Coût : +++.
4. **Mode réinjection dans le réseau sans stockage** : vous êtes connecté au réseau et ce que vous produisez avec vos panneaux solaires est soit utilisé pour vos besoins, soit réinjecté dans le réseau, mais vous ne disposez pas de batteries pour stocker votre production. En somme, vous utilisez et revendez une partie de votre production en journée, et de nuit vous utilisez le réseau. Autonomie : +. Coût : +.
5. **Mode réinjection dans le réseau avec stockage** : vous êtes connecté au réseau et ce que vous produisez avec vos panneaux solaires est soit utilisé pour vos besoins, soit stocké, soit réinjecté dans le réseau. En somme, vous utilisez ce que vous produisez de jour comme de nuit, et éventuellement vous revendez une partie de votre production au réseau. Autonomie : +++. Coût : ++.

Dans le schéma page suivante, c'est le mode 5 qui est décrit. Situation idéale : vous combinez autonomie et réinjection du trop-produit dans le réseau électrique, ce qui vient diminuer votre facture d'électricité.

Tiny house équipée de petits modules solaires.

Système photovoltaïque d'autoconsommation et stockage

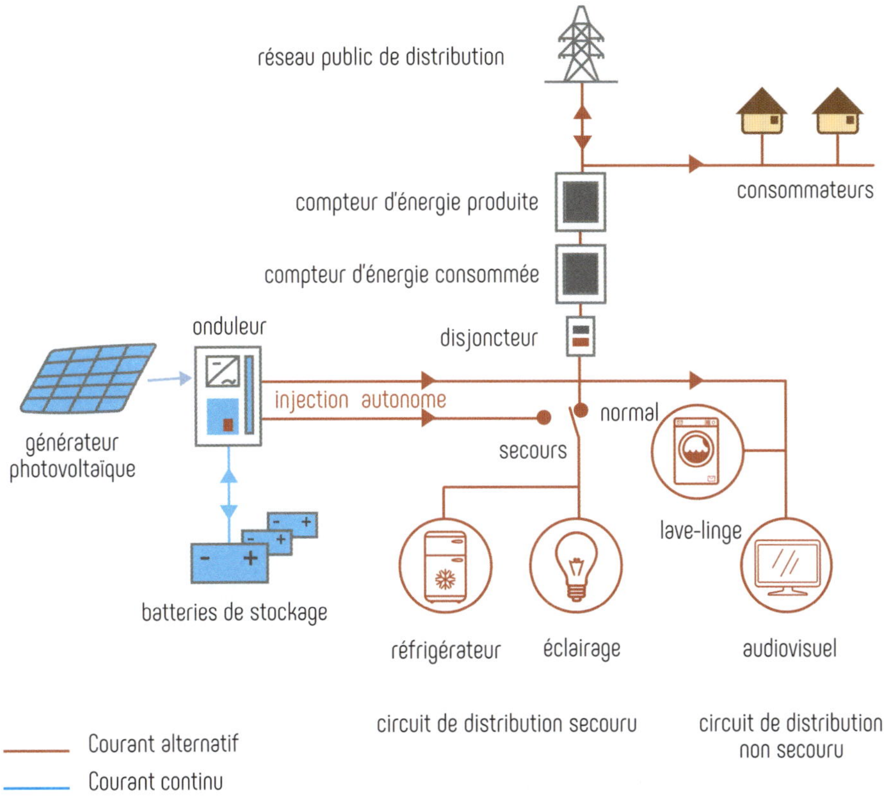

Source : Adapté de www.power-africa.com

Un peu de vocabulaire concernant les fonctionnalités pour bien comprendre le rôle des différents composants électroniques d'un système photovoltaïque (PV) :

- **Onduleur** : son principe est de lisser un courant électrique, en éliminant les surtensions, et ainsi de protéger les appareils qu'il alimente. S'il est équipé d'une batterie, il y puisera l'énergie pour pallier les baisses de tension.
- **Convertisseur (ou inverseur)** : il convertit un courant, par exemple continu (celui que produisent les panneaux solaires) en alternatif, passant d'un 12 ou 24 V continu en 110/120 ou 220/240 V alternatif.
- **Régulateur** : il sert à répartir le courant entre différents appareils ou batteries.

L'**onduleur solaire** combine souvent plusieurs de ces fonctions, en convertissant tout d'abord le courant continu en provenance des panneaux solaires. Il gère le stockage avec les batteries et distribue le courant produit entre les appareils connectés suivant les besoins en voltage.

Le dimensionnement d'un tel système prendra en compte des facteurs comme :

- la consommation totale selon des plages horaires (au minimum entre jour et nuit) ;
- l'orientation du lieu d'installation des panneaux ;
- la localisation géographique : pour cela il existe des cartes[45], comme celle reproduite page suivante, indiquant le nombre d'heures annuelles d'ensoleillement.

À moins d'être fin connaisseur et de disposer d'un bon logiciel de dimensionnement, il est préférable de faire appel à des professionnels qui maîtriseront toutes les données. En effet, à l'occasion d'une installation à laquelle j'ai récemment participé, nous avons constaté que la méconnaissance des courants d'appel pour les pompes à eau pouvait générer un mauvais dimensionnement.

Dans tous les cas, le dimensionnement passera par cinq étapes :

- l'analyse de votre consommation, ou du moins de celle des équipements que vous souhaitez alimenter grâce aux panneaux solaires ; vous trouverez en annexe (p. 275) un modèle de tableau qui vous permettra de résumer ce besoin énergétique ;
- le dimensionnement des panneaux solaires ;
- le dimensionnement des batteries ;
- le dimensionnement des régulateurs ;
- et pour terminer, le dimensionnement des câbles électriques.

Il faut garder en tête qu'un système basé sur l'énergie solaire n'est ni complètement écologique (la fabrication des équipements se base sur l'emploi de pétrole et de ressources comme de nombreux métaux rares), ni durable (les équipements ont une durée de vie déterminée et les batteries constituent souvent le maillon faible du système).

---

45. Sur le site de Solargis, il est possible de télécharger gratuitement les cartes d'irradiation solaire de la plupart des pays du monde : https://solargis.com

Ensoleillement annuel en France

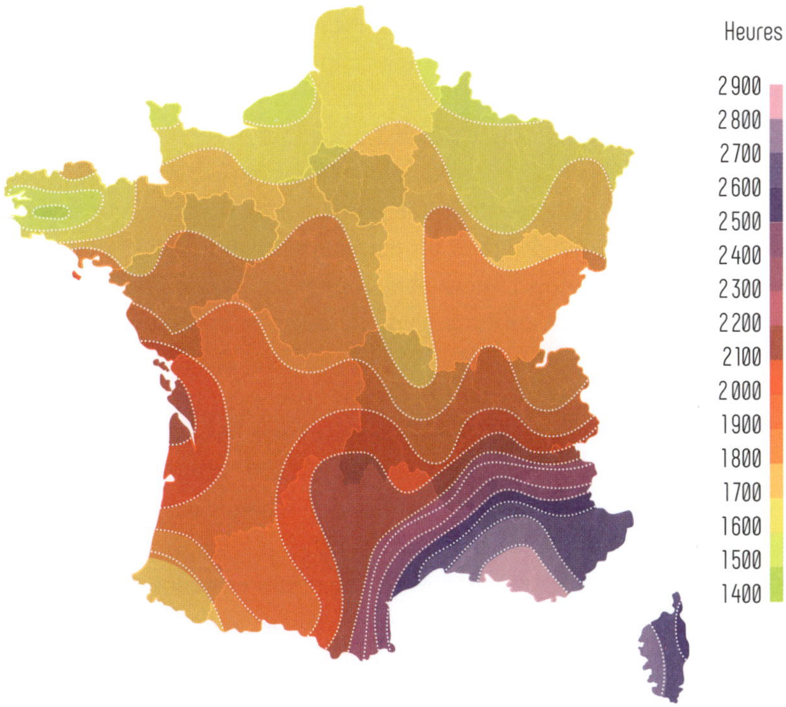

Source : www.meteo-express.com

Parlons des panneaux solaires...

Les panneaux sont constitués de cellules dites solaires, composées essentiellement de silicium. Selon leur nature, le rendement variera. Il existe principalement trois types de cellules :

- En **silicium monocristallin** : elle offre le rendement le plus important, entre 15 et 16 %, mais aussi le plus onéreux.
- En **silicium polycristallin** : très utilisée, elle permet un rendement très correct, compris entre 12 et 14 %, ainsi que des coûts de production relativement faibles.
- En **silicium amorphe** (couche mince) : un faible coût de production, mais aussi un faible rendement, de l'ordre de 6 %.
- Les trois dimensions principales qui caractérisent un panneau solaire sont :
- Sa **puissance crête (Wc)**, autrement dit ce qu'il peut produire dans les conditions optimales de son utilisation.
- Son **rendement**, en **pourcentage**, qui traduit sa capacité à transformer le rayonnement solaire en énergie électrique.

- Sa **tension nominale**, en **volts**, qui permet de savoir ce que l'on peut alimenter et comment mettre en parallèle ou en série les panneaux.

Notez également que la durée de vie d'un panneau solaire dépasse souvent les 30 ans, et qu'il pourra perdre un peu de sa capacité, de 100 à 80 %.

Un peu de connaissances aussi sur les batteries

Vous l'avez bien compris, les batteries servent à conserver l'énergie produite par les panneaux afin de la restituer, en particulier de nuit.
Il existe diverses technologies pour un emploi en solaire :

- **Batteries au nickel**, globalement abandonnées aujourd'hui, dont :
  - celles associées au cadmium (NiCd), déconsidérées pour des raisons écologiques ;
  - celles associées au métal hydrure (NiMH).
- **Batteries au plomb**, dont on distingue deux sous-familles :
- celles dites ouvertes, constituées d'acide sulfurique et d'eau servant d'électrolyte ; à placer dans un lieu aéré mais non exposé aux risques de gel en hiver, elles ont besoin d'entretien ; dans cette famille, on trouve les batteries à plaques positives tubulaires (OPzS), dont la durée de vie dépasse les 10 ans, idéales pour les habitats isolés ;
  - celles dites fermées ou étanches, dont l'électrolyte est un gel (haut de gamme dans cette catégorie), ou celles appelées AGM (Absorbent Glass Mat), moins chères que les précédentes, sans besoin d'entretien. La durée de vie des batteries au gel va de 5 à 7 ans ; les AGM ne dépassent pas les 4 ans. Dans la gamme des batteries à gel, comme précédemment, on trouve aussi les OPzV avec une durée de vie supérieure à 10 ans.
- **Batteries au lithium** (Li-ion) : technologie récente, très performante, présentant une bien meilleure durée de vie (environ 15 ans), mais bien sûr la plus chère du marché.

Voyons ce qui caractérise une batterie :

- La **tension de stockage**, de 12, 24 voire 48 V.
- La **capacité de stockage**, exprimée en ampères-heures (Ah) et qui permet d'obtenir la puissance que peut fournir une batterie dans le temps en la multipliant par la tension de stockage ; ex. : une batterie de 120 Ah avec une tension de 24 V fournira 2 880 Wh.
- Le **temps de décharge**, souvent indiqué sous la forme C5, C20, C100, et précisant le temps qu'il faut pour décharger la batterie ; ex. : la C20 restitue toute l'énergie stockée en 20 heures.

La **durée de vie** d'une batterie est sans aucun doute la dimension la plus importante au regard de l'investissement réalisé et de la notion d'autonomie. Elle est estimée à partir du nombre de cycles qu'elle supportera, sachant qu'un cycle est fait d'une charge et d'une décharge, ce que doit encaisser la batterie de nombreuses fois.

Cas particulier du pompage d'eau

Dans l'idée d'une autonomie, même relative, il peut être intéressant d'alimenter votre système de pompage d'eau avec des panneaux solaires, comme sur le schéma ci-dessous proposé par l'entreprise Wattuneed*.

Système de pompage d'eau avec panneaux solaires pour site isolé

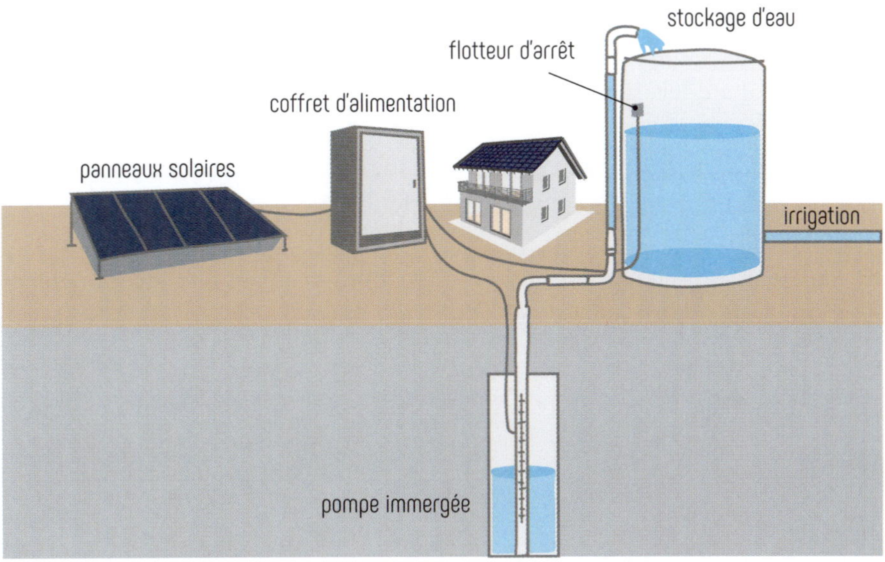

Source : Adapté de www.wattuneed.com

Le pompage solaire se différencie des pompes classiques simplement par le fait qu'il fonctionne en courant continu, donc sans besoin de convertisseur. Voir la page de l'entreprise Solaris Store* pour plus d'informations techniques et sur le dimensionnement[46].

46. « Principe de fonctionnement d'une pompe solaire », *Solaris Store* : www.solaris-store.com/content/50-principe-de-fonctionnement-d-une-pompe-solaire

Solaire thermique

Même type de captation du rayonnement solaire, mais cette fois l'électricité produite vient chauffer l'eau qui servira pour les besoins de la maison. Le chauffage se fait de jour et le réservoir maintient suffisamment la chaleur pour la nuit. Ces systèmes disposent de résistances internes pour pallier le manque éventuel de soleil, ce qui nécessite une connexion au réseau électrique.

Quelques notions de dimensionnement :

- Pour le chauffage de l'eau de salles de bains et d'une cuisine, il faut prévoir un système équipé d'un ballon d'au minimum 200 l pour une famille de quatre personnes (avec un ensoleillement généreux). Par mesure de précaution, et à plus forte raison si vous avez de temps à autre des invités, mieux vaut opter pour un ballon de 300 l. Le nombre de panneaux solaires ira alors en conséquence, et en fonction de votre région (entre 2 et 5 m^2 de surface). Ces systèmes sont souvent intégrés. Attention cependant aux fabricants, car certains matériels bon marché en provenance d'Asie tendent à se fissurer très vite.
- S'il s'agit d'un chauffage central, le besoin en panneaux solaires sera plus élevé et pourrait ne pas couvrir la totalité de votre logement.

Si vous souhaitez creuser les notions techniques à la base du fonctionnement des systèmes à énergie solaire, consultez l'encyclopédie de l'énergie* en ligne[47].

Installation de panneaux solaires en habitat de montagne.

47. Jean-Pierre Joly, « Énergie solaire : les bases théoriques pour la comprendre », *Encyclopédie de l'énergie*, 26 mars 2018 : www.encyclopedie-energie.org/energie-solaire-les-bases-theoriques-pour-la-comprendre/

Alimentation

Difficile dans ce type de projet de ne pas viser au minimum l'autosuffisance alimentaire. Lorsqu'elle n'est pas complète, elle pourra être évidemment relayée par de l'achat en filière courte d'alimentation locale et/ou biologique.
La production se fera en mode « polyculture » et pourra passer au stade supérieur de la permaculture que nous abordons dans ce livre.
Quant aux plus inquiets, ils pourront établir un stock alimentaire qui leur permettra de passer de plus ou moins longues périodes sans sortir de chez eux (idéal en temps de pandémie).
Voyons tout d'abord ce qu'il en est des besoins théoriques pour notre race de vainqueurs.

Besoins calorifiques et énergétiques

Voici les besoins journaliers en calories pour estimer une production alimentaire dans une perspective d'autonomie pure :

Besoins journaliers en calories pour des adultes

Calories par jour	De 18 à 40 ans			Plus de 40 ans		
	Sans aucune activité physique	Actif·ve	Grand·e sportif·ve	Sans aucune activité physique	Actif·ve	Grand·e sportif·ve
Femme	1 900	2 150	2 500	1 750	2 000	2 350
Homme	2 350	2 650	3 250	2 200	2 450	3 050

Source : www.fourchette-et-bikini.fr

> Les femmes enceintes ou qui allaitent nécessitent un surplus de calories par jour : on l'estime à + 340 calories environ pour une femme enceinte dès le deuxième trimestre de grossesse ; à + 330 calories environ pour une femme qui allaite.

L'engagement éthique en matière d'alimentation à l'écovillage de Sainte-Camelle.

Si vous souhaitez calculer par vous-même combien de calories par jour un adulte doit consommer, voici de belles formules (fonction du poids en kilos et de l'âge) :

- de 18 à 30 ans : [(0,062 × poids) + 2,036] × 239 ;
- de 30 à 60 ans : [(0,034 × poids) + 3,538] × 239 ;
- plus de 60 ans : [(0,038 × poids) + 2,755] × 239.

En fonction de votre activité physique, multipliez par :

- 1,4 pour une activité faible ;
- 1,5 pour une activité modérée ;
- 1,6 pour une activité intense.

Le tableau ci-dessous détaille les besoins des enfants :

Besoins journaliers en protéines et calories pour des enfants

Selon l'âge	Protéines par jour	Calories par jour
À la naissance	6 à 7 g	110 kcal/kg
De 6 à 12 mois	8 à 10 g	100 à 110 kcal/kg
De 1 à 3 ans	0,9 à 1 g	90 kcal/kg
De 4 à 9 ans	-	1 500 à 1 800 kcal
À partir de 10 ans	-	1 800 à 2 200 kcal
Durant l'adolescence (fille)	-	2 200 à 2 500 kcal
Durant l'adolescence (garçon)	-	2 800 à 3 000 kcal

Source : www.ecole-de-la-denutrition.com

Pour compléter ce panorama, vous trouverez en téléchargement libre sur le site Les Calories* un guide des calories pour chaque type d'aliment.
Ces chiffres peuvent ne pas vous « parler » et donc ne pas vous permettre de définir une production maraîchère, voire un stock alimentaire, mais ils vous donneront quelques références « culturelles » afin de comprendre les enjeux qui vous attendent dans ce domaine.

Permaculture

Comme déjà mentionné lorsque nous avons abordé la conception des lieux, la permaculture est une discipline qui vise à l'efficacité dans son mode de production, tâchant d'imiter au maximum les logiques naturelles. On est donc très loin du modèle agro-industriel dont l'efficacité énergétique ne rivalise pas avec les mécanismes de la Pachamama – la Terre mère nourricière des peuples andins.
Ses fondateurs ont établi un ensemble de principes qui servent de directives, mais la permaculture rassemble un nombre infini de techniques.

Citons par exemple :

- L'amélioration de la fertilité du sol par des moyens naturels :
  - compostage ;
  - semis direct sous couvert végétal ;
  - agroforesterie avec des arbres légumineux ;
  - mycorhization ;
  - biol, bokashi, micro-organismes efficaces (EM) et super-sols.

- La lutte contre les ravageurs par des moyens naturels :
  - emploi de biopesticides ;
  - cultures associées ou compagnonnages végétaux ;
  - emploi d'animaux antagonistes des animaux ravageurs.

La réflexion permaculturelle se base sur un certain nombre de principes repris dans le schéma page suivante.

Principes en permaculture

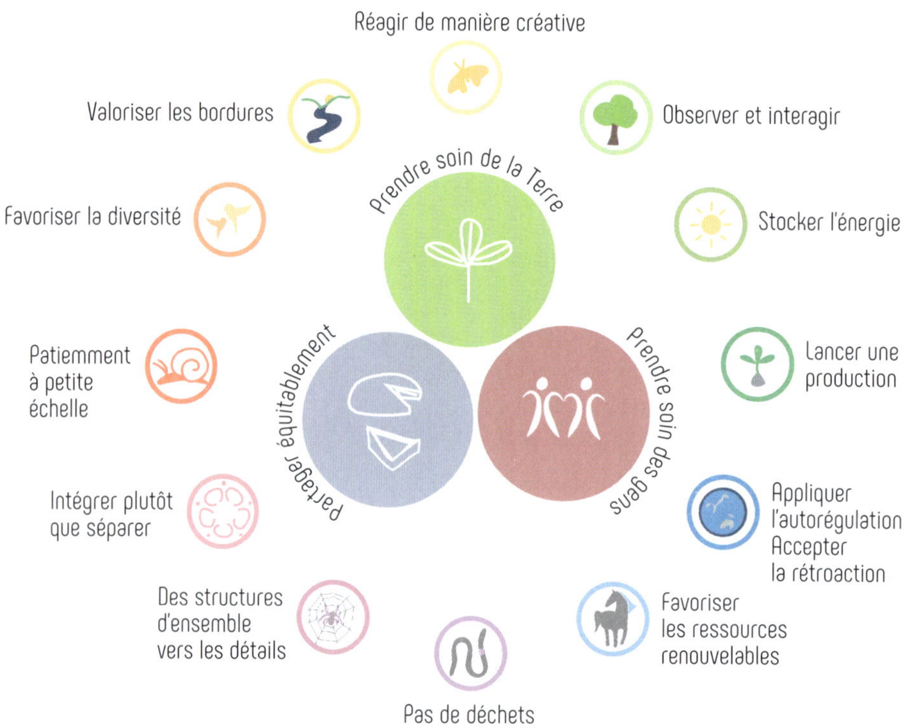

Éthique de la permaculture
Prendre soin de la Terre
Prendre soin des gens
Partager équitablement

Principes de conception
1. Observer et interagir
2. Collecter et stocker l'énergie
3. Créer une production
4. Appliquer l'autorégulation et accepter la rétroaction
5. Utiliser et valoriser les services et les ressources renouvelables
6. Ne pas produire de déchets
7. Partir des structures d'ensemble pour arriver aux détails
8. Intégrer plutôt que séparer
9. Utiliser des solutions à de petites échelles et avec patience
10. Utiliser et valoriser la diversité
11. Utiliser les interfaces et valoriser les éléments en bordure
12. Utiliser le changement et y réagir, de manière créative

Source : Adapté de David Holmgren – https://permacultureprinciples.com/fr/ (CC BY-SA 4.0).

Il existe aussi d'autres techniques, complémentaires, comme la biodynamie, que je n'aborde pas ici.

Notions de moyens

Organiser une production maraîchère n'est pas une mince affaire. Cela requiert moyens financiers et humains, fonction de la surface à exploiter.
Afin de dimensionner ces aspects, il existe de bien belles fiches vous permettant de réaliser un budget prévisionnel, mises à disposition par divers organismes publics :

- le réseau GAB/FRAB de Bretagne[48] ;
- la chambre d'agriculture des Pyrénées-Atlantiques[49] ;
- le réseau agriculture biologique des chambres d'agriculture[50] ;
- la chambre d'agriculture de Poitou-Charentes[51] ;
- les chambres d'agriculture d'Auvergne-Rhône-Alpes[52].

La Ferme du Bec-Hellouin* fait partie des références en ce domaine, et des études financières disponibles sur Internet[53] compléteront votre appréciation de la rentabilité d'une telle aventure.

De manière approximative (car tout dépendra de la philosophie de production employée), voici cependant quelques chiffres de référence :

- Une personne (on parlera de 1 unité de travail humain ou UTH), en vente directe, peut gérer 1,20 à 1,50 ha (on parlera de surface agricole utile ou SAU) + 1 000 à 1 200 m^2 de serres.
- Revenu généré par 1 UTH : de 400 à 1 600 € (valeurs de 2017).
- Viser au minimum 3 ha pour le développement de l'activité, faciliter les rotations de cultures et se permettre de faire travailler plus d'une seule personne.

---

48. www.agrobio-bretagne.org/wp-content/uploads/2010/09/Installation.pdf
49. *Guide technique agriculture biologique. Installation en maraîchage biologique en Pyrénées-Atlantiques*, août 2015 : https://docplayer.fr/114830346-Aout-guide-technique-agriculture-biologique-installation-en-maraichage-biologique-en-pyrenees-atlantiques.html
50. *S'installer en maraîchage bio : les clés de la réussite* : https://chambres-agriculture.fr/fileadmin/user_upload/National/FAL_commun/publications/National/APCA_guide_maraichage_-_60p_V22-02-19.pdf
51. www.permatheque.fr/PDF/Guide Maraichage Bio.pdf
52. *Maraîchage biologique : s'installer, cultiver en mode biologique*, mars 2017 : https://extranet-isere.chambres-agriculture.fr/fileadmin/user_upload/Auvergne-Rhone-Alpes/119_Extr-Isere_img/Cultures/Les_PDF/Guide_installation_maraichage_BIO.pdf
53. Catherine Stevens, « Permaculture et maraîchage biologique, un choix économiquement intéressant ? », *Barricade. Culture d'alternatives*, 2015 : www.barricade.be/sites/default/files/publications/pdf/2015_-_permaculture_et_maraichage_biologique.pdf

- En temps de travail, si la personne est seule, cela représente près de 2 500 heures par an ou 50 heures par semaine, réparties ainsi : 30 % pour les travaux de culture, 20 % pour les récoltes, 20 % pour l'entretien des parcelles, et les 30 % restants en commercialisation et gestion.

Élevage

Sauf à opter pour une philosophie végane, vous pouvez envisager de réaliser un élevage.
Mais suivant votre ambition, qui pourra se satisfaire d'une simple production de lait et d'œufs pour votre consommation collective ou viser une exploitation plus soutenue avec vente de produits à l'extérieur, vous devrez intégrer un certain nombre de contraintes.

La filière bovine en Europe est en crise depuis déjà un certain temps, crise qui s'intensifie en raison de conjonctures économiques défavorables, d'impacts dus au changement climatique, de normes environnementales plus drastiques même si légitimes, et d'une pression sociale liée à la consommation de ces produits.
Il est sans doute important à ce stade de prendre en compte les émissions de gaz à effet de serre d'une telle activité.
Je ne vais donc pas traiter ici de la mise en place d'une production bovine avec toutes ses contraintes sanitaires, mais plutôt imaginer la vision pastorale d'une ou deux vaches au champ, complétées d'un poulailler pour la production d'œufs et d'engrais naturel (leurs déjections), dans une perspective permaculturale.
Évidemment, vous pouvez vous lancer dans l'élevage de cochons, de moutons, de lamas, de lapins, de canards… ou considérer l'aquaponie, qui permet de combiner élevage de poissons et production de plantes.
Vous trouverez sur Internet de nombreux descriptifs de projets dont vous pourrez vous inspirer[54].

Je vous recommanderai simplement ici de considérer ces animaux non seulement comme des êtres vivants à respecter, mais aussi comme partie intégrante de votre conception en permaculture afin de valoriser les sous-produits (déjections animalières, déchets organiques…), avec pour objectif de former des cercles, comme dans l'esprit de l'économie circulaire. Les restes de la cuisine alimenteront les poules, dont les déjections iront enrichir le compost ou s'intégrer à la terre du potager.

---

54. Voir notamment RMT Élevage et Environnement, *Guide des bonnes pratiques environnementales d'élevage*, décembre 2019 : www.rmtelevagesenvironnement.org/docs/fiches/gbpee/guideBPEE-web.pdf

Dans le même esprit, l'emploi de canards dans les rizières (au Japon, certes, mais aussi en Camargue française) permet d'éviter l'usage de pesticides, d'éliminer les mauvaises herbes et d'enrichir les sols.

Dans la mesure où vous avez élaboré une charte dans laquelle sont définies certaines valeurs, il est important de vérifier que votre projet d'élevage reste cohérent avec ces déclarations. En effet, si vous vous positionnez comme antispéciste, vos pratiques d'élevage devraient être profondément réfléchies à travers ce prisme. Pour faire simple, rappelons que l'antispécisme affirme que l'espèce à laquelle appartient un animal n'est pas un critère pertinent pour décider de la façon dont il doit être traité et considéré moralement par les humains. Cette éthique animale, qui n'est pas exempte de critiques car elle n'annule pas totalement la hiérarchisation entre les espèces, a pour le moins le mérite de replacer la notion de souffrance infligée aux animaux au centre de nos activités de production alimentaire.

Conserves

Constituer un stock de conserves est une opportunité pour faire rentrer de l'argent mais également se préparer à des temps plus durs, notamment en hiver, quand le choix des aliments produits est plus restreint.
Cela peut aussi simplement permettre d'éviter de perdre une production au jardin, et constituer une activité permanente en complément d'une parcelle en permaculture.
Je parle donc bien ici de conserves maison, faites dans des bocaux, et non de boîtes de conserve.

Quoi qu'il en soit, apprendre à réaliser des conserves n'est pas du temps perdu. Vous trouverez aisément de nombreux ouvrages vous détaillant les méthodes de conservation.
Pour votre compréhension générale, retenez que les méthodes de conservation se répartissent en trois grandes familles[55] :

- Par la **chaleur** : stérilisation, pasteurisation, traitement à ultra-haute température (UHT, comme pour le lait) et appertisation (la méthode classique, qui allie récipient étanche – bocal en verre – et chauffage pour stériliser).

55. Ministère de l'Économie, des Finances et de la Relance/DGCCRF, « Conservation des aliments : toutes les techniques », juillet 2021 : www.economie.gouv.fr/dgccrf/Publications/Vie-pratique/Fiches-pratiques/Conservation-des-aliments

- Par le **froid** : réfrigération, congélation et surgélation (refroidissement brutal à - 18 °C).
- Par **tous les autres procédés** : lyophilisation, déshydratation, séchage, fermentation, salage, confisage, saumurage, fumage, ionisation, conditionnement en atmosphère modifiée et sous vide.

Les conserves en bocaux, si correctement stérilisées puis entreposées à l'abri de la lumière et à moins de 23 °C, peuvent se consommer jusqu'à 24 mois sans perte importante de leurs propriétés nutritives et gustatives. Certains avancent qu'un bocal peut être gardé jusqu'à 10 ans, mais je vous laisse juge quant aux risques à prendre.

Réseau

La richesse du réseau dans lequel est insérée la communauté est un facteur de sécurité, avant tout alimentaire, mais aussi en cas d'accident au sein du collectif.
Il peut fournir ce qui manque à votre lieu, de manière plus ou moins durable. Il conviendra de mesurer l'indépendance du projet vis-à-vis de ce réseau pour juger de la possibilité de sa survie en cas de rupture dans la normalité.
Ce réseau comprend non seulement les relations économiques, abordées dans la partie VII (p. 143), mais aussi les relations de nature politique (engagement citoyen…), culturelle, sociale et solidaire. Ces liens pourront également se concrétiser au sein de la communauté, dans les lieux communs (réunion d'activisme local, exposition artisanale, manifestation culturelle…).

Mais si votre préoccupation est la sécurité physique, ce réseau peut aussi s'avérer une menace en cas de situation extrême d'effondrement. Ne tombons pas cependant dans une méfiance absolue, car il est fort probable que vous pourrez alors compter sur certains des individus qui le composent.
Il existe un aspect utile du réseau : la mise en place d'une monnaie locale, qui vous fera sortir en partie de la dépendance aux devises et ancrera votre propre économie dans la région. J'aborde ce sujet un peu plus loin (p. 128), donc patience.

Stock de réserve

Cet aspect est souvent la préoccupation des survivalistes ! Folie ou pas ?
Si vous êtes situé dans un lieu où les conditions climatiques peuvent sérieusement compromettre votre circulation, ce n'est certainement pas absurde ou paranoïaque que d'envisager la constitution d'un stock alimentaire qui vous permette de tenir jusqu'au rétablissement des moyens de transport.

Dans des pays comme le Canada, en campagne, c'est quasiment un réflexe culturel.

Je ne peux donc faire l'impasse sur le sujet du stock alimentaire au-delà des simples conserves faites maison, même s'il a une connotation survivaliste.
La question de l'élaboration d'un stock alimentaire global en cas de sinistre m'a en effet souvent été posée. Et je me la suis aussi posée quand, vivant dans un pays à fort risque sismique et volcanique, nous avons dû nous constituer un petit stock en cas de rupture d'approvisionnement et d'isolement contraint.

Sur la base des informations précédentes concernant les besoins alimentaires, vous pourrez dimensionner ce stock en fonction du nombre de personnes et du temps que vous considérez devoir tenir en autonomie.

Il existe cependant quelques règles de bon sens avant que de se lancer dans l'achat frénétique de milliers de produits.
Même si je vous ai fait part de besoins journaliers théoriques, le mieux est souvent d'identifier ses habitudes alimentaires (en les notant par exemple chaque jour sur une période déterminée) pour ne pas rompre totalement avec ce rythme, car la situation nouvelle qui vous ferait plonger dans vos stocks est déjà en soi suffisamment stressante pour ne pas avoir en plus à gérer d'autres pratiques. Le réconfort d'un petit plat coutumier est un soutien psychologique appréciable.
Donc, pensez à stocker ce que vous appréciez et non pas seulement des rations MRE (*meals ready to eat*) qui pourront s'avérer insipides. Ces portions ont été initialement développées par les forces militaires afin de doter leurs soldats de rations énergétiques individuelles pratiques en zone de combat. Elles offrent des apports calorifiques allant de 1 000 à 3 600 kcal pour tenir une demi-journée ou une journée entière. Et sont même parfois dotées d'un sachet autochauffant dont la réaction chimique se fait par l'ajout d'eau ou d'urine (pas directement dans le plat, les amis).

Pensez aussi à ne pas vous limiter à des ingrédients à cuisiner, car il ne vous sera pas toujours possible de faire du feu. Compléter ce stock avec des barres énergétiques, des biscuits ou tout autre aliment ne nécessitant pas un passage à la casserole pourra s'avérer pratique.
Gardez également en tête que la majorité des aliments sont périssables et devront être remplacés avec le temps, ce qui implique une gestion régulière et la consommation de ces produits avant qu'ils ne soient périmés. Là aussi, envisager des stocks pour de très longues durées n'est pas chose aisée. D'où l'importance d'une autoproduction agricole. L'idéal étant de combiner les deux.

En ce qui concerne l'eau, si l'on se base sur une consommation journalière de 2 l pour un adulte, vous pouvez considérer devoir stocker 56 l pour tenir 1 mois ; autrement dit, 7 bombonnes de 8 l !

En annexe (p. 278), je vous partage quelques listes de produits faites sur mesure et qui peuvent vous guider si vous intégrez cette notion de survie « extrême » dans votre approche de l'écovillage. Vous pouvez aussi consulter le site de La Débrouille, qui fait un point général sur les aliments à stocker[56].

Et puis je suis admiratif de ces personnes qui conçoivent ces meubles permettant de gérer l'emploi de leurs conserves sur le principe *first in, first out*, de façon à toujours consommer en premier les plus anciennes. Si cela vous tente d'en fabriquer un, vous pourrez vous inspirer des images que l'on trouve sur Internet.

Agencement d'un espace de stockage d'aliments.

56. « Les réserves alimentaires à la maison : la liste du stock survivaliste ! », *La Débrouille*, 29 mars 2020 : https://la-debrouille.fr/les-reserves-alimentaires-a-la-maison-la-liste-du-stock-survivaliste

Partie V

Constructions

ENJEU

Éviter une certaine anarchie dans le choix des constructions, notamment concernant les principes écologiques, tout en laissant place à la créativité

Règlement interne

Selon la nature de votre projet, les constructions pourront être fournies clés en main aux nouveaux venus, ou leur édification laissée à leur libre appréciation.

La plupart des collectifs intègrent dans leur règlement interne certains prérequis architecturaux de façon à contraindre les constructions et ainsi garantir la cohérence des projets personnels avec l'éthique de l'initiative globale. Il s'agira essentiellement d'aspects écologiques liés à la conception et à l'usage des matériaux, ainsi qu'à leur intégration dans l'environnement.
Ces contraintes pourront être de principe ou détaillées.

Voyez le cas de l'écohameau du Plessis. Son règlement, que vous trouverez en annexe (p. 263), contient notamment des contraintes quant aux choix individuels sur les sujets suivants : toilettes sèches obligatoires, matériaux biosourcés, respect de l'architecture locale, construction quasi passive (quasi neutre en énergie), chauffage sans énergie fossile, eau chaude solaire…

Voici quelques exemples précis de contraintes issues de projets actuels :

- Les bâtiments devront être constitués de matériaux naturels (paille, bois, terre, silex, chaux…) à hauteur d'au moins 80 % de leur poids, hors fondations ; ainsi, les murs ne pourront être construits en ciment.
- Pour permettre le système de phytoépuration, les toilettes seront forcément sèches. Des dérogations pourront exister : utilisation de l'eau de pluie collectée ou de l'eau d'autres usages domestiques recyclée (douches, cuisine), à condition qu'elle soit évacuée dans le système communal (raccordement à la charge de l'habitant).
- Les bâtiments devront avoir un niveau d'isolation correspondant à la norme passive ou au moins inférieur à 20 kWh/an/m^2 (certains sont évidemment plus exigeants : 15 kWh/an/m^2). Ils ne pourront pas être chauffés à base d'énergie fossile directe mais pourront avoir recours à un chauffage électrique d'appoint.
- Il est préférable de ne pas clôturer les parcelles privées (sauf en présence d'un chien). Si des clôtures existent, elles ne devront pas dépasser 1,20 m de hauteur et seront faites de bois, pierres sèches ou haies d'arbustes.

Par ailleurs, prévoir une certaine modularité dans les constructions, pour anticiper par exemple le départ d'enfants, peut faire partie des contraintes, ou simplement être recommandé, de manière à permettre aux nouveaux entrants une meilleure adaptation.

Constructions bioclimatiques

L'accent est souvent mis sur les principes bioclimatiques qui permettront de moins consommer d'énergie et de réduire notre impact sur l'environnement.

Les principes généraux qui participent à la conception de ce type d'habitation sont :

- L'orientation de la construction selon la course du soleil et les vents dominants.
- Les dimensions des ouvertures (fenêtres, portes) et des parois.
- La récupération des ressources naturelles (eau, énergie solaire, géothermie, éolien).
- L'optimisation de l'isolation.
- On retrouve aussi un principe de permaculture avec l'idée de correctement implanter le bâtiment pour éviter les déplacements inutiles, et de manière générale de s'intégrer à l'environnement sans le dénaturer.

Concernant l'**isolation thermique**, retenez qu'elle se base toujours sur l'inclusion d'espaces libres pour emprisonner de l'air au sein du matériau choisi comme isolant, que cela soit du chanvre, de la laine de verre ou autre. Mais pour que cela fonctionne, il faut que cet air reste immobile et ne puisse s'échanger avec l'extérieur. L'air et le matériau isolant doivent donc être séparés de l'extérieur afin d'en rester étanches.
Prenez l'exemple d'un pull en laine. En cas de vent froid, vous le sentirez passer au travers de ses mailles. Mais si vous le combinez avec un vêtement coupe-vent, même non thermique, vous constaterez que la chaleur est préservée à l'intérieur de cette coque (raison pour laquelle on parle de *softshell* pour ce type de vêtement). Le double vitrage suit la même logique, en incluant par exemple un gaz inerte au lieu de l'air.

Élaboration de briques d'adobe.

Principes de la maison bioclimatique

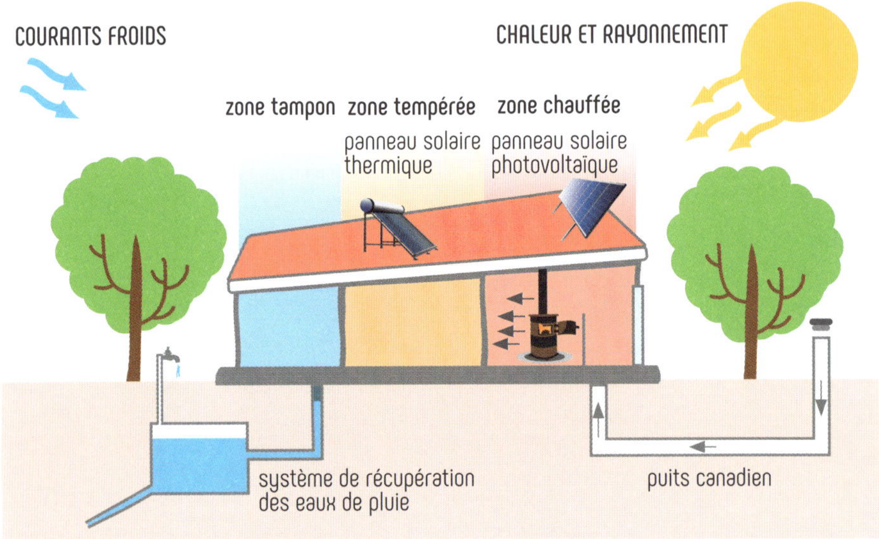

Source : Adapté de www.faireconstruiresamaison.net

Concernant l'orientation, voici quelques généralités :

- **Est et ouest** : ces côtés subiront une forte exposition au soleil en été au niveau de la toiture et des façades. Il faudra par conséquent réduire la taille des ouvertures à ces endroits.
- **Sud** : plus d'ensoleillement en hiver, privilégier alors les baies vitrées. Et pour parer à un ensoleillement excessif l'été, poser des ombrières ou des pergolas au-dessus des baies vitrées. Prévoir des murs épais afin d'accumuler la chaleur du jour en hiver pour la restituer la nuit.
- **Nord** : prévoir des zones tampons (local technique, garage, buanderie, cellier…).

À titre d'exemple, j'aime beaucoup le travail de l'architecte Guillaume Loubet, qui allie autonomie totale et conscience environnementale. Vous trouverez sur son site Archestra* une belle description de ses maisons ainsi que des explications générales sur les techniques et matériaux employés. Il a d'ailleurs une certaine affinité avec les projets communautaires.

Maison autonome durable du cabinet Archestra.

Facteurs à prendre en compte lors de la conception d'une maison bioclimatique

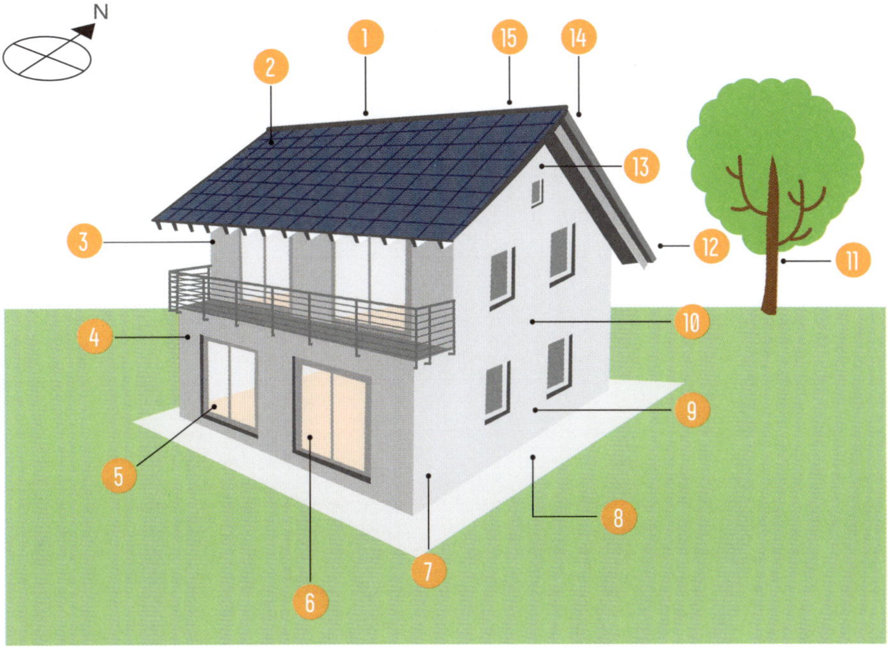

1. **Orientation sud** (bénéficie des apports solaires au maximum)
2. **Panneaux solaires** (chauffent l'eau)
3. **Ossature en bois** (économise l'énergie et isole)
4. **Murs épais** (32 cm d'épaisseur avec forte isolation thermique)
5. **Triple vitrage** (rempli d'un gaz isolant comme l'argon)
6. **Grandes fenêtres côté sud** (captent passivement la chaleur)
7. **Poêle à bois** (en chauffage d'appoint)
8. **Puits canadien** (réchauffe ou refroidit l'air selon la période en prenant l'énergie du sol)
9. **Pompe à chaleur air/air** (produit de la chaleur l'hiver et de la fraîcheur en été)
10. **Isolation végétale** (laine de bois pour murs et toit)
11. **Végétation persistante** (évite les déperditions dues au vent)
12. **Zone tampon côté nord** (réduit l'impact du froid)
13. **VMC à double flux** (renouvelle l'air et récupère la chaleur)
14. **Volumes architecturaux compacts** (limitent les déperditions d'énergie)
15. **Façade nord quasi aveugle** (réduit les déperditions de chaleur)

Source : Adapté de www.agexea.com

Puits climatique

La climatisation douce est un aspect essentiel des constructions bioclimatiques. En effet, ce type de maison étant fortement isolé, un bon système de climatisation permet la respiration de l'ensemble : on récupère la chaleur résiduelle du sol en hiver et introduit de l'air refroidi par le sol en été – on parle de puits canadien et de puits provençal.
Par froid intense, la chaleur résiduelle du sol qui ne gèle pas permet d'introduire de l'air entre 2 et 5 °C, même avec une température de - 20 °C à l'extérieur.
En été, de la même manière, et même avec + 30 °C à l'extérieur, un air entre 15 et 20 °C peut être introduit.

Fonctionnement du puits canadien

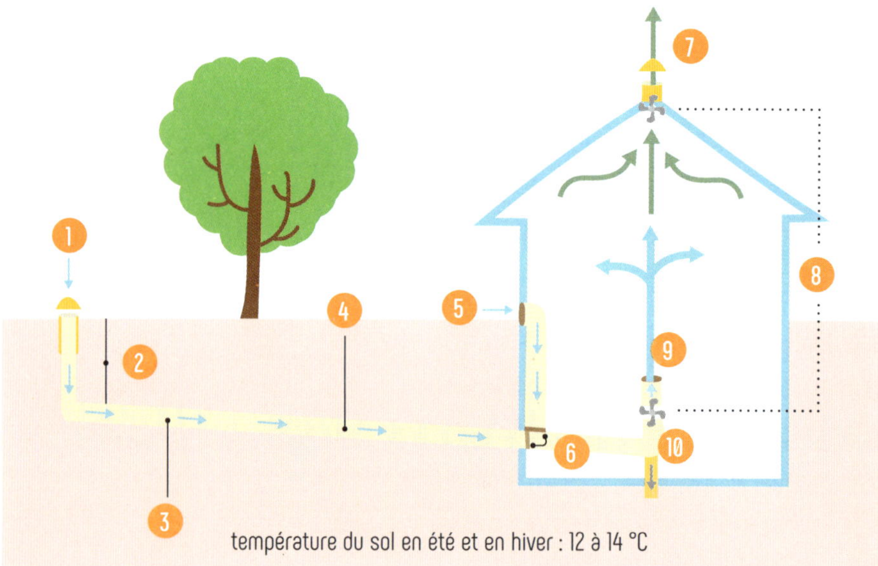

1. Bouche d'entrée d'air renouvelé avec filtre
2. Enfouissement de 1,5 à 3 m
3. Conduit incliné de 1 à 3 % sur 30 à 50 m
4. Diamètre du tube d'environ 20 cm
5. Bouche secondaire
6. Registre
7. Rejet d'air vicié
8. Couplage nécessaire avec un système de ventilation
9. Air renouvelé
10. Évacuation des condensats avec regard de visite

Source : Adapté d'Ademe/ADG.

Cela étant, l'installation et le couplage avec le système intérieur de ventilation peuvent s'avérer plus compliqués et coûteux, et un organisme comme l'Ademe* met en garde contre la difficulté de mise en œuvre d'un tel dispositif.

Habitat léger

Le choix d'un habitat dit léger est souvent associé aux notions d'écologie, de sobriété et de mobilité[57]. Il s'agit de yourtes, tentes berbères, *tiny houses*, kerterres (comme des maisons de Hobbits), cabanes dans les arbres, caravanes, roulottes…
Selon la législation française, si cet habitat ne dépasse pas les 20 m^2, vous n'aurez qu'à le déclarer au préalable. Au-delà, il faudra un permis de construire. Mais notez bien qu'il existe d'autres obstacles potentiels, par exemple l'opposition d'un maire qui y verra une abomination venue défigurer son beau paysage bucolique fait de champs uniformisés par les engrais chimiques. Pas de jugement, juste un avertissement quant à l'importance de rencontrer les autorités locales avec les meilleures dispositions afin de construire avec le temps une relation de confiance fructueuse.

Magnifique tente berbère utilisée pour des activités de bien-être.

57. « Se lancer dans un habitat léger en 15 points », *Maisons et villages verts* : www.maisons-et-villages-verts.fr/se-lancer-dans-un-habitat-leger-en-15-points/#1-quest-ce-que-cest-un-habitat-l%C3%A9ger

Intérieur privé d'un fondateur d'écovillage en Ardèche.

Partie VI

Économie intérieure

ENJEU

Déterminer les principes économiques destinés à réguler les échanges de manière équilibrée, en vue d'éviter tout conflit d'intérêt susceptible de générer de fortes tensions et des rancœurs durables

Rappelons que les échecs majeurs des initiatives d'habitats partagés sont dus au facteur humain. N'aggravons donc pas la situation en y ajoutant des sources potentielles de conflit, à plus forte raison économiques, dont la charge symbolique est puissante.

Maintenir le système économique qui domine à l'extérieur

Il est bien évidemment possible de ne rien changer au mode de relation économique qui régit la société actuelle. La valorisation des travaux, des services, des produits pourra se faire sur ces mêmes principes. Mais il y a fort à parier que si vous avez l'audace de vous lancer dans un projet d'écovillage, à l'encontre des valeurs de la société dominante, vous aurez peut-être envie de questionner les critères utilisés pour juger de la valeur d'une personne ou de la façon dont elle se lie avec les autres.
Auquel cas vous pouvez décider de continuer avec l'ancien modèle, de manière temporaire, en vue d'étudier les mécanismes d'un nouveau mode de fonctionnement. Il faut en effet savoir se donner du temps, sans précipitation, afin de poser les bases solides d'une nouvelle société.

Troc et unités de valeur

Le troc est un principe ancien, souvent associé aux situations de crise, mais aussi mis en pratique au sein de certaines initiatives communautaires. C'est un acte de commerce basé sur le seul jugé des deux parties quant à la valeur des objets ou services échangés. Il n'y a donc pas d'emploi de monnaie.

Le troc se basant sur un acte de confiance mutuelle, il implique un risque de conflit puisque la valeur des produits est définie arbitrairement et éventuellement négociée.
L'échange de semences, qui de surcroît ne passe pas par une valeur intermédiaire, est un très bon exemple de troc. Les fab labs (*fabrication laboratories*) en sont un autre, qui se basent sur un système de troc de services – version moderne, avec des imprimantes 3D pour créer des objets par ailleurs introuvables ou trop coûteux – où geeks, artistes, inventeurs, concepteurs en tout genre échangent leurs savoirs.

Si maintenant cet échange se fonde sur une unité de valeur servant d'étalon, autrement dit une unité de mesure commune, faisant donc office de monnaie, on dispose d'un élément de référence qui facilite non seulement l'évaluation mais les échanges.

Vous pouvez toujours utiliser dans ce cas l'euro ou le dollar US. Vous aurez donc besoin de générer des revenus dans ces monnaies, que vous pourrez dépenser avec vos voisins en échange d'un service ou d'un bien, ou sur des plates-formes d'achat en ligne, ou encore pour payer des factures.

Mais vous pouvez tout aussi bien créer une monnaie alternative, dont le principal mérite sera de reprendre le contrôle sur sa gestion et création, avec un usage restreint à une zone géographique. C'est une façon de dynamiser le commerce local en obligeant à consommer auprès des entrepreneurs de la région puisque cette monnaie n'est *a priori* pas acceptée ailleurs.
Il existe de nombreux exemples réussis de monnaies de ce genre, que nous aborderons page suivante.

Banques de temps

ENJEU

Proposer une gestion des services échangés en rupture avec le système marchand

Les banques de temps cherchent aussi à faciliter l'échange de services (et non de biens) : main-d'œuvre, connaissances… Une heure de mon temps, quel que soit mon niveau de connaissance et de compétence, équivaut à une heure du temps d'autrui. C'est une autre manière de sortir des transactions purement monétarisées et de revaloriser la relation humaine en tant que telle au cœur de l'échange. Cela permet donc un accès à des services coûteux et développe une forme d'inclusion sociale. Voyez la plate-forme La Banque de Temps*.
Au lieu de parler d'heures, on parlera de monnaie-temps, quitte à lui donner un nom un peu plus romantique que celui de « time dollar », la première à avoir été créée, à Miami. Cette monnaie n'est pas convertible en devises.
La gestion de ces monnaies-temps pourra se faire en ligne au travers de la création de comptes où débits et crédits seront inscrits. L'ÉchangeHeure* en est un bon exemple, avec le choix d'une plate-forme[58] pour gérer ce service.

58. www.lechangeheure.org/accueil/banque-de-temps/

Ce principe peut aussi être employé par les membres d'un collectif pour gérer le temps qu'ils lui dédient, avec pour objectif d'éviter des disparités importantes. Si la taille du collectif le justifie, cela peut être utile à mettre en place pour des services entre particuliers. Un simple cahier pourra suffire pour tenir les comptes. Imaginez que vous lanciez cette idée au niveau de collectifs régionaux pour susciter des échanges entre groupes…

Monnaies alternatives

ENJEU

Faciliter les échanges tout en éliminant les dérives des monnaies étatiques

Principes et aspects pratiques

Avançons vers plus de complexité, mais aussi plus de liberté : le SEL, ou système d'échange local.
Il s'agit d'un groupe relativement fermé qui crée une monnaie de référence destinée à ses échanges internes.
La mise en place de ce type de monnaie, dite sociale ou encore complémentaire, ne constitue pas une finalité en soi. Elle doit au contraire permettre d'atteindre certains objectifs non satisfaits par la monnaie nationale. On peut en distinguer trois principaux, selon Marie Fare[59] :

- le soutien au développement territorial, autrement dit au commerce local ;
- la valorisation d'écocomportements ;
- le renforcement de l'entraide et de la solidarité.

Deux sigles à connaître :
MLCC : monnaie locale complémentaire et citoyenne.
SEL : système d'échange local (ou **LETS** : *local exchange trading system*).

En guise d'illustration de l'aspect alternatif de ces monnaies, citons l'industriel nord-américain Henry Ford qui aurait dit : « Il est appréciable que le peuple de cette nation ne comprenne rien au système bancaire et monétaire, car si tel était le cas, je pense que nous serions confrontés à une révolution avant demain matin. »

59. Marie Fare, « Les monnaies alternatives pour transformer la société », *Alternatives économiques*, hors-série n° 105, avril 2015, p. 72-75.

En quelque sorte, la création d'une monnaie locale répond aussi au besoin de s'affranchir d'un système où la thésaurisation, souvent pour des raisons de spéculation, ne sert plus la société humaine mais devient une fin en soi.

La pyrène, monnaie locale complémentaire de l'Ariège.

Une monnaie locale a certaines vertus :

- Comme on ne peut l'épargner en banque, elle ne génère pas d'intérêts et ne sert que lorsqu'elle circule, donc quand elle stimule les échanges économiques. Pas de rentiers, car en général sont fixés un seuil et un plafond au-delà desquels ses détenteurs ne peuvent plus ni dépenser ni recevoir. Certaines monnaies sont même dites « fondantes », car perdant de leur valeur si non utilisées (par exemple : - 2 % au-delà de 6 mois sans mouvement).
- Elle permet d'alléger sa trésorerie en monnaie nationale et de l'utiliser comme alternative dans les dépenses locales, par exemple alimentaires chez les marchands de son quartier.
- Ses détenteurs ne pouvant pas la dépenser en dehors de sa zone d'influence, ils sont incités à faire leurs achats en local.

Il s'agit donc d'un principe qui va au-delà du troc classique par l'emploi d'un mécanisme utilisant une monnaie nouvelle comme représentation symbolique de la valeur des produits et services. Elle peut ainsi permettre des échanges entre des personnes qui ne se connaissent pas mais ont mis leur confiance dans ce moyen de transaction commun.

Elle conserve sa valeur initiale d'étalon pour un échange et ne devient pas une finalité à l'instar des devises internationales.
Cette monnaie aura d'autant plus de « solidité » qu'elle intégrera un grand nombre d'utilisateurs. Autrement dit, elle pourra difficilement se limiter au cadre de la communauté et devra s'étendre à la région. C'est un élément très intéressant si la communauté ne dispose pas d'une totale autonomie et doit se fournir localement en produits et services.

Quelques considérations pratiques :

- Une monnaie se base sur la confiance ; il vous faudra donc rassurer les membres du futur réseau.
- Un nom sympa et relatif à la culture locale aidera à son acceptation.
- Une équivalence parfaite avec la monnaie nationale rendra la comptabilité des acteurs économiques plus facile (ex. : 1 € = 1 SEL)[60]. Mais vous pouvez décider d'interdire la convertibilité entre votre monnaie et la devise nationale (exemple de l'Ithaca Hours[61]) pour des raisons politiques.
- La finalité de la monnaie sociale, sa vision et les valeurs qui la sous-tendent sont une réflexion à mener en amont pour ne pas retomber dans les travers de la monnaie nationale. Il est donc important d'aboutir à la rédaction d'une charte qui définira cette raison d'être.
- La bonne gestion du réseau sera garantie par la signature au préalable par ses usagers de cette charte, mais aussi du règlement pratique qui définit ses principes de fonctionnement, dont la cotisation d'entrée.
- Vous pouvez déléguer la gestion de votre monnaie à un logiciel payant ou open source.
- Comme évoqué page précédente, il existe ce que l'on appelle des monnaies locales « fondantes », autrement dit qui perdent de leur valeur en l'absence d'échanges, ce qui évite les phénomènes d'épargne[62]. Le principe consiste à rendre la monnaie en soi moins attractive que les produits et services que l'on peut obtenir en échange. Pratiquer des taux négatifs a les mêmes effets. Le théoricien de la monnaie fondante, Silvio Gesell, recommandait d'appliquer un taux négatif de 6 % par an.

---

60. *Cf.* par exemple le SEL Cocagne à Toulouse : www.selcocagne.org
61. *Cf.* l'article « Ithaca Hours » sur *Wikipédia* : https://fr.wikipedia.org/wiki/Ithaca_Hours
62. *Cf.* l'expérience tentée par la ville autrichienne de Wörgl dans les années 1930 : https://fr.wikipedia.org/wiki/W%C3%B6rgl

Le réseau des Monnaies locales complémentaires citoyennes offre gracieusement sur son site un guide[63] de mise en place de ce type de monnaie ainsi qu'une carte des MLCC en France, ce qui vous montrera combien l'idée a gagné du terrain. Et le mouvement des Colibris* d'échanger quelques conseils bien utiles pour ne pas se rater[64].

Fiscalité

Attention bien sûr à la fiscalité. Vous ne pourrez émettre de factures légales sur le principe d'une monnaie locale. Il vous faudra sans doute produire des justificatifs fiscaux en monnaie nationale, sauf à extraire consciemment cette économie des règles fiscales en vigueur. Notez bien qu'il est interdit d'émettre des billets de banque et que ce privilège n'est accordé qu'à une banque centrale. Vos « billets » ne seraient en l'occurrence que des espèces de « bons d'achat » comme le sont les Tickets Restaurant.

À l'heure des cryptomonnaies

Qui n'a pas entendu parler du bitcoin et des cryptomonnaies ?
Je ne vais pas m'attarder sur l'aspect spéculation, qui reproduit les mêmes mécanismes que le monde de la finance internationale, mais souligner les vertus qui ont fondé le lancement d'une cryptomonnaie.
Commençons par la technologie révolutionnaire qui se cache derrière tout ça : la ***blockchain***, ou **chaîne de blocs** en gaulois. Il s'agit d'une technologie de transmission et de stockage de données qui a les caractéristiques suivantes :

- Décentralisée : la validation des opérations se fait par de nombreux opérateurs, appelés « nœuds », un réseau d'ordinateurs disséminés sur la planète et indépendants (vous pourriez d'ailleurs faire ce travail à votre initiative) ; il n'existe pas de banque centrale qui se charge de l'émission de cette monnaie.
- Sécurisée : une fois la transaction enregistrée, elle est infalsifiable ; le système de cryptage employé est l'un des plus sophistiqués au monde.
- Transparente : quiconque le souhaite peut accéder comme dans un livre comptable aux opérations enregistrées.

---

63. *Guide de mise en œuvre d'une MLC*, 19 mars 2012 : http://monnaie-locale-complementaire-citoyenne.net/guide-mlc/
64. « Créer une monnaie locale », *Colibris* : www.colibris-lemouvement.org/passer-a-laction/creer-son-projet/creer-une-monnaie-locale

Fonctionnement de la *blockchain*

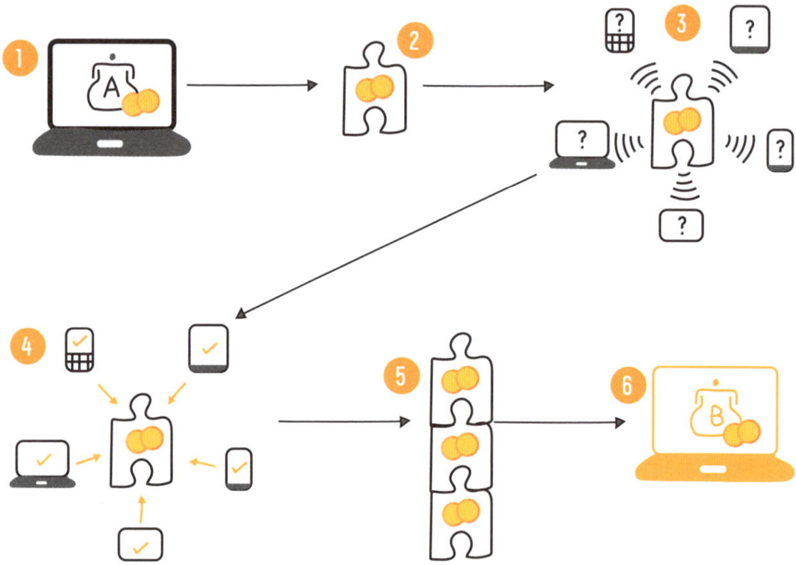

1. A indique qu'il souhaite envoyer des bitcoins à B
2. Un bloc est envoyé dans le réseau pour lancer la transaction
3. Le bloc est transmis à chaque membre du réseau
4. Plusieurs membres valident le bloc et la transaction associée
5. Le bloc s'ajoute à la *blockchain* de la cryptomonnaie de manière irrémédiable et irréfutable, en étant visible par tous
6. B reçoit ses bitcoins

Source : Adapté de https://madewithmerit.com – traduction de l'auteur.

Le bitcoin est une application de cette technologie, permettant de transmettre de la valeur de manière décentralisée et fiable.
Depuis, de nombreuses cryptomonnaies sont nées, avec pour but essentiel d'apporter un financement à des projets surtout liés au monde de la finance décentralisée. Dès lors, qu'est-ce qui vous empêche de faire de même et de créer la cryptomonnaie qui régira les échanges au sein de votre groupe ?
En 2017 est née la première monnaie libre, appelée Ğ1[65], qu'il faut prononcer « june » à la française pour être dans le *move*.

65. Robin Berné, « Qu'est-ce que la monnaie libre Ğ1 (June) ? », *Cryptoast*, mis à jour le 16 avril 2021 : https://cryptoast.fr/monnaie-libre-g1-june-explications/

Il s'agit d'une cryptomonnaie, basée sur la *blockchain*, et donc non physique[66]. La Ğ1 est émise chaque jeudi et reversée aux membres du réseau de manière totalement égalitaire. C'est ce qu'on appelle un dividende universel (DU).
Il va de soi qu'un tel mécanisme n'a de sens que s'il est envisagé à grande échelle, autrement dit au-delà de votre collectif, à moins que vous n'atteigniez certains sommets. Mais il ne serait pas idiot d'intégrer un tel réseau en raison de sa philosophie. Cet écosystème s'est enrichi de services divers, comme une plate-forme pour publier des annonces ou une autre pour les projets de financement participatif.
Vous pouvez creuser ce sujet sur le site de Duniter*[67].

Liés à la *blockchain*, les *smart contracts* sont une technologie qui ne s'applique pas uniquement au monde de la finance mais permet l'établissement de contrats numériques. Ce sont des programmes informatiques avec un registre de clauses, qui analysent automatiquement si ces dernières sont respectées (en mode « SI xxx, ALORS yyy »). Cela permet d'appliquer des contrats sans intervention humaine et sans possibilité de falsification.
On peut imaginer l'application de cette technologie dans l'enregistrement par exemple des décisions d'un collectif. Certes, c'est très « moderne », et sans doute inutile pour les petits collectifs.

Un dernier clin d'œil avec la cryptomonnaie eco coin* qui incite aux bonnes actions[68].

Propriété commune et mutualisation

ENJEU

Réduire le consumérisme absurde et initier une spirale vertueuse de mise en commun de moyens en vue d'optimiser leur emploi

De façon très pragmatique, la mise en commun de moyens permet une sérieuse économie, un entretien facilité et un accès assez souvent à des équipements

66. Elle est fondée sur les principes décrits par Stéphane Laborde dans sa théorie relative de la monnaie (TRM).
67. « Particularités de la Ğ1 », *Duniter* : https://duniter.org/fr/monnaie-libre-g1/
68. « Sometimes, it takes an ECO village », *The Eco Coin* : www.ecocoin.com/blog-posts/it-takes-an-eco-village

de meilleure qualité, même si ces moyens doivent être proportionnels à la taille du groupe. D'un point de vue environnemental, les avantages semblent assez évidents.

Vous trouverez rapidement de nombreux moyens à mettre en commun : laverie-buanderie, abri à vélos, abri pour le bois de chauffage, four à pain, lieu de compostage, bibliothèque, menuiserie, forge, salle des fêtes…

Les maisons individuelles intègrent généralement une « chambre d'amis » qui sert ponctuellement, et induit donc une surface à construire et à chauffer pour une utilisation limitée. Un des projets communs pourra être de construire une « maison des amis ». Il suffira ensuite d'implémenter un système de réservation et de confier le nettoyage des chambres à ceux qui invitent.

Certains moyens de communication (service Internet, téléphonie satellitaire…) ainsi que des sources d'alimentation énergétique (centrale de panneaux solaires…) peuvent également être mis en commun.

Si l'on considère la nocivité du Wifi, un cyber-café peut être créé, équipé de logiciels libres. Voyez l'exemple de l'écovillage d'Éourres*, dans les Hautes-Alpes. Cette même communauté a d'ailleurs refusé l'installation d'un relais hertzien et dispose donc d'une piètre couverture en téléphonie mobile.

L'initiative Les Biens en Commun* propose de gérer la mutualisation d'appareils domestiques, dont les principes pourront inspirer la rédaction d'un règlement[69].

Chaque espace commun pourra faire l'objet d'un règlement spécifique afin d'en assurer le bon fonctionnement. Nous sommes tous tentés à un moment ou à un autre d'oublier nos responsabilités. Ce document nous rappellera que pour qu'ils existent, ces lieux communautaires doivent être respectés.

Sagesses andines

Il existe dans les cultures quechuas des Andes une pratique appelée ***minga***, qui consiste en un travail de la collectivité pour le bénéfice de tous. Je l'associe à un autre concept de ces mêmes cultures, l'***ayni***, l'aide entre familles, basée sur la réciprocité. « Si tu m'aides aujourd'hui à nettoyer mon potager, je t'aiderai en retour à cueillir les pommes dans ton verger. » Cette philosophie s'exprime dans un dicton populaire : « *Hoy por ti, mañana por mí* » (aujourd'hui pour toi, demain pour moi).

69. https://lesbiensencommun.com/le-concept/

Le recours aux travaux partagés pour une construction, que cela soit dans le cadre de chantiers participatifs ou en sollicitant les membres du collectif, peut constituer une économie considérable. Mais cela peut aussi impliquer d'importants retards, des malfaçons et un surcoût si les compétences ne sont pas réunies pour un travail satisfaisant au regard des futurs occupants. Veillez donc à bien identifier les connaissances techniques requises pour éviter des déboires coûteux, ou simplement des effusions de sang parmi les bonnes volontés sollicitées !

Outillage

Combien de fois à l'année utilisons-nous l'outillage chèrement acquis ? Y a-t-il un sens à ce que chacun dispose de son outillage privé ? Un aspirateur passe 98 % de sa vie dans un placard et une perceuse ne sert qu'en moyenne 12 minutes par an !

Constituer un outillage commun est bien plus efficace à tout point de vue. Qu'il soit destiné au bricolage ou aux activités agricoles.

Plusieurs questions se posent alors pour correctement gérer ce matériel :

- Comment valoriser les apports de chacun ?
- Comment gérer les coûts de maintenance ?
- Comment gérer les manquements concernant l'entretien de ce matériel coûteux ?
- Comment gérer la disponibilité des outils ?

La plupart des expériences à ce sujet tâchent de ne pas s'embourber dans des comptes d'apothicaires. Chacun apporte ce dont il dispose sans que l'on valorise ces matériels souvent usagés. En revanche, il est possible de décider qu'à partir d'un certain montant l'apport sera pris en compte, et charge au collectif de décider s'il souhaite le mettre au crédit d'un compte courant d'associé ou le valoriser d'une autre manière. C'est le cas de matériels tels que motoculteurs, tracteurs, d'équipements lourds pour atelier d'ébéniste, fonderie…

Les réponses aux questions précédentes seront de nouveau à définir au moyen d'un règlement interne qui spécifiera le mode de fonctionnement de l'atelier d'outillage et la gestion d'éventuels abus.
Les coûts de maintenance de l'outillage sont très souvent versés au compte commun et la responsabilisation des utilisateurs va généralement de soi, même si l'existence d'un règlement pose des limites. Et pour compléter l'outillage, il est possible de soumettre à votation du groupe une dépense exceptionnelle.

Services communautaires

Ces services peuvent prendre de multiples formes : garde d'enfants, cours à des enfants ou des adultes, sans parler du projet d'école en lui-même, abordé dans une autre partie. Accompagnement de personnes âgées, entretien de constructions ou d'espaces verts, aide à la gestion administrative : il existe bien des sujets de ce type.
Ces services peuvent être rendus sans gestion particulière, simplement par générosité. Mais s'ils représentent un travail important dans la durée, il est souhaitable d'en passer par la banque de temps, ne serait-ce que pour pouvoir en parler au sein du collectif sur des bases chiffrées.

Moyens de transport

Les moyens de transport sont une source importante d'économie lorsque mutualisés. Il va de soi que cela dépend beaucoup des activités des membres du groupe. Le maraîcher qui doit livrer au marché local devra disposer d'une fourgonnette qui lui sera dédiée certains jours de la semaine, et ce de manière exclusive. Il s'agira donc d'élaborer un calendrier prévisionnel pour avant tout évaluer le besoin en moyens de transport, puis gérer leur disponibilité.
Cela concernera tout autant les vélos que les véhicules à essence ou électriques.

Achats de consommation

L'achat en gros de produits de consommation non issus de la communauté peut être une source d'économie significative. Il va de soi que cela aura plus d'impact si le collectif est composé de nombreuses personnes, et requerra un minimum de gestion de stock et d'entente sur les produits achetés (qualité, nature...).
L'association Vers un réseau d'achat en commun (VRAC)* est une illustration de l'intérêt de fomenter des groupements d'achat. Au-delà de l'économie d'échelle, il est possible d'acheter en vrac et de se passer d'emballages dispendieux et polluants. Votre collectif peut donc se constituer en groupement d'achat, ou en rejoindre un, et ainsi bénéficier de prix réduits sur des commandes significatives[70].

Productions

Cela commence par le maraîchage, en priorité pour la consommation interne, puis avec la vente des surplus à l'extérieur. D'une telle activité peuvent découler l'élaboration de produits transformés comme des conserves ou des aliments

70. *Cf.* par exemple la plate-forme Cagette.net : www.cagette.net

séchés, la constitution d'une banque de graines. L'élevage est une autre activité à gérer conjointement, les animaux requérant attention et soins.
La mutualisation n'implique pas systématiquement qu'un seul lieu soit dédié par exemple au potager. Il sera certainement pertinent de multiplier les espaces, notamment en raison des maladies qui peuvent frapper une production trop concentrée, mais le principe d'entretien pourra rester le même.

Modalités de couverture des frais de fonctionnement

Qui dit mise en commun, dit forcément dépenses communes. L'établissement d'un budget prévisionnel vous permettra d'estimer le niveau de ces dépenses. Vous pourrez alors les couvrir :

- En définissant une quote-part mensuelle, identique pour tous ou proportionnelle aux revenus de chacun.
- En développant des activités collectives qui abondent au pot commun.
- En permettant des activités individuelles extérieures au collectif et en prélevant une partie de ces revenus au bénéfice du collectif.
- En collectant des prestations sociales (si cela ne pose pas un quelconque problème moral aux membres).

Nous allons à présent développer la version « quote-part », qui peut donc évoluer d'un pourcentage faible à une mise en commun à hauteur de 100 % des revenus.

Le partage des revenus… et dépenses

ENJEU

Approfondir le sens de la communauté, au-delà du collectif, en envisageant le partage non seulement des dépenses mais aussi des rentrées d'argent

C'est un peu l'étape ultime de la mise en commun des moyens. Tout ou partie des revenus des membres est mis dans un pot commun. Et une partie des dépenses des membres à titre individuel est couverte par ce pot, au-delà des dépenses du collectif.

Flux d'argent dans le collectif

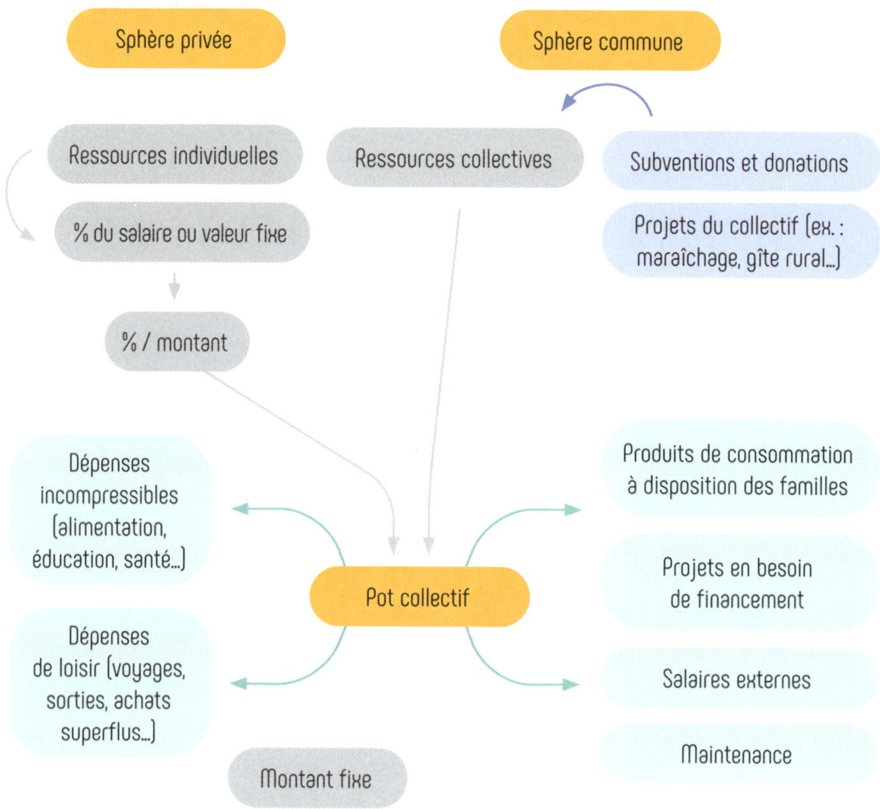

Côté revenus

La première étape consiste à déterminer les revenus qui iront au pot commun et ceux qui demeureront dans la sphère du privé. Il est important de bien les définir au moyen d'une entente interne.
Quels types de revenus ? Salaires privés, salaires issus de services à la communauté, intérêts sur du capital, placements, revenus locatifs, donations, bourses, aides sociales, héritages, pensions… ?
Ces revenus peuvent provenir d'activités en dehors du collectif ou de projets issus de la communauté.

Il est bien sûr possible de concevoir des mécanismes hybrides, convenant de la ponction d'un certain pourcentage des revenus de chacun. Voire d'envisager de faire cohabiter divers systèmes économiques au sein d'une même communauté, un groupe appliquant des mesures de partage fortes, d'autres préservant une plus grande indépendance.

Le tiers-lieu La Forge du Vallon* base son économie sur la participation libre et en conscience (PLC)[71], leur objectif étant de cultiver un rapport à l'argent différent de celui qui traverse la société moderne. Libre donc à chacun de participer à hauteur de ses moyens, ce qui permet de n'exclure personne à l'aune de ses revenus ou de son patrimoine, mais place la responsabilité de l'équilibre économique au niveau du collectif. Ce que celui-ci semble assumer parfaitement. Un collectif québécois a défini une entente très détaillée sur ce mode de fonctionnement (voir document en annexe, p. 284). Ils ont mené une réflexion assez poussée sur les revenus pris en considération, mais aussi sur les dépenses couvertes par le collectif – sujet que nous abordons dans le point qui suit.

Côté dépenses

En retour, la communauté assume donc pour ses membres les besoins qu'elle juge élémentaires. Cela peut par exemple concerner l'alimentation, la santé, le logement, l'achat de vêtements, les vacances, les activités des enfants, les communications (téléphone et Internet), les assurances…
Certains y ajoutent une allocation mensuelle dont l'usage est à la discrétion de chacun, de façon à préserver une certaine liberté et autoriser quelques « luxes ». Si j'aime aller au café du village, je ne devrais pas en être empêché par mes compagnons d'idéaux !
Le sujet délicat concerne les dépenses non essentielles et d'un montant significatif. Il peut s'agir de voyages d'agrément, de voyages pour impératifs familiaux ou encore d'achats de vêtements. Afin de ne pas se sentir piégé dans un mécanisme trop communiste, une réserve peut être constituée de manière à couvrir ces dépenses chaque année, selon des modalités qui préservent une égalité de traitement. Au moment de creuser ce sujet, vous verrez se présenter différents cas de figure qui posent question et qu'il vous faudra résoudre avec créativité et cœur.

Réalité

Un certain détachement vis-à-vis de l'argent demande bien sûr une certaine maturité, disons spirituelle. L'individu perd ses prérogatives quant à l'emploi de l'argent qu'il a produit et s'en remet à la décision communautaire. C'est un choix qui est évidemment plus difficile pour les personnes nanties.
Dans tous les cas, je recommande de ne mettre en place ce système que dans un second temps, après mûre réflexion, car il s'agit d'un choix véritablement

71. « Nos tarifs : la participation libre et en conscience (PLC) », *La Forge du Vallon* : www.laforgeduvallon.fr/page-viergece4b00f2

révolutionnaire approchant une certaine idée de la liberté et rompant avec le conditionnement social.
Relativement peu de communautés le pratiquent complètement. Un bon exemple est celui de Twin Oaks[72].
L'écovillage de Pourgues a lui aussi mis en place une politique de participation financière, cette fois au jugé de chacun, qui vient alimenter un fonds couvrant les dépenses alimentaires du groupe ainsi que d'autres dépenses en fonction des moyens. À titre indicatif, dans ce collectif, le coût d'un habitant est évalué à 500 € par mois[73].
À ce sujet, vous trouverez en annexe (p. 284) des documents produits par un collectif québécois.

Avantages

Les avantages sont multiples. À commencer par un accès à des services qui serait resté plus limité si les moyens n'avaient pas été mis en commun. Mais l'avantage principal est de renforcer les liens interpersonnels, obligeant chacun à plus d'empathie et d'intérêt pour la vie des autres.
On peut ajouter que cela constitue une forme d'assurance sans qu'il y ait besoin d'amasser des réserves en numéraire. On peut faire un parallèle avec le paiement de l'impôt qui permet à l'ensemble de la population de bénéficier de services gratuits ou à prix réduit comme les soins de santé, les bibliothèques, le système scolaire…

Des soucis ?

Le principal enjeu du système se situe moins au sein du collectif, dans des conditions de partage consenties par chacun, qu'au moment du départ d'un membre. La mise en commun des revenus a pu être un empêchement à son indépendance économique et le candidat au départ se retrouve sans les moyens de sa liberté retrouvée. Il peut donc être utile de prévoir une forme de retour économique, fonction éventuellement du temps passé dans la communauté, afin de ne pas le contraindre à rester pour des questions financières.
Notez aussi que des discordes peuvent naître de décisions à prendre quant à l'emploi de l'argent collectif.

---

72. « About income sharing », *Twin Oaks Community* : www.twinoaks.org/about-twinoaks-community/about-income-sharing#why-income-sharing
73. « La philosophie », *Village de Pourgues* : www.villagedepourgues.coop/notre-philosophie

Organisation du travail communautaire

ENJEU

Développer et gérer les projets communs, entre pragmatisme et éthique partagée

Ressources internes

La gestion des espaces collectifs est encore souvent faite de manière bénévole, pour des raisons d'économie globale. Cela s'opère généralement par roulement, puis on passe au bout de quelques années à une gestion par une ou plusieurs personnes en particulier, bénévoles ou rémunérées, sous le contrôle du collectif.

L'**entretien courant** : il peut aussi être géré par roulement. Si un membre de la communauté n'accomplit pas ses devoirs, il sera bienvenu de considérer une contrepartie. Les coûts afférents (produits d'entretien, électricité, chauffage…) seront répartis de la façon la plus égalitaire (avec des pondérations pouvant prendre en compte la composition des noyaux familiaux, leurs revenus…).

La **maintenance** : elle entraîne souvent les dépenses les plus élevées, et parfois non prévues, donc non budgétisées. Elle fera l'objet de réunions extraordinaires pour décider de ce qu'il faut faire et avec quels moyens (une partie de la communauté pourra alors ne pas assumer ce coût, avec l'assentiment de ceux qui en ont les moyens). Il faut aussi considérer que certains de ces travaux ne pourront plus être assurés physiquement par des membres vieillissants de la communauté, contrairement à l'enthousiasme des débuts.

Appel au bénévolat

Il est bien pratique de pouvoir faire appel à des bénévoles extérieurs afin de combler un manque de main-d'œuvre. Il existe pour cela des réseaux comme Twiza* (chantiers d'écoconstructions) ou WWOOF* (projets agroécologiques). Toutefois, il faut un certain nombre de prérequis pour que cette alliance fonctionne.

Tout d'abord, définir correctement les activités et spécifier les conditions de travail, d'alimentation et d'hébergement. Même si la gratuité est de mise dans cette forme d'échange, il ne s'agit pas non plus d'esclavagisme ni de parasitage.

L'accueil est tout aussi important. Ces bénévoles doivent être traités comme quiconque, et la première impression qu'ils auront pourra avoir des conséquences sur leur niveau d'engagement.

Cela étant, il est souhaitable d'éviter toute dépendance au bénévolat extérieur. L'inverse serait le reflet d'un déséquilibre malsain et d'un manque d'autonomie. Multiplier les bénévoles plus que nécessaire n'est pas non plus recommandé. Mais surtout, tenez vos engagements : il est assez malvenu de changer le « contrat » initial, et surtout risqué face à un possible recours en justice si cette activité est perçue comme un emploi déguisé.

Les avantages sont cependant multiples. Cela commence par une valeur que vous aurez peut-être insérée dans votre charte, celle du partage des connaissances (qui de surcroît pourra se faire dans les deux sens).
Ces visiteurs resteront un temps conséquent, ce qui vous permettra des échanges humains valorisants, et chacun apportera une pensée nouvelle ou des moments de joie qui attiseront l'enthousiasme du collectif. Ils seront certainement l'occasion de vous embarquer dans un projet que vous aviez laissé de côté, car trop impliqué dans votre rythme quotidien.

Soucis possibles : ces volontaires étant humains (pour la plupart, en tout cas), ils peuvent souffrir de démotivations, être plus maladroits qu'attendu, ne pas travailler à votre rythme et avoir leurs sautes d'humeur (comme vous). Mais surtout, il faudra leur consacrer une certaine attention qui pourra vous sembler une perte de temps. Il faut donc être clair avec soi-même quant à l'énergie que l'on souhaite leur consacrer en retour de leur travail effectif.

Dans certains lieux il est fait appel à la notion de *seva*, qui en sanskrit signifie « service désintéressé », dans un contexte spirituel. C'est le cas notamment à l'écohameau du Plessis !

Partie VII

Relation avec l'économie extérieure

ENJEU

Régir les échanges avec l'extérieur
de manière équilibrée et éclairée

Deux questions vont se poser à vous :

- Souhaitez-vous ouvrir votre collectif aux visites extérieures ?
- Souhaitez-vous avoir des interactions avec des acteurs locaux ?

Si la réponse est positive à au moins l'une de ces questions, vous pourrez définir de multiples manières d'échanger et surtout de générer une économie qui vous permettra d'alimenter votre communauté.

Il peut être utile de concevoir une **carte des interactions** afin de définir les rôles au sein de la communauté et de mieux appréhender la nature des relations que vous entretenez dans l'écosystème qui vous caractérise. Réfléchir à vos interactions, à leur nature et aux acteurs sur qui vous pouvez compter, autrement dit aux éléments intangibles de votre écosystème, alimentera votre raison d'être.

Voici un exemple construit avec le logiciel de cartographie mentale XMind :

Exemple de carte d'interactions autour du collectif

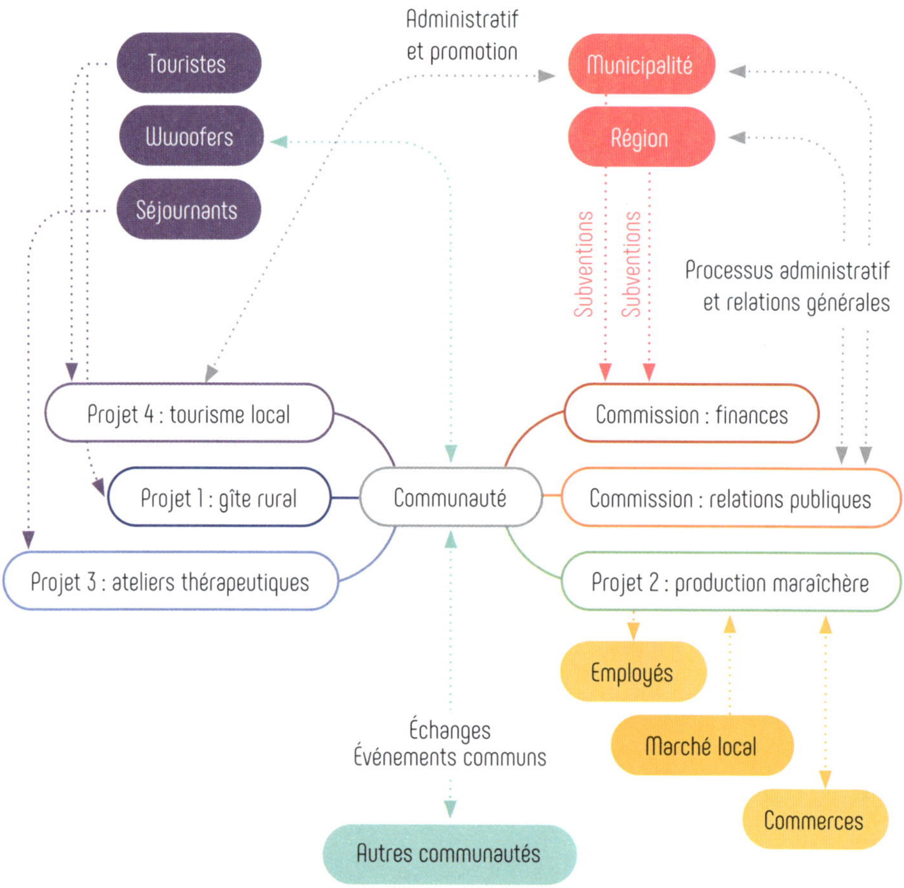

Les liens en rouge sont de nature économique, ceux en gris sont administratifs, ceux en bleu de nature collaborative.

Mini-projets pouvant générer des revenus collectifs

ENJEU

Mettre en place des activités collectives et rémunératrices si le projet va au-delà d'un simple habitat partagé

Voici quelques exemples d'initiatives qui dépendront des aspirations des membres du collectif :

Tourisme :
- chambres d'hôtes ;
- opérateur touristique régional ;
- retraites spirituelles ;
- camping ;
- séjours d'immersion dans le collectif ;
- équitation.

Production alimentaire et artisanale :
- production de fruits et légumes ;
- production de miel, préparations médicinales, huiles essentielles ;
- boulangerie au feu de bois ;
- fabrication artisanale ;
- marché agrobiologique ;
- production de semences.

Services :
- centre de compétences, d'expérimentation, de formation en bio, biodynamie et permaculture ;
- ateliers d'écoconstruction ;
- ateliers d'apprentissage des principes de l'écovillage ;
- espace santé et bien-être pour thérapies alternatives ;
- espace de coworking (labo des expériences transitionnaires) ;
- services informatiques ;
- café associatif ;

- cinéma ;
- bibliothèque ;
- classes vertes et camps d'été ;
- fab lab[74] ;
- conférences ;
- restaurant ;
- école.

Ayez bien en tête que les activités envisageables dépendront fortement du lieu géographique ; qu'il faudra cravacher pour mettre en place ces projets, qu'il sera nécessaire d'acquérir un savoir-faire, qu'il sera pertinent dans certains cas d'embaucher des compétences… et que le labeur, même si passionnant, sera exigeant et souvent stressant.

Il est séduisant d'envisager de vivre d'une entreprise autogérée et conduite par des gens avec qui l'on partage son quotidien. Mais il est fondamental de bien définir la raison pour laquelle on souhaite dédier son énergie à ce type de projet. S'agit-il simplement de mener une activité plaisante qui générera des revenus ou de lui donner un sens plus profond ? C'est là que la définition de la raison d'être de l'entreprise doit être tout aussi claire que celle de la communauté. Et en résonance avec cette dernière.

Je reprendrai, afin que votre réflexion soit aboutie, les termes d'Arielle, membre de la communauté intentionnelle du Manoir au Québec, qui écrit en 2015 : « L'entreprise n'est pas un moyen de faire de l'argent pour nous permettre de réaliser nos rêves. L'entreprise doit être une des formes que prend notre rêve. Ce doit être un résultat de la mise en action de notre vision[75]. »

Je n'ai pas pour objectif de détailler tous les projets envisageables. J'aborderai simplement quelques activités, originales ou plus classiques, afin de vous inspirer.

---

74. Voir l'exemple de la Casemate : https://lacasemate.fr/fab-lab-et-co/venir-au-fab-lab/
75. http://manoir.community/node/107

Que sont les *living labs* ?

Si l'on reprend la définition donnée dans le livre blanc de l'organisation fondatrice, « un *living lab* est une méthode de recherche en innovation ouverte qui vise le développement de nouveaux produits et services. L'approche promeut un processus de cocréation avec les usagers finaux dans des conditions réelles et s'appuie sur un écosystème de partenariats public-privé-citoyen[76] ».

Autrement dit, vous pouvez monter un projet dans un espace dédié, genre pépinière pour start-ups, avec des principes de *living lab*. Vous pouvez aussi en extraire certaines idées pour les appliquer à votre groupe et ainsi trouver des réponses coconstruites à vos problématiques de lieu tiers.

Nous ne sommes pas très loin non plus de concepts comme le *design thinking*. Ce dernier est une façon de gérer l'innovation, en partant de l'utilisateur, au moyen de divers outils. Comme pour les *living labs*, le souhait est de replacer l'humain au centre des préoccupations. Et de générer des actes de cocréation en libérant la créativité, en permettant l'erreur et en faisant preuve de beaucoup d'empathie.

Un exemple qui se rapproche de cette utopie : l'écosystème Darwin* à Bordeaux. Un mélange d'espace de coworking et de pépinière d'entreprises, en mode laboratoire de transition, pour pousser les propositions alternatives en *low-tech*, économie circulaire et responsabilité écologique. Le tout dans une ancienne caserne militaire rénovée et ouverte au public. Ce n'est donc pas un écovillage mais un village de projets responsables, qui pourrait être un élément constituant de votre ambition.
Dans le même style, Open Lande* à Nantes, « fabrique de projets évolutionnaires », est un laboratoire de projets innovants offrant du coworking, un réseau, de l'accompagnement, avec pour objectif de « réparer la Terre ».

Locations longue durée

Vous pouvez bien évidemment développer une offre de locations de courte durée, façon gîte rural ou *glamping*. Ce terme regroupe des alternatives d'hébergement insolites combinant camping et glamour, surgies ces dernières années afin de diversifier les expériences, notamment d'immersion dans

76. *Qu'est-ce qu'un* living lab *?*, InVivo, 1994, p. 11.

la nature : cabanes dans les arbres, dômes transparents, tipis, immenses fûts vinicoles réhabilités, phares et moulins, tentes suspendues…

Mais je vais plutôt m'attarder sur la location de longue durée au sein du collectif, activité connectée en soi à l'écovillage, car destinée à partager l'expérience de vie d'une communauté. Certains écovillages, comme le Hameau des Buis*, proposent ce service.
Les objectifs peuvent toutefois varier légèrement. Le locataire peut souhaiter découvrir le quotidien d'un tel projet uniquement pour apprendre, dans la perspective de créer son propre collectif. Mais il peut être là aussi en préparation d'une éventuelle intégration définitive. Dans les deux cas, son séjour contribue à l'économie globale, mais la visée est différente. Il est fort probable qu'ils ne se considéreront jamais comme faisant partie intégrante du collectif. Ne vous bercez donc pas d'illusions en exigeant de leur part la même implication que les copropriétaires des lieux.

Nos visiteurs peuvent se voir octroyer le statut de résident et de décideur dans le collectif, suivant bien évidemment la durée du séjour ; ou être simplement considérés comme des individus extérieurs à ce contexte, par conséquent sans les mêmes obligations, tout en bénéficiant de certains droits d'accès, notamment aux réunions.

Hameau des Buis : extérieur du bâtiment partagé et intérieur d'un appartement.

Le collectif du Hameau des Buis partage volontiers ses contrats de location, selon les termes de la licence Creative Commons Attribution 4.0 International. Vous pouvez vous en inspirer[77].

Il est assez rare qu'il s'agisse d'une pure location, au sens où la personne choisit le lieu en faisant abstraction de sa singulière nature.

Entreprises régénératives

J'ai employé le terme de mini-projets car ceux-ci peuvent se contenter de n'être que des activités, certes rémunératrices mais pas forcément envisagées comme de véritables entreprises, avec statut juridique et *tutti quanti*.

À l'inverse, certains collectifs ont intégré un écosystème d'initiatives entrepreneuriales, en limitant les activités à celles qu'ils qualifient de régénératrices. Souvenez-vous du schéma du GEN au tout début du livre : les écovillages se donnent souvent comme mission de « soigner » notre société et de montrer qu'il est possible de mener des activités plus « conscientes ».

Cette idée d'économie régénérative, d'ambition locale mais de portée globale, a été développée par des penseurs comme Bill Reed, Daniel Christian Wahl[78] ou Fritjof Capra. Elle considère ces entreprises comme des éléments actifs du changement nécessaire. Celles qui ne le seraient pas, autrement dit celles de l'ancien modèle, qui s'enrichissent au détriment de la société humaine et de son environnement, sont vouées à disparaître car basées sur un modèle économique logiquement non durable.

Nous avons déjà cité des exemples d'initiatives possibles, mais la notion de régénération rajoutera une couche, pouvant faire partie de votre charte, qui contraindra le type d'activité envisageable. En voici quelques principes[79] :

- Être conscient de faire partie intégrante des systèmes vivants et participer à l'enrichissement du capital vivant à travers tous les processus de l'entreprise.
- S'inspirer des systèmes vivants en en copiant les principes écosystémiques.
- Collaborer avec d'autres entreprises pour constituer un écosystème d'entreprises conscientes.
- Privilégier la qualité plutôt que la quantité en utilisant les limites et les connexions.

77. « Financement/Innovations juridiques », *Le Hameau des Buis* : https://hameaudesbuis.com/le-hameau/financement-juridique/

78. Daniel C. Wahl, *Designing Regenerative Cultures*, Triarchy Press, 2016.

79. Les principes énumérés ici sont extraits (et librement traduits) du site d'Avnø Oasis, un écovillage danois : http://oasis-ecovillage.dk/regenerative_enterprises/

- Ne pas récolter les racines mais seulement les fruits de l'« arbre de production ».
- Se poser systématiquement cette question : comment notre connexion avec le système dont nous récoltons les fruits peut-elle favoriser l'intégrité, la résilience et la viabilité à long terme des personnes et de notre lieu de vie ?
- Suivre un modèle d'entreprise équitable et répartiteur qui reconnaît et intègre les fondateurs, les producteurs, les employés, les clients et les investisseurs.
- Contribuer au développement personnel de toutes les personnes impliquées dans l'entreprise.

Pragmatisme : le *business plan*

ENJEU

Analyser la viabilité économique de tout projet en dépassant la vision purement romantique

Il y a souvent opposition entre valeurs spirituelles et considérations terre-à-terre, entre hémisphères droit et gauche du cerveau. Or, tout est souvent dans l'équilibre, car un manque d'ancrage dans la terre peut être préjudiciable à une élévation spirituelle.
Ne pas envisager l'élaboration de projections économiques pour tout projet communautaire serait une erreur qui pourrait mener au désastre économique et à la démotivation des troupes. Je ne peux malheureusement pas vous inciter à vous baser sur des miracles.

Il existe de nombreux modèles de plans financiers prévisionnels qui pourront vous servir selon la nature du projet. Je vous recommande de réaliser un plan à 3 ans minimum, voire 5 ans si le projet est construit sur plusieurs phases de développement.

Partie VIII

Vie en commun

ENJEU

Quel que soit le contexte, cultiver la vie communautaire
pour renforcer les liens, la tolérance
et la joie de vivre ensemble

Festivités

Les fêtes, les réunions de groupe, les barbecues sont des moments fondamentaux de partage convivial permettant la construction et la préservation d'un esprit communautaire.

Les moyens collectifs, notamment les lieux et locaux mis en commun, facilitent évidemment les rencontres et génèrent de la cohésion. Mais il va de soi que leur gestion peut amener à certains conflits. La plupart des initiatives ayant su maintenir la dynamique de ces lieux ont mis en place un règlement concernant leur usage et leur maintenance.

Mais le commun peut s'étendre à d'autres collectifs, avec lesquels il sera possible d'interagir voire de coconstruire, et bien sûr d'organiser des événements festifs qui rapprocheront les communautés.

Les fêtes permettant de marquer les cycles dans nos vies, il ne serait pas absurde de créer son propre calendrier festif, incluant la célébration de la naissance du collectif ainsi que d'autres événements significatifs pour le groupe.
L'inauguration d'un bâtiment collectif, dont la fonction est primordiale et qui a représenté un sacrifice important, peut constituer une étape dans l'histoire de l'écovillage.
Les mariages, désunions, naissances et décès sont autant de moments à commémorer.
L'une des fonctions de la fête est d'inscrire les membres du groupe dans une histoire commune qui les dépasse en tant qu'individus. Il ne faut donc surtout pas négliger cette dimension, qui servira la cohésion surtout en périodes d'épreuve.

À l'instar de communautés indigènes, vous pouvez intégrer dans votre calendrier des événements liés aux cycles de la nature, en lien avec les solstices et équinoxes, leur donnant ainsi plus d'importance qu'aux jours fériés religieux. Loin de moi l'idée de condamner des festivités comme Noël ou Pâques, mais à l'heure de la nécessité de se « reconnecter » à notre environnement naturel, il me semble utile, pour la reconstruction de notre psyché égarée, de célébrer les grands cycles de la vie terrestre.

Ayant participé à de nombreux rituels dans les Andes, où ces cycles font l'objet de célébrations à la fois humbles et colorées, je vous partage page suivante leur calendrier.

Calendrier des festivités kichwas

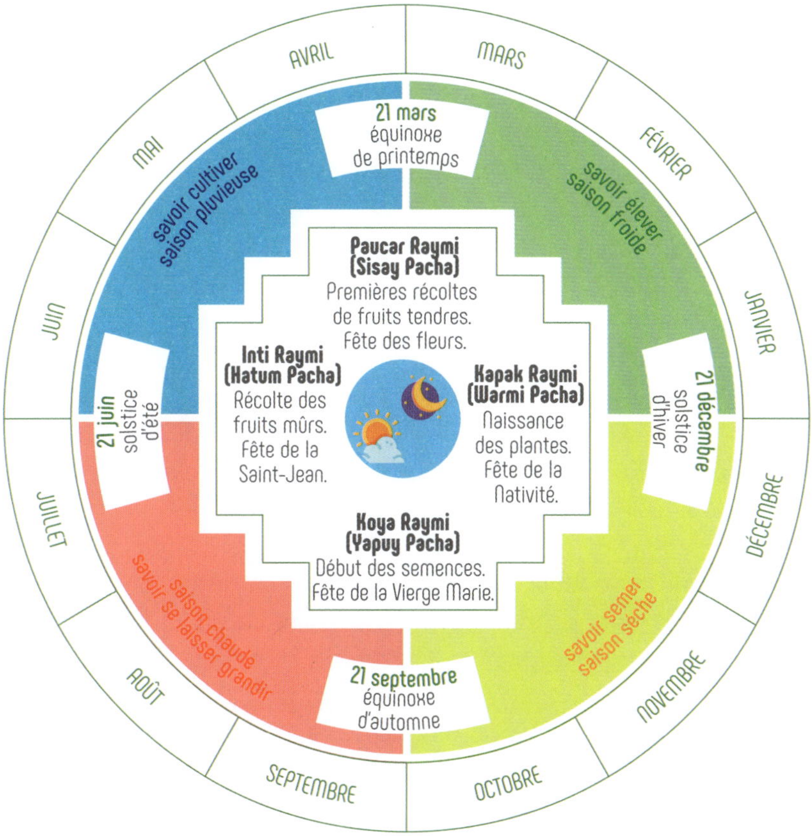

Nul besoin d'attendre ces dates pour fêter. Une réunion informelle à un rythme défini sera une magnifique occasion de célébrer la vie et le plaisir de la partager. Ce qui n'empêche aucunement la spontanéité, tant négligée dans nos vies programmées !

Animaux de compagnie

Ils sont sans aucun doute des compagnons désirés mais ils peuvent susciter des conflits au sein du collectif s'ils ont un comportement irritant.
Malheureusement ce sujet est récurrent dans de nombreux collectifs, aussi est-il important d'élaborer un accord sur ce qui est permis, toléré et totalement désapprouvé.

Vous trouverez en annexe (p. 268) un document élaboré par une communauté qui a tenté de donner un cadre à cette cohabitation.

Limites sphère privée/vie communautaire

Si l'on entend par sphère privée les lieux où l'on peut se retirer sans se voir imposer la présence d'autres individus, alors on pensera spontanément à sa maison ou à un espace où l'on a le choix d'inviter qui l'on souhaite.
Préserver ces espaces est une manière de ne pas laisser le groupe phagocyter l'individu. De la même façon qu'un individu n'appartient pas à un autre, il n'est pas non plus la propriété d'un groupe.
Dans une démarche de développement personnel, pour se guérir des maux de la société et pouvoir adopter de nouvelles formes de relations avec les autres, il paraît plutôt logique de permettre à chacun de s'isoler et travailler (ou pas) comme bon lui semble, loin du brouhaha de son entourage. Il devient alors fondamental de cultiver un équilibre entre les dimensions privée et communautaire. Cela concerne non seulement le lieu de vie mais aussi le temps, celui offert au collectif et celui qui n'appartient qu'à chacun, sans contrainte.
Lorsque l'invasion du collectif devient excessive, il est fort probable que la personne qui en souffre la subit en silence et cultive inconsciemment une certaine rancœur. Exprimer ce malaise dans un projet où le sens de la communauté prime n'est certainement pas facile ! On risque d'être jugé comme étant individualiste ou simplement négatif. On peut alors aisément imaginer qu'il est plus facile de refouler ce sentiment… jusqu'à saturation et explosion.
Parmi les valeurs à inscrire au projet, je vous invite donc à faire preuve de réalisme et à aborder largement ce sujet pour imaginer des mécanismes d'expression qui désamorcent ce type de tension.

Partie IX

Jeunesse, spiritualité et santé

ENJEU

Exprimer les dimensions fondamentales de l'Être : sa curiosité innée, sa spiritualité et son bien-être général

Pour une nouvelle éducation

ENJEU

Commencer par le commencement en proposant aux enfants une éducation qui mène à une plus grande autonomie physique et intellectuelle, au partage de nouvelles valeurs et à leur affranchissement des mécanismes de soumission de la société dominante

Motivations

Dans certains lieux de transition, il existe une forte remise en cause du mode d'éducation public. Elle s'accompagne de propositions de structures scolaires communautaires souvent basées sur les préceptes de Maria Montessori, d'ailleurs trop fréquemment limitées à ceux-ci, et parfois complétées par d'autres approches comme celles de Freinet, Piaget, Pestalozzi, ou encore des écoles démocratiques.

Parmi les valeurs sous-jacentes à ces projets éducatifs, on trouve celles-ci :
- Réintégrer l'importance du faire, de l'activité manuelle dans l'enseignement, dont les dernières recherches en neurosciences démontrent la place primordiale dans le développement cognitif des enfants.
- Maintenir l'enseignement concret, avec les outils de Montessori pour les plus jeunes, car il fournit aux enfants des bases solides, contrairement à un passage à l'abstraction trop rapide.
- Permettre une dynamique saine d'entraide et de renforcement des apprentissages grâce à un mélange raisonné des âges.
- Reconnecter les enfants avec leur environnement pour soigner le monde (finies, les cours de récréation bétonnées).
- Développer leur créativité plutôt que leur soumission aux enseignants.
- S'adapter au rythme des enfants (non seulement leur rythme et leurs intérêts ne sont pas identiques, mais la société a besoin de cette diversité).

En somme, il s'agit souvent de briser la machine éducatrice qui produit des jeunes insatisfaits et mal considérés s'ils ne se soumettent pas à une éducation industrielle inadaptée aux enjeux actuels d'une société en profonde et rapide mutation.

Les recherches récentes en neurosciences viennent de plus en plus confirmer l'importance de ces principes dans le développement de l'intelligence des

enfants et l'inefficacité croissante du système public d'enseignement face aux défis de la société.
L'école a perdu de son attractivité, voire de sa légitimité, et n'a pas su se réinventer. Ce secteur étant régalien, il n'a pu compter sur les initiatives privées pour évoluer au même rythme que la société, et l'on fait face aujourd'hui à un déphasage entre des modes d'enseignement qui n'ont guère changé depuis des décennies et la nécessité de s'adapter et d'apprendre rapidement.

Parmi les éléments de réflexion reviennent souvent les arguments suivants :
- L'intelligence intellectuelle se construit grâce aux travaux manuels et au jeu, d'où l'importance de maintenir de nombreuses activités physiques.
- L'évolution imprévisible de la société requiert des êtres aux expériences et talents variés, alors que l'éducation publique, longtemps calquée sur le modèle de production industrielle, nie les différences et tente d'uniformiser les apprentissages.
- Les valeurs de collectivité et de respect de l'environnement ne sont pas transmises au travers des pratiques scolaires, voire sont contredites.
- Le système de notation ne permet pas d'évaluer les formes d'intelligence multiples, mais mesure la soumission de l'élève au système. Il est préjudiciable à l'estime de soi et pousse les enfants à une compétition malsaine.
- Les enseignants manipulent le cerveau des enfants comme le ferait un chirurgien qui n'aurait aucune connaissance de l'anatomie.
- L'État ne dédie que très peu voire aucun fonds à la recherche dans le champ de la pédagogie, ce qui explique l'inadaptation des méthodes au contexte actuel.

Ajoutons qu'en France ce n'est pas l'école qui est obligatoire mais bien l'instruction, qui peut donc prendre plusieurs formes.
Cela étant, ont surgi de nombreuses initiatives qui surfent sur les limites de ce que permet l'académie, les unes acceptant de se conformer au programme imposé par le ministère de l'Éducation, les autres franchissant le Rubicon pour expérimenter de nouvelles approches pédagogiques.

Une forte prise de conscience s'est faite avec la sortie du livre de Céline Alvarez, *Les Lois naturelles de l'enfant*. Celle-ci a coïncidé avec la publication de l'ouvrage d'Idriss Aberkane, *Libérez votre cerveau !*, qui n'est pas tendre avec l'Éducation nationale.
Mais des initiatives plus anciennes viennent donner des bases à cette réflexion, avec le recul de plusieurs décennies de recherches pratiques. Je citerai tout d'abord comme exemple une des plus connues : l'école démocratique de

Summerhill* en Grande-Bretagne, initiée par Alexander Sutherland Neill, auteur par ailleurs de *Libres enfants de Summerhill*.
Et une autre initiative que j'ai pu côtoyer en Équateur, de portée internationale : l'école Pestalozzi, fondée par Mauricio et Rebeca Wild, dont les livres sont publiés avant tout en espagnol et qui relatent plus de 30 ans d'expérimentations.

Vous trouverez quelques ressources pour compléter vos connaissances sur le site de l'EUDEC France*, la Communauté européenne pour l'éducation démocratique.

Relever le défi

Monter une école au sein de votre projet n'est pas un mince défi. Cela dépendra de nombreux facteurs :

- nombre d'enfants concernés ;
- distribution des âges ;
- espace disponible ;
- objectifs du projet ;
- personnes et compétences disponibles pour dispenser les cours ;
- budget.

Les formes d'apprentissage et les méthodologies alternatives d'enseignement font l'objet de conceptions très variées.

Il est donc essentiel de correctement définir les ambitions de votre projet :

- Cherchez-vous à rompre avec le programme scolaire officiel (méthodes d'apprentissage, mais aussi contenu) ? Ou votre éloignement ne vous permet tout simplement pas une scolarisation classique ?
- Souhaitez-vous déscolariser vos enfants (*unschooling*) ? Les scolariser à distance tout en suivant le programme officiel (*home schooling* réglementé, de type Cned pour les Français) ? Leur donner un apprentissage à la maison déconnecté du programme académique (peut aussi se faire avec le Cned en situation non réglementée et en piochant parmi l'offre de matières) ?
- Quelle méthodologie suivrez-vous ? Il existe de nombreux penseurs dans le domaine de la pédagogie. Parmi les plus connus : Maria Montessori, Célestin Freinet, Jean Piaget, Rudolf Steiner, Johann Pestalozzi. Mais faites vos propres investigations, car de nombreux chercheurs indépendants et contemporains viennent compléter des approches qui furent en leur temps plutôt intuitives.
- Laisserez-vous vos enfants totalement libres ou leur donnerez-vous un cadre défini pour les accompagner dans cet apprentissage (les frontières entre liberté et laxisme pouvant être floues) ?

- C'est en tant que parent que vous accompagnerez vos enfants, ou cette tâche incombera-t-elle à un enseignant extérieur, par exemple embauché à cette fin ?
- Jusqu'à quel âge considérez-vous qu'il est possible de vous substituer à un enseignant (en termes de niveau de connaissances) ?
- Comment pensez-vous préparer vos enfants adolescents aux épreuves du baccalauréat et à l'entrée à l'université ? À moins que vous ne considériez une alternative à cet examen ou ne visiez aucunement les grandes écoles, aux critères d'entrée exigeants ?

D'expérience (mes enfants sont passés par tous les stades : l'école alternative inspirée de Montessori et Pestalozzi, l'enseignement à distance avec le Cned, le *home schooling* entre familles, l'école formelle pour passer le bac), il n'existe pas de système idéal mais des avantages à chaque méthode selon la tranche d'âge considérée.

Même si je partage l'idée fondamentale que l'oppression exercée par le système scolaire actuel génère du mal-être chez nombre d'enfants et produit des individus en souffrance car censés appliquer des valeurs qui ne résonnent pas avec leur moi profond, rejeter en bloc l'ensemble d'un système pour se jeter aveuglément dans un autre n'est pas une solution viable à long terme.

Dans les projets alternatifs, on trouve aussi des enfants désorientés, avec qui l'on n'a pas su partager le bonheur de découvrir l'édifice de toutes ces connaissances accumulées par l'humanité. Ces savoirs ont malgré tout été structurés par l'Éducation officielle et facilitent l'apprentissage de matières comme les mathématiques, par exemple.

Les outils et méthodes inspirés de Maria Montessori ont aussi leurs limites par rapport aux stades de développement de l'enfant, et peuvent être notamment inadaptés ou pas suffisamment évolués pour un apprentissage au-delà de 12 ans.

Jugez-vous utile ou sans importance de préparer vos enfants au baccalauréat pour leur permettre ensuite d'intégrer une université de leur choix ? Et si cela vous semble utile, avez-vous pensé à la manière de les y préparer ?

Souhaitez-vous qu'ils soient outillés pour pouvoir faire leur choix et accéder par exemple s'ils le souhaitent à des universités prestigieuses ? Ou votre stade de rébellion est tel que vous rejetez toutes ces institutions et considérez que le seul enseignement valable est celui des champs ? Pas de jugement de ma part dans ces propos, mais avant tout une invitation à assumer de la manière la plus éclairée des choix dont vos enfants subiront seuls les conséquences.

Enfin, un tel projet est par nature collectif en raison de l'impossibilité de trouver chez une même personne l'ensemble des connaissances requises.

Intérieur d'une yourte scolaire avec espace éducatif aménagé au Hameau des Buis.

C'est moins le cas pour les enfants en bas âge, mais la nécessité de connaissances plus approfondies, structurées, va se faire sentir dès le stade de la préadolescence. Quelques références complémentaires : les valeurs de la pédagogie Freinet[80] et un tableau des stades de développement de l'enfant selon Agnès Florin[81].

Côté administratif, l'ouverture d'une école n'est pas si complexe.
Les prérequis sont assez souples : disposer d'un·e directeur·trice détenteur·trice d'un baccalauréat, pour le cas où l'école n'envisage pas d'obtenir un contrat avec l'État (ce contrat permet que le salaire de l'enseignant soit couvert par le ministère de l'Éducation, mais au terme de 5 années de fonctionnement, et il est conditionné au fait de suivre le programme académique).

En préalable à l'ouverture de l'école, il vous faudra déclarer votre projet auprès des autorités compétentes, locales et départementales (mairie, préfecture et académie), puis obtenir les agréments nécessaires.
Voyez les sites suivants, qui donnent des indications sur le parcours à suivre : l'association Créer son école* pour la France[82] et le Réseau des écoles publiques alternatives du Québec (Répaq)*[83].

80. Université de Genève, « Quelques grands mouvements pédagogiques » : http://tecfa.unige.ch/tecfa/teaching/UVLibre/9900/bin29/pedago.htm
81. Nat Acha, « Tableau du développement de l'enfant », *Crayons et boules de gomme*, 6 février 2016 : http://crayons-et-boulesdegomme.eklablog.com/tableau-du-developpement-de-l-enfant-a122906454
82. « Les grandes étapes : le calendrier général des préparatifs », *Créer son école* : www.creer-son-ecole.com/les-grandes-etapes/
83. « Guide de création d'une école alternative », *Répaq* : https://repaq.org/guide-de-creation/

Comme pour tout projet, pensez de nouveau à élaborer un budget prévisionnel afin de ne pas vous laisser surprendre par des coûts non anticipés.

Spiritualité, santé

Pratiquer la spiritualité

ENJEU	S'assurer que toutes les dimensions de l'humain sont prises en compte, et en particulier le domaine intangible de la spiritualité pour lutter contre la vacuité qui traverse le mode de vie moderne

La communauté pourra se construire avec ou à partir de principes spirituels. Il existe une variété immense de pratiques spirituelles, produits d'un brassage au niveau mondial et d'une quête incessante de sens de la part d'individus vivant dans des sociétés déshumanisantes. Certains sont ainsi en recherche de pratiques ancestrales, réelles ou fantasmées, et se les approprient de manière modernisée, les mixant avec d'autres disciplines. On parle alors de néochamanisme. Mais quelles que soient les modalités de ces pratiques, c'est la pureté de l'intention qui en fera un outil d'évolution sincère ou au contraire un moyen de prendre l'ascendant sur autrui.
Retenez que parmi les formes d'expression de l'ego, il existe un ego spirituel. À mesure qu'un individu gagne en conscience, une certaine vanité faite d'orgueil et de mépris peut apparaître. Cela ne rend pas pour autant sa pratique inintéressante, mais il faut toutefois prendre un certain recul pour ne pas tomber sous le joug d'un tel individu.
Dans tous les cas, je vous invite à faire preuve d'honnêteté quant aux capacités d'ouverture et de tolérance de la communauté envers ces pratiques qui peuvent générer beaucoup d'incompréhension. Si vous assumez une tolérance proche de zéro, le mieux sera de l'affirmer dans le texte constitutif du projet afin d'éviter tout malentendu.

Pour beaucoup, la spiritualité est en effet un sujet connoté, et bien des pratiques peuvent générer du rejet ou une forte méfiance. Imaginez-vous arrivant dans un lieu où tous forment un cercle en se donnant la main et en chantant des louanges au Soleil. Au premier abord, à moins d'être familier de ces pratiques, vous pourriez échafauder de nombreuses interprétations inconscientes et des jugements hâtifs, probablement liés à la notion de secte, à l'imaginaire hippie ou au sentiment que ces gens sont tout simplement « barrés ».

Si tel peut être le cas, de nouveau et j'insiste, il est préférable d'éclaircir le niveau d'acceptation par le groupe de telles pratiques. Soit vous êtes délibérément fermés, auquel cas mieux vaut exclure ces pratiques ou fortement les limiter. Soit vous définissez les limites de votre tolérance, avec pour futur objectif de tâcher de comprendre ces pratiques. Soit vous êtes dans une dynamique d'ouverture de par vos expériences passées et le sujet ne posera pas problème, bien au contraire.
Nombre de pratiques spirituelles anciennes ou récentes visent à prendre du recul quant à notre jugement envers les autres. Car celui-ci est le reflet de notre héritage socioculturel et n'a souvent pas de lien avec nos interlocuteurs. C'est en quelque sorte une projection de nous-même.
Bref, le message est le suivant : si votre projet vise à briser certains paradigmes, celui-ci fait partie des plus délicats à manier, et ne l'écartez pas par un procès rapidement expédié. Songez que la spiritualité est une dimension fondamentale de l'être humain, aujourd'hui reconsidérée au regard des récentes découvertes scientifiques liées aux neurosciences.

Une bonne connaissance de l'ego, de sa nature et de sa raison d'être sera de surcroît un atout lors de l'animation de groupes, afin d'identifier les mécanismes qui pourraient nuire à une prise de décision. Retenez toutefois que l'ego n'est ni positif ni négatif : c'est une manière d'individualisation qui fait que nous ne sommes pas tous identiques. C'est son expression excessive, comportement souvent hérité de blessures anciennes, qui peut se révéler un obstacle au développement collectif.

Le Hameau des Buis a mené une réflexion sur « la relation à soi comme prérequis ». Ils précisent que « nous sommes tous porteurs d'une histoire qui détermine nos comportements et nous plonge dans l'aveuglement des "projections". Faire un travail sur soi pour prendre conscience de ces mécanismes est un prérequis indispensable à toute aventure collective ». Et d'ajouter que « lorsque l'émotion est à sa place, nous avons l'intelligence et les ressources disponibles pour observer les faits avec discernement et trouver des solutions constructives à toute situation »[84].
Je ne peux m'empêcher de vous partager quelques citations que je considère éclairantes quant à la question de la spiritualité. Les voici :

- Le thérapeute espagnol Enric Corbera*, père de la *bioneuroemoción* : « La conscience est la divinité qui s'exprime dans le monde matériel. »
- Ken Wilber, mystique et philosophe américain relativement méconnu en France, nous parle dans *Les Trois Yeux de la connaissance* des trois modes de

84. « La relation au cœur du Hameau », *Le Hameau des Buis* : https://hameaudesbuis.com/vivre-au-hameau/vivre-ensemble/

connaissance accessibles aux humains : l'œil de chair, qui nous permet de percevoir le monde extérieur dans ses dimensions spatiale et temporelle ; l'œil de la raison, qui s'alimente de philosophie et de mental ; et enfin l'œil de la contemplation, qui nous élève jusqu'à la conscience des réalités transcendantales.

- Le philosophe Abdennour Bidar : « Notre crise majeure n'est ni économique, ni financière, ni écologique, ni sociopolitique, ni géopolitique : c'est une crise spirituelle d'absence radicale – dans les élites et dans les masses – de vision d'un sublime dans l'homme qui serait partageable entre tous, athées, agnostiques, croyants. Et s'il y en a un, voilà le vrai visage du totalitarisme aujourd'hui : la conspiration terrible, tyrannique et secrète de toutes les forces intellectuelles et sociales qui condamnent l'être humain à une existence sans aucune verticalité[85]. »
- Et pour terminer, cette très limpide définition trouvée sur le blog de Feeling Native : « L'âme est la source, l'origine de la vie, le souffle primordial qui donne naissance à l'esprit et au corps. L'esprit est souffle, doué de vie, mais n'est pas source, il n'a pas d'existence indépendante. Il est étroitement relié au corps. La spiritualité concerne le domaine de l'esprit. Il s'agit des relations intermédiaires entre le corps et l'âme. L'esprit est un canal, un passage, une porte. La spiritualité c'est avoir conscience que ce passage existe, et cela consiste à prendre soin de ce passage, le nettoyer, le garder libre de tout obstacle, être vigilant quant à sa sécurité, surveiller les intrus, et tout ce qui pourrait obstruer le lien entre l'âme et son corps, que ce soit physique ou psychique[86]. »

Certains, à la simple évocation de la spiritualité, imagineront une façon de se déconnecter du monde matériel, en opposition avec l'approche dite « scientifique » ou cartésienne. La véritable spiritualité impose non pas de rester perché dans les sphères célestes mais de s'ancrer dans la réalité physique en la transcendant par la conscience. Dit autrement, suivre une discipline d'écologie intérieure et donc de prise de conscience de sa propre nature, de celle des autres et de son environnement est une pratique de spiritualité qui contribue amplement à la réussite d'un collectif. Cela aide à grandir ensemble et à gérer ou accepter l'autre dans sa beauté et ses faiblesses. Gagner en liberté et se déconditionner des croyances issues de la société et de sa famille est en soi un objectif noble et spirituel, qui peut impliquer d'aller à l'encontre de croyances religieuses.

---

85. Abdennour Bidar, « L'absence de spirituel est un problème, pas l'islam », *Le Monde*, 26 octobre 2015.
86. « Spiritualité, esprit, âme, éveil spirituel : définitions et applications pratiques », *Feeling Native* : https://feelingnative.com/spiritualite-esprit-ame-eveil-spirituel-definitions-et-applications-pratiques/

Mais pour que cela fonctionne, chacun doit assumer ses responsabilités :

- Celle de ses émotions et de leur source : continuer de projeter sur les autres ce qui en vérité ne concerne que soi n'aidera pas à construire une société plus juste et plus humaine.
- Celle de ses besoins fondamentaux, non définis par l'extérieur, par le marketing intrusif par exemple.
- Celle de ses choix de vie : regagner sa liberté, c'est ne pas rejeter la responsabilité des conséquences de ses décisions sur les autres ou sur des facteurs externes.

Le collectif de Sainte-Camelle va plus loin encore et travaille le principe de création de réalité, basé sur les implications de la physique quantique dans le champ de la psychologie notamment. Si ce sujet vous interpelle, cherchez et regardez sans préjugés les sept lois dites universelles (mentalisme, correspondance, vibration, polarité, rythme, cause à effet, genre)[87], et creusez par vous-même au regard des recherches menées par des scientifiques essentiellement nord-américains. Eh oui, certaines cultures peuvent avoir moins de freins quant à des notions qui dérangent…

Santé et autonomie

ENJEU

Se donner les meilleures garanties pour traiter les problèmes de santé, sans avoir recours systématiquement aux services publics

Cette dimension est souvent envisagée à partir d'une alimentation saine et de pratiques liées au bien-être ou au développement spirituel, considérées comme une condition de l'équilibre de l'être.

Intégrer une ou des personnes ayant développé des pratiques autour de la santé est un bénéfice évident pour la communauté.

Il existe là aussi de multiples tendances, depuis les simples méthodes de soin jusqu'aux techniques introspectives liées à la psychologie occidentale ou aux enseignements holistiques d'anciennes cultures comme le bouddhisme ou l'ayurvéda.

Si la médecine moderne s'est longtemps opposée aux pratiques ancestrales jugées superstitieuses ou sans confirmation scientifique, l'heure est à une forme de réconciliation. Chaque médecine a des qualités qui peuvent manquer aux autres.

---

87. « Devenez un créateur de réalité ! », *Écovillage Sainte-Camelle* : https://ecovillagestecamelle.fr/les-createurs-de-realite/

Développer des pratiques préventives est une option de bon sens qui pourra vous amener à proposer à la communauté un rituel (méditation, yoga...), à enrichir vos connaissances sur les plantes locales et leurs vertus, ou encore à suggérer des ateliers de bien-être et soins divers.

Il est aussi possible d'envisager de se former aux premiers soins d'urgence de manière à pouvoir gérer toute situation simple sans le recours systématique à un médecin extérieur, ou répondre à une situation plus grave et permettre une évacuation de la personne blessée dans un centre hospitalier proche en ayant pris les mesures nécessaires.

Ces formations sont largement disponibles, à des prix tout à fait abordables, surtout si vous envisagez une formation de groupe.
En médecine réparatrice et d'urgence, les pratiques modernes sont en effet plus efficaces.
Si votre lieu est éloigné, il sera d'autant plus pertinent de constituer une mini-pharmacie, tout au moins pour les usages courants, sans tomber dans l'automédication irraisonnée à base de médicaments chimiques. À moins de disposer d'un médecin au sein de votre collectif, l'emploi de nombreux médicaments sans connaissances peut conduire à des accidents, et leur association sans critère impliquer des risques.

Si vous constituez une pharmacie à disposition de tous, je vous recommande les principes suivants :

- Élaborer un petit règlement d'usage dans lequel vous spécifierez comment remplacer les médicaments utilisés et que faire en cas de constatation de péremption. Y ajouter un cahier de suivi est certainement une bonne idée.
- Classer les médicaments avec des étiquettes pour l'essentiel, concernant leurs usages ou les pathologies correspondantes. Voici un exemple de classification :
  - Peau (crèmes et pommades) ;
  - Douleurs et fièvre ;
  - Appareil digestif ;
  - Appareil respiratoire/trachée, bronches, poumons ;
  - ORL/nez, gorge, oreilles (toux et rhumes) ;
  - Gynécologie ;
  - Blessures (désinfectants et pansements) ;
  - Articles orthopédiques ;
  - Vitamines ;
  - Produits solaires ;
  - Produits antimoustiques ;
  - Allergies ;

  - Homéopathie ;
  - Instruments…
- Mettre hors de portée des enfants l'armoire à pharmacie ou faire en sorte que les produits dangereux soient au plus haut.
- Opter pour un lieu frais.

La mutualité belge Solidaris* propose sur son site bien sympa des étiquettes à imprimer et fournit des indications utiles à l'organisation d'un tel espace[88]. Exemple d'étiquettes inspirées de ce site :

Étiquettes d'usage général des médicaments

Source : Adapté de www.solidaris.be

---

88. « Le Pharmakit, pour gérer et ranger vos médicaments », *Solidaris mutualité* : www.solidaris-liege.be/mutualite/articles/le-pharmakit-pour-gerer-et-ranger-vos-medicaments/le-pharmakit-pour-gerer-et-ranger-vos-medicaments.html#

Avec une suggestion d'étiquette à insérer dans les boîtes de médicaments pour un suivi simplifié :

Étiquettes de précautions d'emploi des médicaments

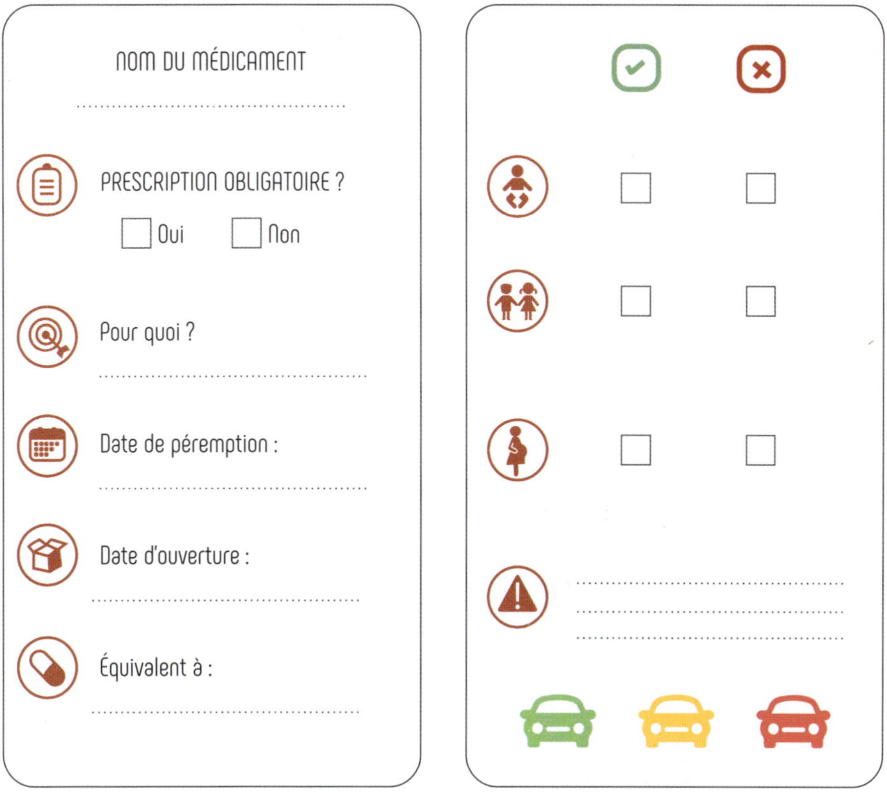

Source : Adapté de www.solidaris.be

Bien évidemment, pour les partisans d'une médecine douce, ces indications peuvent servir à classer des plantes ou remèdes médicinaux. Il faudra alors noter les dates de préparation ou de récolte ainsi que toute autre information utile, comme la recette et le dosage.

Rappelez-vous que c'est souvent dans les pires moments que l'on ne trouve pas ce qu'il faut, faute d'un bon classement.

Méditer pour une élévation de la conscience en collectif.

Partie X

Gouvernance

ENJEU

Définir le mode de décision entre les extrêmes de l'autoritarisme et de la démocratie embourbée, ainsi que les modes d'organisation dans la gestion des tâches

Principes de gouvernance affichés par le collectif des Jardins d'Atyoula.

La gouvernance désigne l'ensemble des règles et des organes de décision mis en place pour assurer le bon fonctionnement de la communauté, depuis la réflexion jusqu'à l'implémentation des décisions. Cela revient à déterminer la manière dont sera distribué le pouvoir, celui de décider de l'avenir du groupe et de son quotidien.
Il s'agit donc d'un aspect à définir au plus tôt de façon à donner un cadre structurant pour la suite. Mais il n'existe pas de réponse arrêtée. Non seulement ces modalités seront adaptées au groupe, à sa sensibilité et à ses besoins, mais elles pourront évoluer dans le temps.

Droit à la parole

Démocratie participative ou raison du Prince

Avant même de discuter des mécanismes de gestion des sous-projets et de la manière de prendre des décisions opérationnelles, il faut établir les grands principes de prise de décision, à savoir combien pèsera la voix de chaque participant selon son statut. Entre les extrêmes de l'autorité unique (pas forcément un seul individu mais le noyau fondateur, par exemple) et de la démocratie absolue qui s'embourbe dans des discussions interminables, il faudra placer le curseur.

Si dans le projet envisagé l'argent n'est plus l'élément structurant mais est relégué à un simple outil nécessaire, cela permettra l'expression libre d'une plus grande part d'individus, s'affranchissant ainsi de l'argent/patrimoine comme mesure de l'importance de chacun. Cette question aura son importance à l'heure où il faudra sortir des fonds pour réaliser les premiers investissements, comme l'achat d'un terrain, car elle formera l'épine dorsale de l'ensemble de votre aventure. Revenir en arrière par la suite pour changer votre mode de fonctionnement ne sera pas aisé tant les habitudes ont la vie dure.

Voici des options envisageables :

- 1 adulte = 1 voix (à vous de définir l'âge adulte).
- 1 famille = 1 voix.
- X % dans la SCI = X % de voix dans les décisions du collectif.

Il est évidemment possible d'intégrer les enfants à partir d'un certain âge, ou par exemple des individus non résidents. Plus qu'un acte pratique, c'est une déclaration de valeur qui vient rompre les paradigmes en place dans une société dominée par les valeurs marchandes et le principe de spéculation. Certains collectifs ont repris l'idée d'un conseil des enfants afin d'initier chez ces derniers une culture de l'écoute et de prendre en considération leurs avis. Auquel cas un poids de représentation dans les réunions générales du collectif peut être alloué à ce conseil.

Le bon sens veut que plus il y aura de personnes impliquées dans la prise d'une décision, plus elle sera assumée par l'ensemble. C'est en partie ce qui fonde les dispositifs rassemblés sous l'expression de démocratie participative.

Dans le monde de l'entreprise, la gouvernance se basait traditionnellement sur la détention d'actions (c'est le modèle dit des *shareholders*). S'est ajoutée plus récemment la gouvernance partenariale ou des *stakeholders*, qui prend en compte les différentes parties prenantes au-delà des simples actionnaires. Dans les deux cas, cependant, est préservée une forme de hiérarchisation des acteurs de l'entreprise.

J'aimerais reprendre mot pour mot la proposition faite par l'Université des Colibris* dans son mooc sur la gouvernance partagée[89] : « Dans une organisation fonctionnant en gouvernance partagée, je me sens pleinement accueilli dans ce que je suis dans toutes mes dimensions : intuitives et rationnelles, émotionnelles et objectives, lumineuses et ombragées, puissantes et vulnérables. Les processus utilisés, les rituels mis en place, les espaces de parole nourrissent une culture collective de l'accueil bienveillant qui m'aide à exprimer de la manière la plus authentique possible ma façon singulière d'être au monde au sein de cette organisation. »

Et reproduire avec l'aimable autorisation de l'Université du Nous* l'illustration suivante, qui synthétise les ingrédients nécessaires à la réussite d'une gouvernance partagée :

89. https://colibris-universite.org/formation/mooc-gouvernance-partagee-2019

Les ingrédients d'une gouvernance partagée

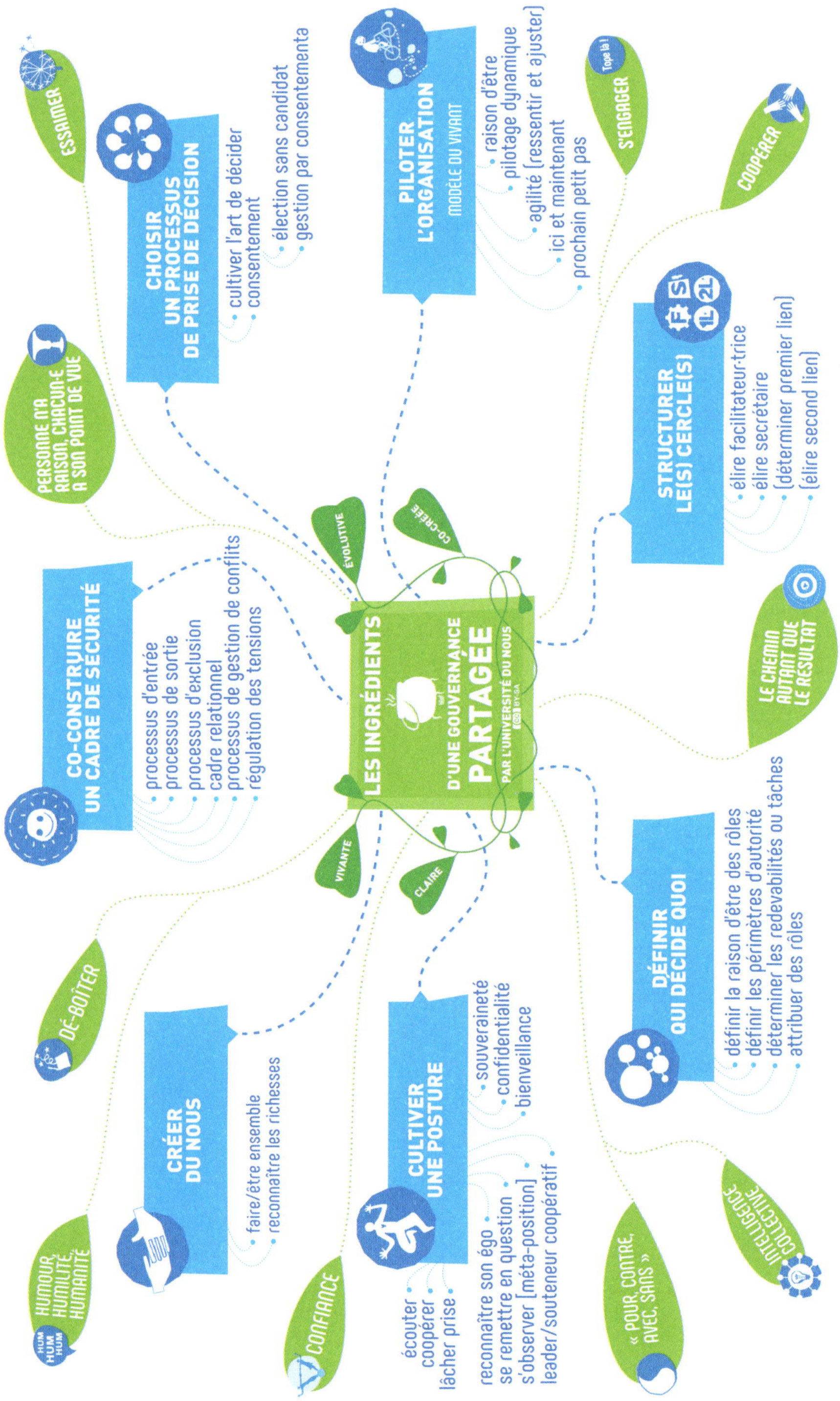

Source : François Piranda – www.universite-du-nous.org (CC BY-SA 4.0).

Consensus ou majorités qualifiées

Savoir si votre voix sera prise en compte et combien elle pèsera est un premier pas. Il s'agit ensuite de définir les principes qui s'appliqueront dans la prise de décision, sachant qu'on peut choisir entre trois grandes modalités : la dictature, le consensus ou les majorités.
Beaucoup de collectifs optent pour le **consensus**, réputé plus démocratique. Ce principe vise non seulement une meilleure qualité d'écoute mais tente de développer un certain niveau de maturation quant aux pratiques de partage de pouvoir, de langage de sincérité et de respect des diversités. C'est donc un exercice de croissance, disons spirituelle, qui requiert de la part des individus une ouverture aux autres et une volonté proactive.

Le site de la revue *Passerelle Éco* nous partage une série d'articles sur la méthode du consensus, à commencer par une fiche pratique qui résume les points essentiels pour assurer l'efficacité de cette approche[90], complétée d'autres articles qui peuvent servir à s'autoformer.
Il nous fournit également la liste des conventions qui doivent être acceptées par les participants[91]. Je me permets de les retranscrire ici, car elles concernent les valeurs qui fondent cette méthode. Dans cette liste, le paragraphe A correspond à ce qui devrait être rappelé en début de réunion et faire l'objet d'une approbation générale. Les éléments des paragraphes B et C peuvent être précisés de temps à autre ou, en cas de non-respect, être rappelés à l'occasion.

Droits des participants et indications
A) Déclaration des droits de chaque participant
- J'ai le droit d'être traité avec respect. Les autres aussi.
- J'ai le droit d'avoir et d'exprimer des opinions et des sentiments. Les autres aussi.
- J'ai le droit d'être écouté et pris au sérieux. Les autres aussi.
- J'ai le droit de dire « non » sans me sentir en faute. Les autres aussi.
- J'ai le droit de demander ce dont j'ai besoin. Les autres aussi.
- J'ai le droit de changer d'opinion. Les autres aussi.

B) Indications pour une communication constructive
- Utiliser des messages « je » de débat constructif.

---

90. Bea Briggs, « Prise de décision et consensus : une fiche pratique », *Passerelle Éco* : www.passerelleco.info/article.php?id_article=87
91. « Dossier : la méthode du consensus (3) », *Passerelle Éco* : www.passerelleco.info/article.php?id_article=85

- Écouter attentivement et vérifier si l'on a vraiment compris ce que les autres voulaient dire, et *vice versa*.
- Faire attention non seulement aux contenus, mais aux sentiments exprimés.
- Distinguer les personnes des problèmes et de leurs actions : éviter d'attribuer des intentions aux autres et de les juger, s'en tenir aux faits et aux comportements.
- Être précis et éviter les généralisations.

C) Indications pour coopérer dans le conflit

- Passer de la vision « moi contre toi » à celle de « nous ».
- Passer de la « prise de position » aux intérêts et besoins en jeu.
- Se concentrer non sur le passé, mais plutôt sur le présent et sur le futur.
- Passer de l'impossible au possible.
- Passer de la culpabilisation à la responsabilisation.

Dans la forme, cette méthode peut utiliser deux formats de réunions : la séance plénière et les ateliers thématiques.

La première a pour vocation de partager l'information, d'identifier les situations à résoudre, de définir le périmètre de travail des ateliers et de valider les propositions qu'ils ont émises (ou de les reformuler si pas de consensus obtenu). Les ateliers permettent justement de traiter les points de divergence qui n'ont pas permis à la séance plénière d'obtenir un consensus. Il sera pertinent d'y inclure les objecteurs avec pour objectif de trouver une solution, quitte à changer les outils d'animation si ceux employés auparavant se sont avérés inefficaces.

L'Université du Nous, encore elle, met gracieusement à disposition d'autres ressources graphiques pour se remémorer les étapes de différents processus[92], comme la gestion par consentement, qui diffère de celle du consensus (voir page suivante).

Le principe des **majorités** peut se substituer à celui du consensus (qui est en quelque sorte une majorité à 100 % ou à l'unanimité), ou le compléter pour certaines situations de blocage. Il a le mérite d'être plus rapide mais peut générer à terme plus de frustrations. Celles-ci pouvant s'exprimer dans le temps de manière violente et inattendue, il est important d'imaginer des mécanismes pour les gérer par anticipation.

---

92. « Nos ressources pour découvrir et pratiquer la gouvernance partagée et l'intelligence collective », *Hum !* : https://hum-hum-hum.fr/gouvernance-partagee-ressources

La gestion par consentement

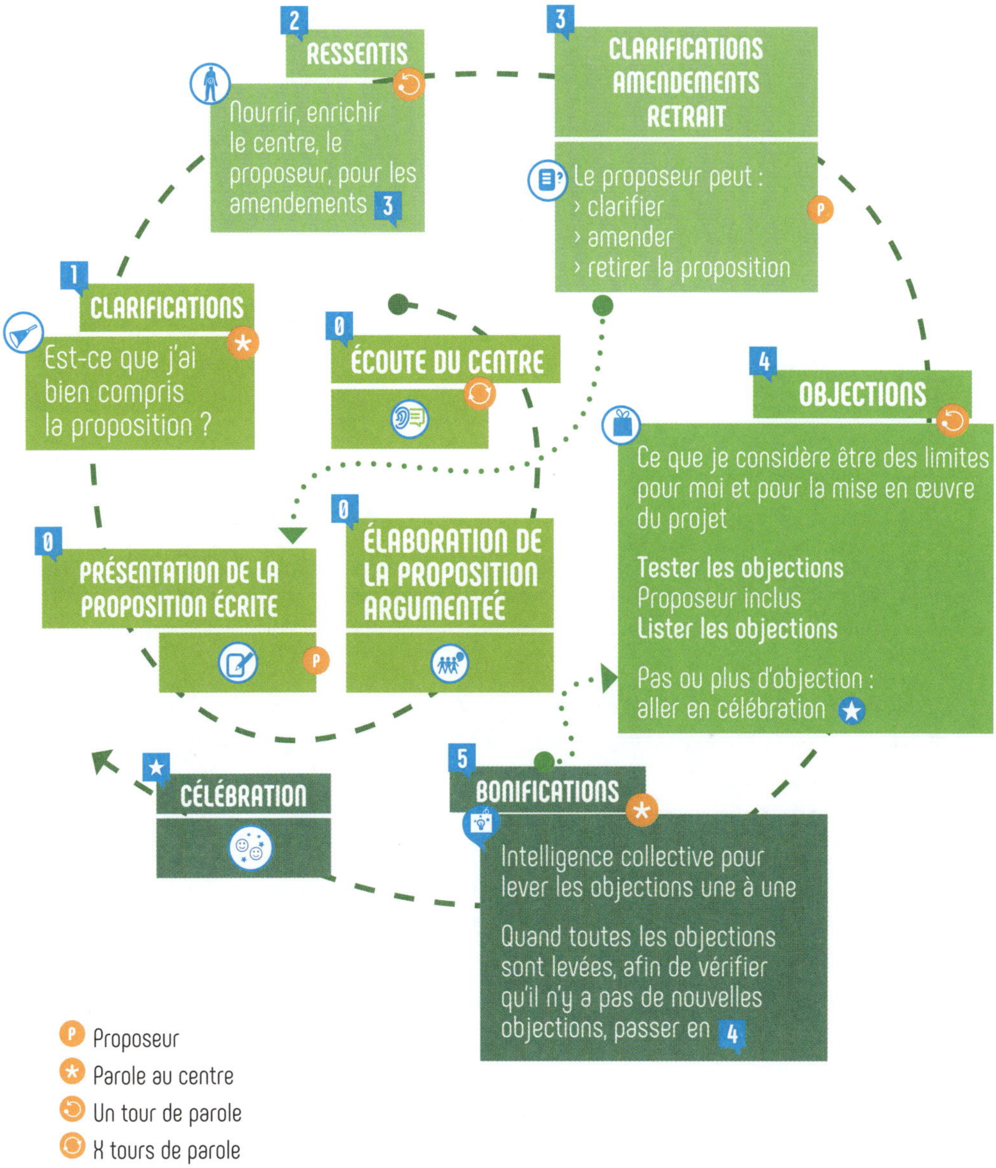

Source : www.universite-du-nous.org (CC BY-SA 4.0).

Les majorités

Majorité simple : le choix qui emporte le plus de voix (donc, même si cela n'atteint pas la moitié des votants).
Majorité absolue : 50 % + 1 voix.
Majorité qualifiée : selon un pourcentage fixé à l'avance (ex. : 75 % des voix).
Unanimité : 100 %.

Nota :
Quorum = les personnes présentes ou représentées.
Préciser dans les statuts le traitement des **votes blancs**, **votes nuls** et **abstentions**.

Une manière d'intégrer les outils de décision par majorité est de considérer leur emploi en cas de défaillance du consensus sur un sujet primordial. Pour cela, il peut être intéressant de classer les décisions par catégories, en fonction de l'impact qu'elles peuvent avoir sur les personnes.
Exemples à adapter selon les circonstances et le niveau considéré des dépenses :

- Vie courante : majorité à 75 %.
- Décision de dépense de maintenance : 75 %.
- Décision de dépense d'investissement lourd : 100 %.
- Décision d'intégration de nouveaux résidents : 100 %.
- Décision de révision des statuts et règlements : 100 %.

Sans expérience, le choix de principes de gouvernance peut sembler rébarbatif. Le site Gouvernance intégrative* partage un schéma rendant plus intelligibles 15 manières de prendre des décisions. Il vous propose par ailleurs ses services pour vous accompagner dans l'élaboration d'une gouvernance à votre mesure.

Parlons sociocratie et holacratie

Ces deux termes font partie du vocabulaire de tout écovillageois et sont des options de gouvernance partagée. Mais avant même de les définir, voyons ce qui les distingue.

La sociocratie est un concept d'organisation bien antérieur à celui de l'holacratie. De fait, le terme fut pour la première fois employé par le philosophe et sociologue Auguste Comte en 1851. Il est repris ensuite par un ingénieur

et entrepreneur hollandais, Gerard Endenburg, qui pose les bases à partir de 1970 de la méthode sociocratique de gouvernance.
Quant à l'holacratie, il s'agit avant tout d'un terme breveté – Holacracy® – qui fait appel à un package clé en mains de mesures de réorganisation d'entreprise proposé par l'entreprise de services HolacracyOne créée par Brian Robertson… et qui se résume à grands traits en un dérivé marketing des principes de la sociocratie, usant d'un vocabulaire renouvelé. Cela ne retire en rien l'intérêt du concept, mais il me semble important de le mentionner pour ne pas s'emballer autour de la terminologie.
Le magazine *N'Go* d'avril 2012 fournit d'amples explications sur ce sujet[93], et le consultant Bernard-Marie Chiquet nous partage sous forme de bande dessinée les principes de l'holacratie[94].

La sociocratie s'oppose avant tout à l'autocratie et à la démocratie participative et à leurs dérives respectives. Elle se base sur quelques règles simples qu'il conviendra d'ajuster au contexte :

- La prise de décision se fait par consentement, y compris au principe qu'une décision ne sera pas prise par consentement.
- L'organisation est découpée en cercles fonctionnels au sein desquels et entre lesquels les décisions sont prises par consentement. Chaque cercle est libre de définir sa mission, son organisation interne et ses modalités de fonctionnement.
- La coordination nécessaire se fait au moyen de cercles supérieurs qui se connectent avec les cercles inférieurs au travers d'une personne commune aux deux.
- L'élection d'une personne à une fonction se fait sans présentation de candidature mais par consentement après discussion au sein d'un cercle.

D'une certaine façon, la sociocratie maintient un certain réalisme en prétendant à travers ces mécanismes faire plus avec « plus ou moins », en acceptant de procéder par essais et erreurs mais avec un cap clairement défini.

Sa nature est organique, changeante et adaptable en fonction des contraintes externes. Elle permet donc une souplesse que n'ont pas des modèles extrêmement hiérarchisés, où la crainte de perdre son emploi peut amener à des décisions non rationnelles.

---

93. « Sociocratie : la puissance de la participation », *N'Go*, avril 2012, p. 32-33 : http://echoscommunication.org/wp-content/uploads/2014/10/outil_ngo01_hd.jpg
94. Bernard-Marie Chiquet et Étienne Appert, *Une nouvelle technologie managériale : l'holacracy*, iGi Partners, 2013. Disponible en ligne sur https://labdsurlholacracy.com

Voyez l'exemple de l'association Respects, engagée dans le changement de société, dont les différents cercles de travail sont illustrés ci-dessous :

Schéma de principe de l'organisation sociocratique de l'association Respects

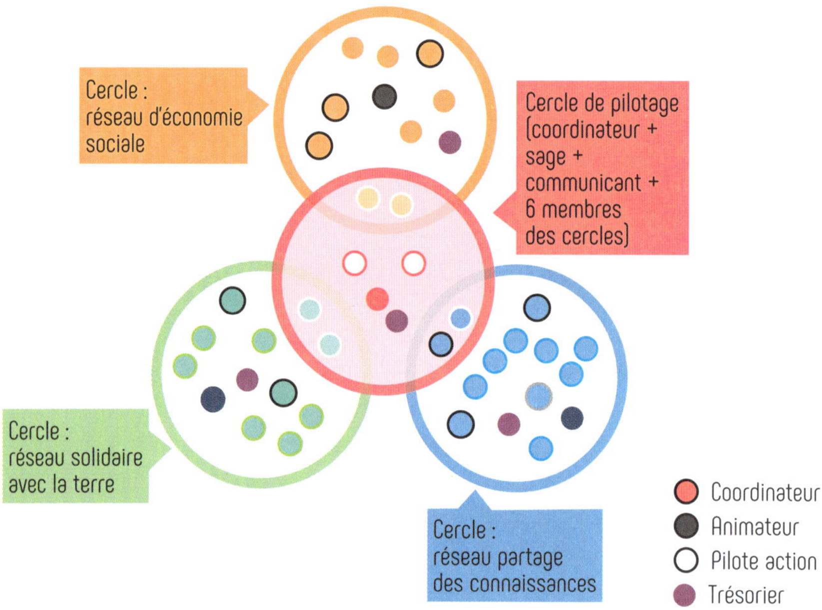

Tout membre de l'association appartient au moins à un cercle.
Un cercle est une structure semi-autonome qui prend les décisions dans son domaine d'activité ; chaque cercle définit sa mission dans le cadre de la vision générale de l'association (objectifs, mise en œuvre, qualité...).

Source : www.respects.fr

Le processus sociocratique se base sur le principe de générer des débats avant la décision finale jusqu'à réduire les objections et emporter l'adhésion des membres (on retrouve donc l'idée du consensus). Cette méthode par nature plus participative a toutefois l'inconvénient de consommer du temps.
Comme expliqué p. 174, les votes par majorité, qui peuvent alors être employés, sont plus rapides mais impliquent une plus grande frustration lorsque des avis sont écartés, et peuvent aboutir à des désistements.

L'écohameau du Plessis a choisi de gérer son association par le biais d'un comité de pilotage constitué de plusieurs personnes élues en suivant le principe de l'« élection sans candidat ». En parallèle, des groupes de travail ont été créés en fonction des besoins. Les grandes décisions, prises au consentement, sont restées cependant du périmètre de la plénière pour que chaque membre puisse y participer. Cette organisation suit donc les principes de la sociocratie. Avec l'extension du groupe, le collectif envisage de faire évoluer sa gouvernance afin de confier un périmètre croissant de responsabilité à des pôles (bâtiments communs, jardins…).

Sophocratie

Il ne faut pas s'emballer : si la sociocratie vous a semblé novatrice, sachez que le monde avance encore plus vite, et voilà la sophocratie qui pointe le bout de son nez dans le management des organisations. Allez, cadeau : le manuel est en téléchargement sur le site du projet Etiks[95].

La sophocratie se propose de transcender la sociocratie et l'holacratie en incluant dans sa gestion intégrale les egos de ses membres « hyper-individualistes sans recourir à des méthodes autoritaires ou rigides », et sans rejeter abruptement une certaine hiérarchie. Voici les cinq principes que mentionne ce modèle de gouvernance :

- Un système de transcendance et de supervision des egos.
- Un système de pilotage agile.
- Une structure d'autonomie/communion.
- Un écosystème d'applications et d'outils.
- Un modèle de développement partenarial et collaboratif.

Difficultés de l'exercice

Mettre en pratique la démocratie est un exercice sans doute plus ardu qu'imposer un seul point de vue.
Les complications ne manqueront pas : Comment charger quelqu'un de responsabilités dont personne ne veut ? Comment responsabiliser quelqu'un qui ne s'implique pas ? C'est la hantise de tout leader de projet : dès qu'il y a une tâche peu passionnante mais nécessaire à mener, tout d'un coup plus personne n'est présent.

95. Éric Allodi et Vincent Drouot, *Sophocratie : l'entreprise éveillée*, Integral Vision, 2014 : https://bible.etiks.ch/docs/manuel_sophocratie.pdf

Il existe un certain nombre d'éléments pour qu'une personne en charge d'une tâche soit autonome :

- Pour commencer, formuler correctement les attentes du groupe concernant la tâche, quitte à les faire reformuler par la personne qui en sera responsable.
- Définir clairement les objectifs (que le groupe devrait pouvoir mesurer concrètement) et les moyens mis à disposition (budget, liberté de décision, temps à consacrer, aide d'autres membres).
- Confirmer la confiance du groupe envers la personne (surtout si tous ont validé sa nomination).
- Ne pas harceler la personne lors de son activité.
- Soutenir la personne dans ses difficultés.
- Faire un suivi à dates convenues.

Pour autant, il ne faut pas confondre le lâcher-prise et la démission du groupe. La responsabilité de la réalisation de la tâche incombe avant tout à son exécutant, mais aussi au groupe. Il est souvent confortable de se désintéresser des avancées d'une tâche et de tomber à bras raccourcis sur la personne lorsque rien n'avance. La confiance accordée au responsable ne s'oppose pas à un suivi par le groupe, nécessaire pour valoriser le travail de cette personne.

Le mot-clé ici est « clarté ». Plus vous en apporterez, mieux la personne saura dans quelles eaux se mouvoir sans s'attirer les foudres du groupe.

Un autre écueil commun est la parole démocratiquement partagée entre experts et non-experts sur un sujet technique. La discussion peut perdre en efficacité si des questions d'orgueil viennent contaminer un débat éclairé et bien intentionné – qu'il s'agisse d'un individu qui insiste pour défendre son point de vue mal renseigné ou d'un expert qui voit là l'opportunité de gagner en influence. Les principes démocratiques sont alors défaillants.

Parmi les méthodes œuvrant à minimiser ce genre de problème, il y a la formation. Partager un certain savoir avec le groupe permettra de stimuler l'intelligence collective. Et à terme de prendre de meilleures décisions, non seulement souvent plus efficaces, mais adoptées à la grande majorité.

Ne nous faisons pas non plus d'illusions : il n'existe pas de système totalement démocratique et des jeux de pouvoir seront forcément à l'œuvre au sein de votre projet. Ce n'est pas négatif, loin de là, car c'est aussi ainsi que peut se dégager un leader, capable d'entraîner le groupe vers un horizon. Il n'est sans doute pas sain de souhaiter uniformiser les rôles et apports de chacun. Une stratégie peut donc consister à rendre visible cet aspect plutôt que de le laisser agir dans l'ombre.

Il existe d'autres limites à ces pratiques, par exemple la taille critique : « Les régulations collectives semblent parfois délicates dans des petits groupes dominés par des relations affectives interpersonnelles. *A contrario*, une taille trop importante rendrait sans doute plus difficile une participation pleine et équilibrée[96]. »

Organes de gouvernance

ENJEU — Donner de la lisibilité aux organes décisionnaires

Nous avons vu qui pouvait se prononcer et quelle importance était donnée à leur voix. L'objectif suivant est de désigner l'organisation qui portera ces voix. S'exprimer au sein de l'organe qui gère la SCI n'est pas la même chose que le faire au sein de la plénière qui gère la répartition des tâches.

Dans le cadre des associations, on retrouve souvent des organes de gouvernance, comme l'assemblée générale (AG), le conseil d'administration (CA), un comité exécutif ou plusieurs instances destinées à gérer certains domaines plus spécifiques. Il s'agit là de structures relativement figées dans leur définition juridique. Et vous aurez sans doute à en constituer selon le statut juridique choisi.
Mais nous l'avons vu, il est intéressant de se référer à des modèles de gouvernance comme ceux des systèmes holacratiques inspirés de l'organisation de la vie naturelle. Autrement dit, une structure figée doublée de commissions non pérennes, constituées dans un but précis avec une échéance définie, peut être une stratégie gagnante qui de surcroît permettra d'intégrer régulièrement l'ensemble des membres du groupe.

Ces organes de gouvernance, même dans le cas de petits collectifs, donneront une ossature au groupe et rassureront les nouveaux entrants. À moins de prôner l'anomie… Car même l'anarchisme ne rejette pas les lois et se plie à une certaine organisation sociale, sous la forme d'une autogestion où la domination des uns sur les autres est bannie.

Pour apporter un peu de poésie à cet écosystème sévère, je vous invite à imaginer des petits noms pour ces organes décisionnels…

96. Michel Broutin, *Voyage en terre méconnue. 40 années d'habitats groupés*, Éco Habitat Groupé, 2014.

Auto-évaluation

ENJEU

Favoriser l'autocritique constructive

Mettre en place une méthode d'auto-évaluation régulière afin de mesurer l'évolution de la viabilité du projet communautaire est une manière de ne pas s'endormir sur ses lauriers et de garder une certaine vigilance. Pour cela, il faut disposer d'indicateurs pouvant alerter sur les dérives du projet ou sur les risques de dégradation de la communauté.
Le GEN a réalisé un excellent document à ce sujet[97], disponible sur le site de l'association Smala*.

Leadership

ENJEU

Favoriser le rôle de meneur éclairé

A-t-on besoin d'un leader ? Pourquoi lui et pas moi ? Suis-je prêt à assumer ce que cela implique ?
Intuitivement, et notre histoire semble le démontrer, les humains ont besoin de suivre un leader. D'autant plus que notre nature nous pousse à ne pas en faire trop.
D'un autre point de vue, certaines situations (en cas de danger imminent, par exemple) méritent que les décisions soient imposées par un seul individu, évitant la cacophonie et la confusion des directives.
Mais sans penser à ces situations extrêmes, même dans une démocratie participative il faut souvent un meneur pour assumer une direction et permettre la cohésion du groupe.
Toute la question repose donc sur le besoin et la légitimité d'un leadership.

Hakim Bey, anarchiste ontologique nord-américain, écrit dans *TAZ – Zone autonome temporaire* que « de nombreuses communes ont échoué en partie parce qu'elles étaient tellement anarchistes qu'elles n'avaient aucun leader, et à la fin personne pour faire la vaisselle ».

---

97. Réseau des écovillages mondial (GEN), *Évaluation sur la viabilité d'une communauté (EVC)* : www.lasmala.org/wp-content/uploads/evc.pdf

S'agissant de projets collectifs avec l'ambition clairement énoncée de laisser s'exprimer l'intelligence collective, les mécanismes de prise de décision où la majorité si ce n'est l'unanimité s'exprime sont privilégiés. Les projets ainsi décidés en communauté pourront alors être menés par des leaders qui connaîtront les limites de leur exercice et surtout de leur pouvoir de décision. Ils pourront ensuite rendre des comptes à l'ensemble des membres suivant les modalités décidées initialement. C'est la forme de direction mise en avant dans les systèmes sociocratiques, où le leadership est réparti entre plusieurs individus à tour de rôle. Cette dilution du pouvoir permet notamment d'éliminer un autoritarisme aveugle fait de décisions non éclairées, car personne n'est à même de disposer de toutes les connaissances sur tous les sujets. Ou simplement d'éviter le goulot d'étranglement que peut impliquer une nécessaire prise de décision par un unique individu sur un sujet complexe.
Tout le monde n'est pas pour autant né pour être LE leader, mais les qualités requises peuvent être en grande partie développées. On parle ici de personnes aptes à mener à bien une activité, et pas forcément de leaders charismatiques capables d'amener un bataillon au massacre.
Si vous avez besoin d'un petit guide des styles de leaderships, consultez Hersey et Blanchard[98].

Parmi les qualités attendues d'un meneur, il faudra compter sur ses capacités non seulement à écouter et motiver le groupe, mais aussi à valoriser les apports de chacun. Source de satisfaction pour la personne qui reçoit ces propos, mais aussi moteur pour une plus grande implication dans des activités futures. C'est en déléguant certaines tâches que le leader pourra apprécier ces apports. Sans cette confiance, cette dynamique ne pourra se créer.

Il peut être bénéfique, si l'état d'esprit du groupe s'y prête, de mettre en place une forme d'évaluation des leaders élus pour une activité. Et par conséquent d'envisager une manière de révocation si le groupe estime que la tâche n'a pas été menée de manière satisfaisante.

Il existe une qualité chez le leader qui est particulièrement appréciable dans un projet aussi ambitieux que l'écovillage, c'est sa capacité à envisager la **complexité**. Autrement dit, à disposer d'une **vision systémique** capable de discerner des interconnexions multiples là où en général la plupart ne voient qu'au mieux des liens linéaires.

98. Antonin Gaunand, « Les styles de leadership selon Hersey et Blanchard » : www.antonin-gaunand.com/leadership/les-styles-de-leadership-selon-hersey-et-blanchard/

Pour approfondir ce sujet, vous pouvez consulter un article d'Everlaab sur l'étude des systèmes complexes[99].

Dynamique de groupe

ENJEU — Favoriser l'intelligence collective

La définition de l'intelligence collective proposée par Jean-François Noubel – entrepreneur (co-fondateur notamment de la filiale française de la société américaine de services Internet AOL) et animateur de séminaires à travers le monde –, c'est « la capacité d'un groupe de personnes à collaborer pour formuler son propre avenir et y parvenir en contexte complexe[100] ».

Ces dernières années ont vu naître un nombre important de méthodes d'animation de projets. Celles qui nous intéressent ici sont les méthodes axées sur l'intelligence collective, car l'on sait que 1 + 1 + 1 font plus que 3 et que mobiliser la somme des membres du groupe s'avérera très fructueux.

Vous avez peut-être entendu parler de cette expérience où l'on invite un groupe de personnes à repérer dans une pièce en un temps déterminé, parmi plusieurs ballons, celui qui porte leur nom, ce qui en général mène à un échec car toutes n'y parviennent pas ; en revanche, si on leur demande de donner le ballon à la personne dont il porte le nom… le résultat est forcément plus évident. Cela illustre l'importance de la collaboration.

La pratique de **ludification** – ***gamification***, dans sa version anglophone – utilise les mécanismes du jeu pour renforcer une démarche didactique. Pour ceux qui souhaitent décrypter les dynamiques de groupe et canaliser les énergies, un jeu de cartes, à télécharger sur le site Dynamiques de groupe*, aide à mieux appréhender les rouages d'une bonne gestion du collectif et à rendre ces moments plus productifs et moins ennuyeux.

---

99. « Approche systémique : l'art d'étudier des sujets complexes », *Everlaab* : https://everlaab.com/approche-systemique/

100. Jean-François Noubel, *Intelligence collective : la révolution invisible*, Noubel.com, 2013 : https://noubel.com/wp-content/uploads/Intelligence_Collective_La_Revolution_Invisible_JFNoubel_Livre.pdf

Parmi les mécanismes qui peuvent affecter la dynamique de groupe, on trouvera des réactions individuelles, décrites par le psychiatre Wilfred Bion en 1965. Il parle de « groupes de base » pour définir les états émotionnels dans lesquels peuvent se cloîtrer les individus face à l'animateur. Ils obéissent à trois modèles de comportement[101] :

- **Couplage** : des sous-groupes ou des « couples » se forment sur la base d'une certaine complicité, souvent en début de session, réaction inconsciente du groupe dans l'attente d'un leader capable de lui donner forme, de l'unir.
- **Dépendance** : le groupe se forge l'idée inconsciente que le leader va l'alimenter pour la réflexion à venir. Cette attente, si elle est comblée et assumée par l'animateur, peut mener à un semblant de fonctionnement du groupe, qui aboutira à une divagation et non une implication dans des questions concrètes. Si l'animateur n'entre pas dans le jeu, il risque en revanche de générer des frustrations et un sentiment d'abandon.
- **Attaque** ou **fuite** : la désertion de l'animateur qui refuse d'entrer dans un mécanisme de dépendance peut susciter un sentiment d'abandon, d'insécurité, qui en retour génère de la part du groupe une réaction agressive ou de fuite.

Si l'on détecte l'un de ces états émotionnels, il faut le contrebalancer en s'appuyant sur les autres mécanismes. Tout cela est affaire de subtilité, d'écoute et d'analyse rapide. Rien de moins évident !

Dans l'animation de groupe, il faut prendre conscience des fonctions à assurer pour rendre ces sessions productives et ainsi ne pas générer de frustration :

- **Production** : ce sont tous les échanges et interactions qui permettront d'aboutir à un résultat concret.
- **Facilitation** : c'est l'huile dans les rouages, qui contribue à rendre fluide le processus de travail du groupe. Notamment :
  - un énoncé initial comportant les objectifs et la méthode ;
  - un recentrage pour éviter de sortir du sujet ;
  - un partage de la parole afin de ne laisser personne de côté ;
  - une reformulation, finale ou intermédiaire, pour synthétiser et s'assurer de la bonne compréhension de la conclusion.
- **Régulation** : à ne pas confondre avec la facilitation, elle a pour objectif de gérer les situations émotionnelles qui mettraient en péril le travail du groupe. Cela peut consister en un temps de parenthèse pour laisser s'exprimer des ressentis significatifs avant de reprendre le cours normal de la réunion.

---

101. *Cf.* Philippe Chevetzoff, « Méthodologie de conduite de groupe dans la perspective de l'Arip/Transition », *Connexions*, n° 104, 2015, p. 19-34 : www.cairn.info/revue-connexions-2015-2-page-19.htm

J'aborde plus loin (p. 208) la question du nombre d'adhérents dans un collectif. Mais lisez l'article de la Fondation Internet nouvelle génération sur l'influence de ce nombre dans la gestion d'un groupe[102]. La connaissance de ces dynamiques vous permettra de mieux appréhender des comportements qui pourraient vous sembler destructeurs.

Outils de gestion de groupe

ENJEU

Maîtriser les rouages de l'animation de groupe pour prendre des décisions efficaces et réalistes, sans s'éterniser dans des réunions insipides

« Si la guerre est une résolution de conflit, la paix n'est pas une absence de conflit, mais plutôt une capacité à résoudre un conflit sans violence », nous dit C.T. Lawrence Butler dans *On Conflict and Consensus*.

Gérer les conflits dans un groupe est un aspect fondamental. Mais cela ne signifie pas pour autant qu'il faille les éluder en se contentant d'un cessez-le-feu. La confrontation révèle un malaise à l'origine du conflit. L'ignorer n'évitera pas qu'il se reproduise. Il faut donc que les parties prenantes le transcendent, l'expriment et gèrent sa résolution.
Je vous invite à lire un article du journal *La Croix* qui traite des conflits au sein des communautés religieuses[103] pour constater que ces questions touchent tout le monde et que les sous-estimer n'est pas une stratégie viable.

Cercles de parole

Les cercles de parole sont des espaces qui permettent l'expression libre, respectée et écoutée de chacun de leurs membres. Ils ont donc une fonction préventive pour désamorcer des malaises qui s'alimenteraient avec le temps de non-dits et de frustrations.
Le fait d'être écouté avec sympathie et empathie par tout un groupe renforce notre propre écoute interne et libère ainsi la parole avec plus de confiance et de clarté.

---

102. http://ic.fing.org/texts/taille-du-groupe
103. Céline Hoyeau, « Petites misères de la vie en communauté », *La Croix*, 17 juin 2011 : www.la-croix.com/Religion/Actualite/Petites-miseres-de-la-vie-en-communaute-_NG_-2011-06-17-645650

Cela a donc une fonction thérapeutique bénéfique pour chacun, mais aussi pour l'équilibre du groupe. En effet, cela amène à se rendre vulnérable face aux autres et en retour à se rendre sensible aux problèmes d'autrui, et ainsi à cultiver l'amour.

Il existe un certain nombre de principes à respecter ainsi que des règles à instaurer pour que ces cercles exercent leur potentiel régulateur.
Cela peut commencer par un lieu « sacralisé » où l'on rappelle dès le début les principes de la réunion, en commençant par exemple par un « souvenez-vous qu'ici, nous nous engageons à ne pas divulguer à l'extérieur les propos de chaque participant ».
Les principes qui gouvernent ces cercles sont :

- Pas d'ordre du jour ni d'objectif précis, chacun est libre d'amener le sujet qui lui importe.
- Pas de rôle prédéterminé ni de rapport hiérarchique, le groupe s'organise comme il l'entend sans consigne spécifique.
- L'écoute est totale, autrement dit les participants ne vaquent pas à d'autres occupations (téléphones portables interdits) et n'interrompent pas.
- Le comportement de chacun est bienveillant et ne manifeste pas de désapprobation violente ou de mépris.
- La parole n'est pas accaparée et elle circule dans le sens choisi autour de la table. Certains utilisent un bâton ou tout autre objet pour symboliser la transmission du droit de parole. Rien n'oblige un participant à s'exprimer et il peut très bien passer ce droit à son voisin sans justifier de son droit au silence.
- Fixer au préalable une limite de temps à la réunion (2 heures, c'est déjà bien) et pour la taille du groupe (on recommande un maximum de 10 à 12 personnes).
- Inviter les participants à une certaine concision pour ne pas accaparer le temps de parole.
- Ponctualité pour débuter la réunion et interdiction de s'absenter, sauf évidemment en cas d'urgence.

Quant au déroulé de ce type de réunion, il est suggéré de procéder à un premier tour de parole consistant en des présentations individuelles si cela s'avère nécessaire.
Le second tour est destiné à la présentation des sujets, quels qu'ils soient, qui préoccupent ou importent à la personne ayant la parole.
On reprend ensuite la tournée pour approfondir. Chacun de nouveau prend la parole et détaille un peu plus son sujet. Une fois celui-ci exposé, chacun s'exprime sur la question, partageant avis, conseils, critiques constructives…

Il existe une variante que je trouve très pragmatique, c'est le ***fishbowl*** – le « bocal à poissons » –, qui utilise deux cercles, un extérieur entourant le principal au centre. Le groupe occupant les chaises centrales débat du sujet à traiter mais dispose d'une chaise vacante qu'un membre du groupe excentré peut à tout moment accaparer s'il souhaite intervenir dans la discussion.
Cette méthode a pour principal avantage de ne pas mobiliser toutes les énergies mais de permettre à qui le juge pertinent d'entrer dans la discussion au même titre que n'importe quelle autre personne, sans distinction hiérarchique.

Mécanisme du *fishbowl*, méthode de partage de la parole autour d'un sujet

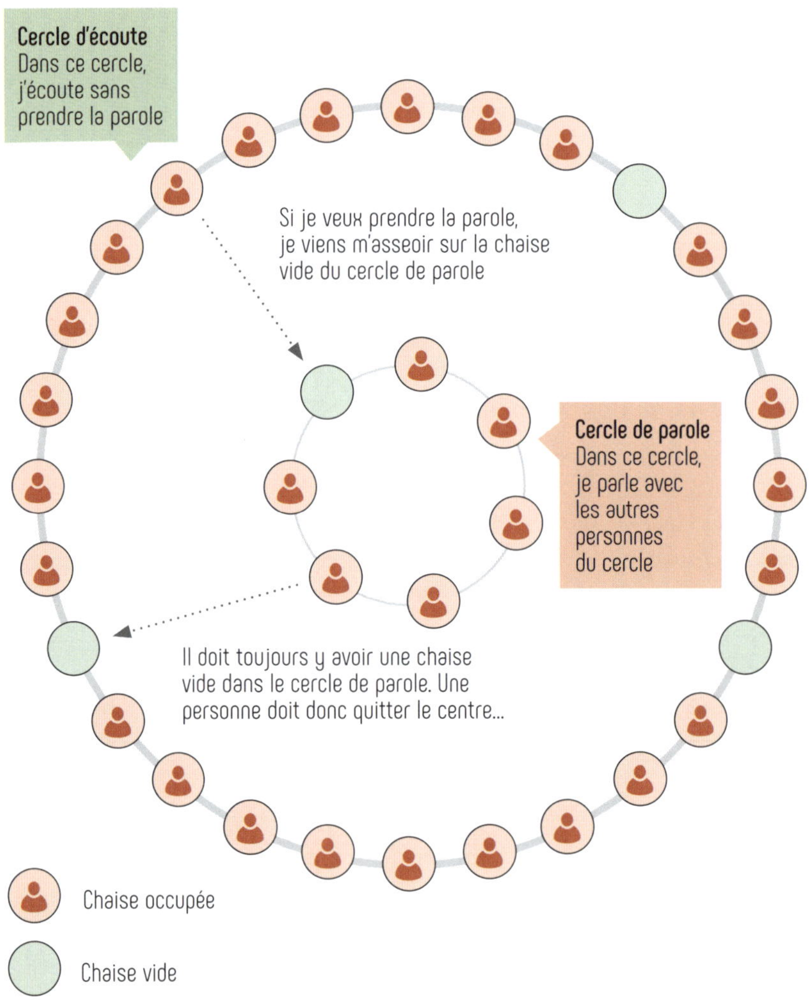

Source : Adapté de https://cooptic.be/

Méthode des cinq « pourquoi »

Face à un problème, le réflexe est de se demander pourquoi celui-ci, précisément, s'est présenté... Le principe très simple de cette méthode consiste à se poser cette question au moins cinq fois de suite, à la mode des enfants qui les enchaînent, pour saisir le sujet en profondeur.

Les cinq « pourquoi »

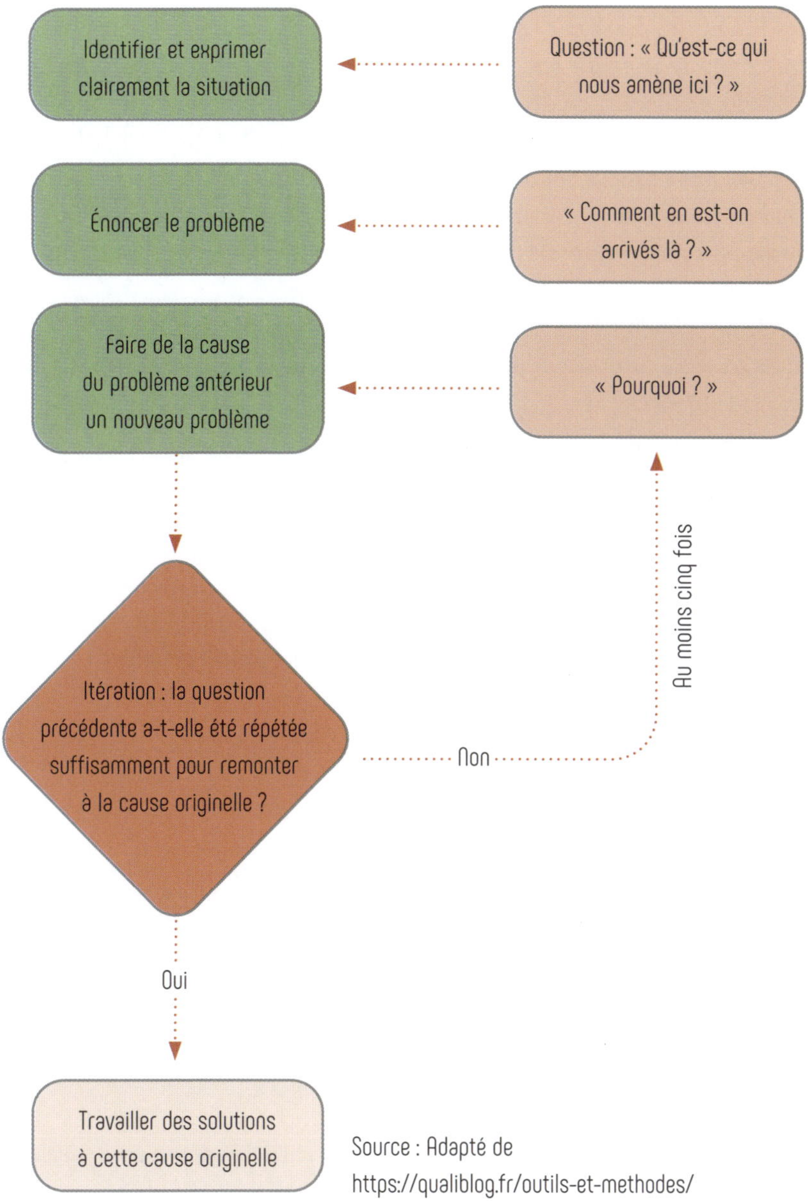

Source : Adapté de https://qualiblog.fr/outils-et-methodes/

Toutefois, les causes pourraient ne pas être complètement identifiées et cette situation biaiserait l'exercice. Afin de pallier cet inconvénient, on ajoute le principe des cinq « M » : main-d'œuvre, moyen, méthode, matière, milieu. Et on précise les questions en se demandant s'il y a des causes qui concernent chacun de ces cinq aspects.

Communication non violente (CNV)

Il s'agit d'une technique de communication adaptée notamment à la gestion de conflit, et qui passe par l'expression du malaise, en mode bienveillant. Cela permet de faire ressortir les griefs, mais surtout d'en donner un éclairage, qui bien souvent amène à en découvrir l'origine chez le plaignant lui-même, pour des raisons de besoins inconscients non assouvis.
Cela passe par plusieurs phases, résumées par le sigle « OSBD » :

- Phase 1 : **o**bserver – exprimer la situation de la manière la plus objective.
- Phase 2 : **s**entir – faire s'exprimer les émotions nées de cette situation. C'est une étape subjective et très personnelle.
- Phase 3 : mes **b**esoins – partager mes besoins, et en particulier ceux non assouvis dans cette situation. Des règles préétablies par le collectif ont-elles été transgressées ?
- Phase 4 : mes **d**emandes – exprimer mes demandes de manière concrète, réaliste et positive.

Dans cette communication empathique, on vise à concilier les points de vue, percevoir les dimensions personnelles, relativiser la perception de la situation et obtenir une forme de résolution qui satisfasse les besoins de chacun.
Pour vous former, je vous conseille un jeu de cartes élaboré par Muriel Hemelsoet et Jean-Philippe Faure, et qu'ils ont la gentillesse de partager gratuitement sur leur site[104].

À noter toutefois que certains médiateurs considèrent que la CNV n'est pas d'un emploi idéal pour des lieux où les gens vivent ensemble, autrement dit les écovillages. Elle peut en effet mener à une certaine forme d'exaspération. Soyez donc vigilent quant à son emploi abusif.

---

104. Muriel Hemelsoet et Jean-Philippe Faure, « Jeu de questions pour sensibiliser à la CNV », *La Voie de l'écoute* : www.voie-de-l-ecoute.com/jeu-cnv.html

Roue des émotions

Nous avons déjà abordé le thème des peurs, parmi les émotions qui peuvent constituer un frein important au moment de se lancer dans un projet concret.

Il sera bien utile d'identifier les émotions qui animent vos compagnons, car celles-ci pourraient entraîner des réactions irrationnelles, sapant le moral du groupe, ou bien au contraire amener un enthousiasme contagieux, bénéfique et donc à cultiver.
La première étape consiste à mettre le mot idoine sur l'émotion éprouvée. Pour cela, je vous recommande les outils créés par des membres de l'association L'Autrement Dit, roues didactiques pour jeunes et adultes, aidant à identifier ces émotions[105].

Roues des émotions de L'Autrement Dit.

Considérez les émotions comme une soupape de sécurité qu'emploie le corps pour évacuer ce qui génère une pression interne malsaine, afin de ne pas passer au stade de la maladie. Vu ainsi, vous comprendrez l'importance de ne pas les refouler mais d'adopter d'autres réflexes.

105. https://lautrementdit.net/fiche-technique

Mandala holistique

Le mandala, sans doute en raison de sa forme, est une façon d'organiser les idées du groupe de manière moins « carrée ». Cet outil, constitué en général de trois ou quatre cercles concentriques, est notamment utile en début de projet pour structurer la proposition.
On partira, au centre du mandala, des valeurs et de l'éthique qui sous-tendent le projet. Chacun pourra préciser ce qui lui importe afin que le groupe s'approprie à la fin de cette phase de conversation l'ensemble des valeurs de ce collectif naissant.
Le deuxième cercle rassemble les principes et attitudes. Il s'agit le plus souvent de verbes à l'infinitif invitant à l'action.
Puis vient le cercle des stratégies, celui qui va dessiner les sous-projets.
Enfin le quatrième cercle, pragmatique, regroupe les actions à mener, voire les techniques à employer.

Modèle de mandala holistique

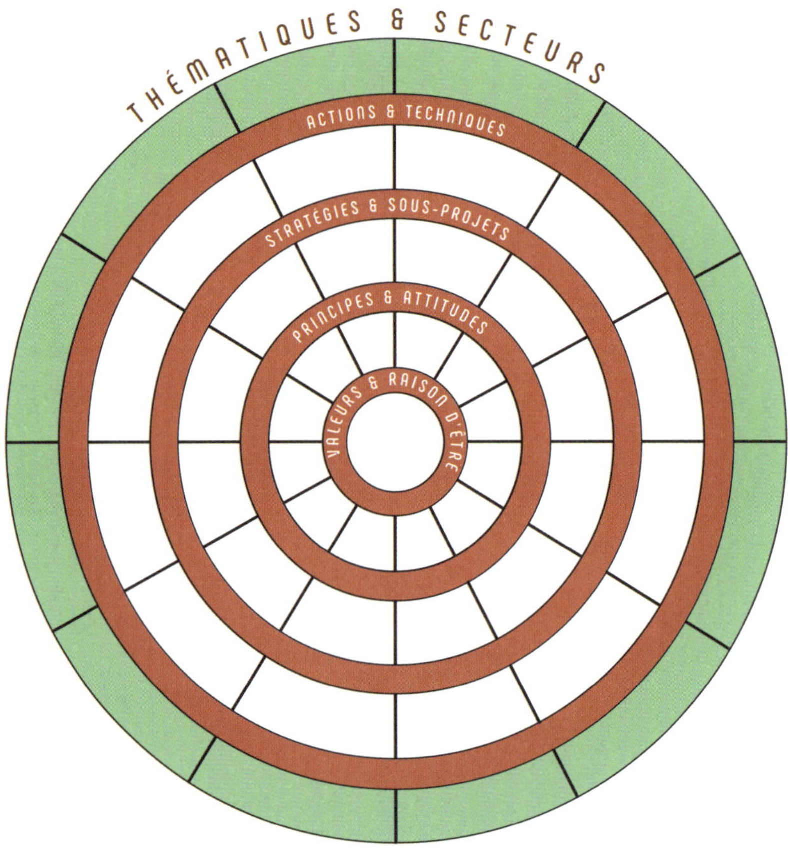

Concrètement, les membres du groupe pourront faire des propositions pour chaque section au moyen de post-it.
Une fois les propositions de chaque membre placées dans les cercles, l'étape suivante consistera à les valider ou les rejeter afin d'arriver à une perception consensuelle.
Les textes rejetés par le groupe pourront être retournés à leurs auteurs. Cela permettra d'identifier les personnes qui détonnent avec la vision globale du projet. Auquel cas pourra s'engager un échange, en groupe ou à titre individuel, pour déterminer si au final telle ou telle personne s'identifie au projet. Ce qui pourra amener à lui faire prendre conscience qu'il ne s'agit peut-être pas de son chemin de vie.

Exemple d'utilisation du mandala holistique en définition de projet

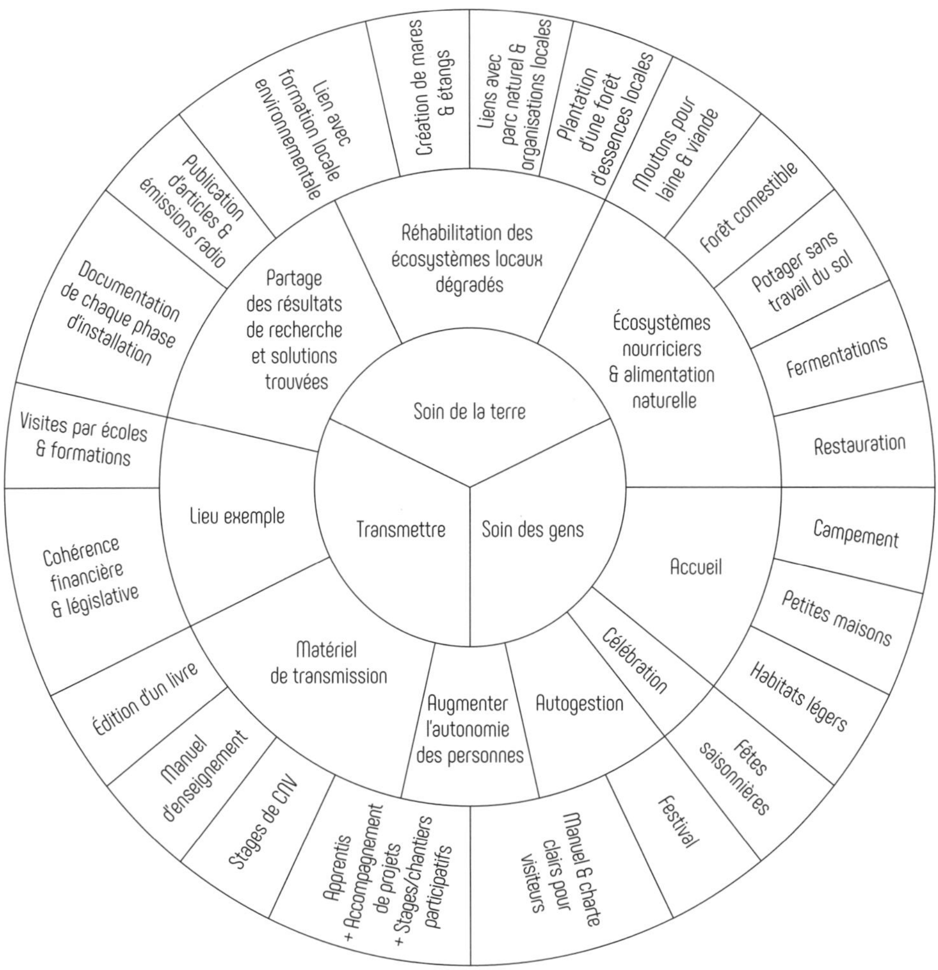

Source : Adapté de Linnéa Lindstroem – www.permaculturelle.wordpress.com

Enregistrement

ENJEU

Garder un registre des décisions pour contrecarrer les interprétations individuelles

Nos mémoires ayant toutes tendance à réinterpréter le passé, il est important d'acter les décisions dans un cahier accessible à toute la communauté. Cela permet à la fois de se remémorer le libellé des décisions prises et de ne pas les remettre en question de façon désorganisée et impulsive. Surtout dans les cas d'intégration de nouveaux membres qui souhaitent légitimement apporter leur pierre mais parfois manquent de connaissances historiques ou contextuelles.
Et il est fort probable qu'un jour vous souhaiterez remonter le temps pour vous rappeler combien vous avez galéré dans cette aventure, mais aussi combien les moments de bonheur partagé furent nombreux.
L'enregistrement n'est donc pas seulement de l'écrit mais aussi de l'image. Constituez un registre de votre collectif, qui aura le même rôle qu'un album de famille. Sans pour autant ennuyer les nouveaux venus avec des projections diapos !

Communication

ENJEU

S'assurer du partage de l'information pour éviter les divisions dans le groupe

Dans un monde où les sujets sont complexes et les interprétations aisées, la communication est d'autant plus fondamentale. La diversité des membres de votre projet rend nécessaire cette pratique pour générer une perception commune des processus et laisser le moins de place possible aux non-dits.
Bien des outils peuvent être mis en place, depuis les réunions d'information pour partager oralement certains sujets jusqu'au numérique, en passant par l'écriture sur des panneaux.

Une absence de communication ne permet pas une véritable prise de décision démocratique, car détenir l'information est une autre forme de pouvoir.

Un emploi abusif des nouvelles technologies peut aussi contribuer à laisser de côté des individus peu à l'aise avec ces outils, l'accélération de leur développement rendant par ailleurs le fossé de plus en plus difficile à combler pour des générations dépassées. Nous parlerons plus loin (p. 203) de la formation, mais c'est une manière de solidarité intergénérationnelle.

« Tout ce qui ne s'exprime pas s'imprime », nous dit le psychosociologue Jacques Salomé dans *Oser travailler heureux*.

Filtres de Socrate

Ces trois filtres sont des questions qu'aurait posées Socrate à l'un de ses disciples venu lui rapporter une rumeur. Ils agissent comme une autocritique envers ses propres propos avant de les émettre, afin de juger s'ils sont vrais, bons et utiles. Ces trois questions constituent de bonnes bases pour organiser un cercle de discussion et de décision :

- Suis-je certain que ce que je vais dire est vrai ?
- Ce que je vais dire est-il bon ?
- Est-il nécessaire de le dire ?

Il va de soi que dans la vie courante ces notions abstraites de vérité, de bonté et d'utilité ne sont pas si faciles à cerner. On peut donc les compléter avec les interrogations suivantes, que nous livre un excellent article tiré du blog Nos Pensées[106] :

- Face à la vérité : Suis-je certain de ce que j'avance ? Puis-je le prouver ? Serais-je capable de défendre cette idée devant n'importe qui ? Serais-je disposé à mettre ma réputation en jeu pour cela ?
- Face à la bonté : Cela aide-t-il l'autre personne à se sentir mieux ? Des émotions positives vont-elles en émerger ? La situation des personnes impliquées va-t-elle s'améliorer grâce à cela ?
- Face à l'utilité : La vie de cette personne ou la mienne vont-elles s'améliorer ? Cette personne pourra-t-elle réaliser une action pratique grâce à cette information ou ce message ? Le fait de ne pas le savoir va-t-il l'affecter ou lui nuire d'une quelconque façon ?

Au fond, ces filtres sont le reflet de plusieurs des valeurs édictées dans la charte.

---

106. « Les trois filtres de Socrate », *Nos Pensées*, 24 août 2020 : https://nospensees.fr/les-trois-filtres-de-socrate/

Biais cognitifs

ENJEU

Comprendre les mécanismes inconscients qui peuvent rendre nos décisions peu rationnelles

Ce sont des déviations que notre intellect effectue par rapport à ce qui serait rationnel et logique. Il s'agit donc de conditionnements qui entraînent des choix non logiques ou raisonnés, mais inconscients. Nous savons désormais que l'être humain n'effectue pas que des choix rationnels, même en matière d'économie. Et qu'entre erreurs de jugement, inclinations fluctuantes, négligences quant à l'optimisation des choix et manipulations extérieures, nos décisions sont finalement peu teintées de raison.

Il ne faut pas confondre ces mécanismes avec la **dissonance cognitive**, un concept utilisé en psychologie sociale et qui correspond à la tension interne provoquée par la contradiction entre ses croyances, ses émotions et ses actions. Une dissonance nous amène souvent à changer nos croyances pour les adapter à nos actions afin de réduire l'angoisse que génère cette discordance. Citons l'exemple de ces carnivores amoureux des animaux qui tâchent de faire cohabiter ces deux valeurs plutôt contradictoires.

Il existe de nombreux **biais cognitifs**, classés en quatre catégories précisées dans le schéma page suivante. Les connaître, tout au moins les principaux, vous permettra de les détecter, en vous ou chez les autres, et de les désamorcer. Citons par exemple :

- Le **biais de confirmation**, à savoir notre tendance à considérer les opinions qui vont dans notre sens pour valider notre position et à rejeter les autres.
- Le **biais rétrospectif**, qui nous amène à penser *a posteriori* qu'un événement était prévisible.
- Le **biais d'ancrage**, qui fait que la première impression persiste et que les informations suivantes seront filtrées à l'aune de la première.
- Le **biais de *statu quo***, qui nous fait percevoir le changement comme risqué et nous pousse à y résister.

Codex des biais cognitifs

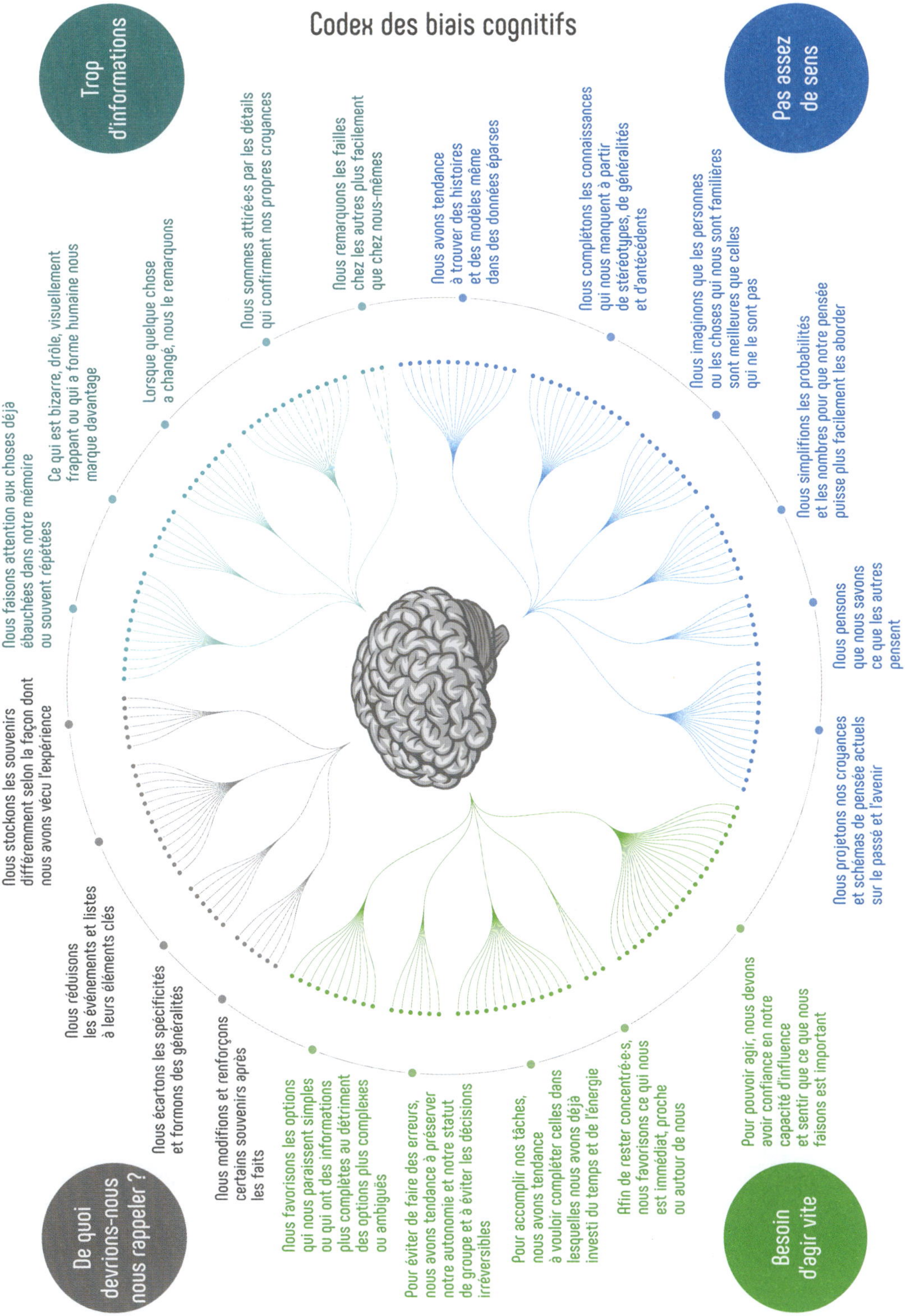

Source : Adapté de John Manoogian, Buster Benson, Albert Moukheiber, Mariam Chammat – « The Cognitive Bias Codex », Wikipédia (CC BY-SA 4.0) – traduction de l'auteur.

Si ce sujet vous passionne, vous pourrez lire sur le site de l'entreprise Convertize un article qui ne recense pas moins de 72 biais cognitifs[107].

Organiser une réunion

ENJEU

Rendre efficaces les réunions pour préserver l'enthousiasme des participants

L'importance de correctement organiser une réunion réside en quelques points :

- Ne pas perdre de temps dans des palabres improductifs (qui méritent d'autres lieux que celui-là) par respect pour les autres.
- Éviter de générer de la lassitude qui à terme sapera la motivation des participants.
- Se focaliser sur les sujets importants, et sortir de la réunion avec les décisions appropriées et un ou des responsables associés.

Trois étapes pour une réunion réussie :

- Préparation : sauf à exceller dans l'improvisation, il est préférable de préparer la réunion, avec un ordre du jour et éventuellement des objectifs de temps pour chacun des sujets. L'ordre du jour est à partager avant la réunion, en particulier pour ceux qui ne pourront y participer.
- Organisation pendant la réunion : il est bon que quelqu'un soit le gardien du temps et mette de l'ordre dans les interventions (rôle du facilitateur) pour éviter de s'éterniser sur des sujets annexes ou que s'embourbent certains échanges. Un autre pourra être désigné (ou sur le principe d'une « tournante ») pour en rédiger le compte-rendu. Il sera pertinent de prévoir une quinzaine de minutes en fin de réunion pour faire un tour de table sur ce qui a bien ou mal fonctionné. L'objectif étant d'améliorer le déroulement de ces réunions et de faire s'exprimer les éventuelles frustrations.
- Conclusions post-réunion : si cela n'a pas été fait à la fin de la réunion, il faut inscrire, par exemple dans le registre des décisions, celles qui ont été prises à cette occasion, sur la base d'une accumulation de comptes-rendus ou d'une synthèse.

---

107. Jochen Grünbeck, « 72 biais cognitifs à connaître pour mieux optimiser vos conversions », *Convertize*, 2 janvier 2021 : www.convertize.com/fr/71-biais-cognitifs-optimisation-conversions/

Il existe une méthode simple pour préparer votre réunion : la méthode **TOP** !
T pour **t**hème : Quel est le sujet principal à aborder ?
O pour **o**bjectifs : À quoi doit-on aboutir à la fin de la réunion ?
P pour **p**lan : Quels points plus spécifiques va-t-on traiter ? C'est l'ordre du jour.

Rythme des réunions : pensez aux parents (en couple ou seuls) d'enfants en bas âge et à ce que cela implique pour eux d'être en réunion.
Il existe de nombreux subterfuges pour contrôler le temps de parole :

- Le classique tour de table qui permet à tous de s'exprimer, quitte à donner une limite de temps, avec un sablier par exemple.
- Le bâton de parole : j'affectionne particulièrement cette modalité, car c'est une manière symbolique de donner de l'importance à ce que va dire la personne qui le détient.
- Le papier manuscrit : on met ses idées ou sa décision, de façon nominative ou anonyme, sur papier. Utile lorsque la réflexion a été menée au préalable.
- La main levée : chacun peut le faire, mais cela exclut souvent les plus timides.

Vous trouverez en annexe (p. 292) une *check-list* pour la préparation de vos réunions.

Gestion des émotions

ENJEU

Canaliser l'expression des émotions et promouvoir leur pouvoir libérateur

Voici un autre outil intéressant, développé par l'écovillage Zegg en Allemagne : le forum[108]. Je ne pouvais pas ne pas en parler, car il aborde la question de l'expression de l'être véritable dans sa dimension vulnérable. Immergés comme nous le sommes dans des sociétés à la culture plutôt guerrière, c'est forcément une rupture de paradigme.
Destinée à renforcer la cohésion du groupe, la pratique du forum ouvre un espace dans lequel chacun peut en confiance s'exprimer et passer de sa « zone publique » (l'image que l'on pense donner de soi) à sa « zone cachée » (la part de sa personnalité qui n'est accessible qu'à soi), puis à sa « zone aveugle » (ce

108. Achim Ecker et Ina Meyer-Stoll, « ZEGG-Forum : a journey through the heart of community », *ZEGG-Forum* : www.zegg-forum.org/images/PDF/Texte-Englisch/Forum_EVL2.pdf

que les autres perçoivent de soi et que l'on ignore). Cela permet de découvrir, au travers du feed-back des autres participants, le moi que chacun de nous projette et qu'en règle générale personne ne nous partage, surtout si son ombre ne nous met pas en valeur.
Cet exercice permet donc une forme d'interpénétration des individualités, créant résonances et appréciation de la diversité.

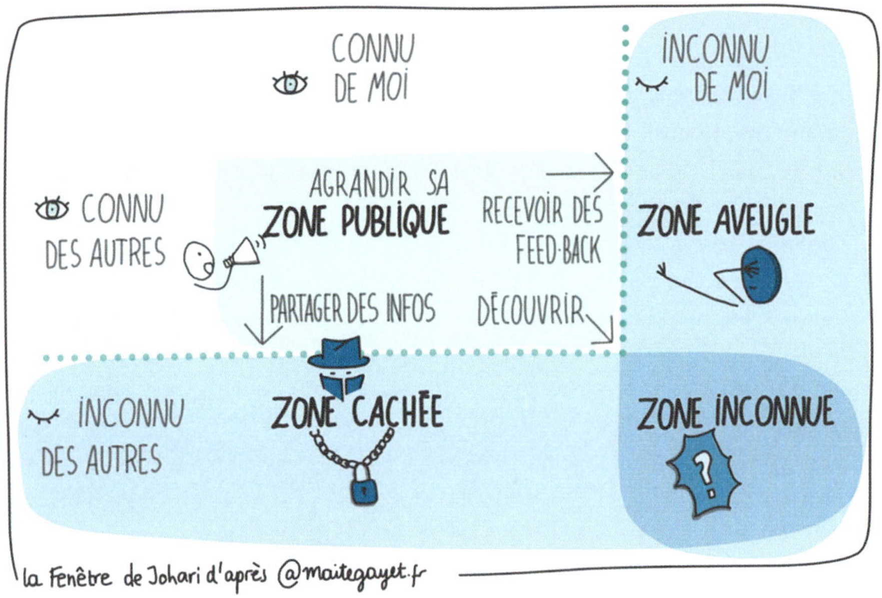

Zones d'exposition personnelle privée-publique selon le Forum Zegg.
Plus de détails au lien suivant : https://forumzegg.fr

L'écovillage de Sainte-Camelle utilise quant à lui un outil simple mais diablement efficace : le cœur-à-cœur. Il s'agit d'une méthode qui permet de gérer l'émergence d'une émotion qui, mal canalisée, pourrait déboucher sur un conflit. Cela consiste à suivre trois étapes :

1. Accueillir l'épreuve et laisser les émotions s'exprimer à l'écart des autres.
2. Chercher en soi ce qui fait écho à cette émotion. Si je suis responsable de moi-même, ce que me renvoie la personne qui m'a incommodé est propre à moi et révèle une blessure ancienne non refermée que je me dois de comprendre et de soigner.
3. Identifier ce que la vie m'enseigne à travers cette épreuve. Si je reproduis toujours ce schéma, c'est que je dois résoudre quelque chose.

Cette hygiène constante du relationnel permet de désamorcer de potentiels conflits et de devenir une personne meilleure pour soi et pour le collectif. Je ne suis plus victime mais acteur de mon bonheur.

Le cœur-à-cœur, cela revient donc, suite à un événement déclencheur d'une émotion (colère, tristesse…), à suivre ces trois points ; à revenir, une fois apaisé, vers la personne à l'origine de l'événement et à lui faire part de mon ressenti ; cela initiera un processus similaire chez cette personne qui, après avoir suivi le même schéma, reviendra vers moi avec bienveillance.

Gestion de la transgression

ENJEU Gérer le non-respect des règles

Qui dit règles, dit transgression potentielle. Autrement dit, il est probable que se présentent des situations de non-respect des règles sur lesquelles le groupe s'était accordé.
Faut-il punir le fautif ? Comment ? Ou préférera-t-on entrer dans une dynamique de guérison ?

C'est en quelque sorte l'opposition entre une **justice restaurative** et une justice punitive. Cette dernière est ce qui fonde le système juridique de notre société. C'est une logique tournée vers le passé et qui tend à faire regretter par la punition un acte délictueux.
En revanche, la justice restaurative s'intéresse au présent et au futur, vise à réinstaurer un équilibre en réparant la faute et en apprenant de ce qui a été fait.

Il existe un certain nombre d'outils organisationnels qui permettent de traiter ces moments souvent douloureux. En effet, comment rectifier le comportement désapprouvé d'un voisin ou ami, voire comment décider de s'en séparer ?

Cercle restauratif

Le cercle restauratif* est un processus conçu par Dominic Barter dans les années 1990 au cœur des favelas de Rio de Janeiro. Cette proposition, reconnue par de nombreuses organisations internationales, consiste en un accompagnement communautaire d'individus en situation de conflit.
Un cercle peut être invoqué par toute personne qui se considère impactée par un conflit, déclenchant ainsi une série de réunions individuelles et collectives, menées par un facilitateur.
Trois parties prenantes sont invitées : l'auteur de l'acte, les personnes impactées et la communauté, victime indirecte.

Processus du cercle restauratif

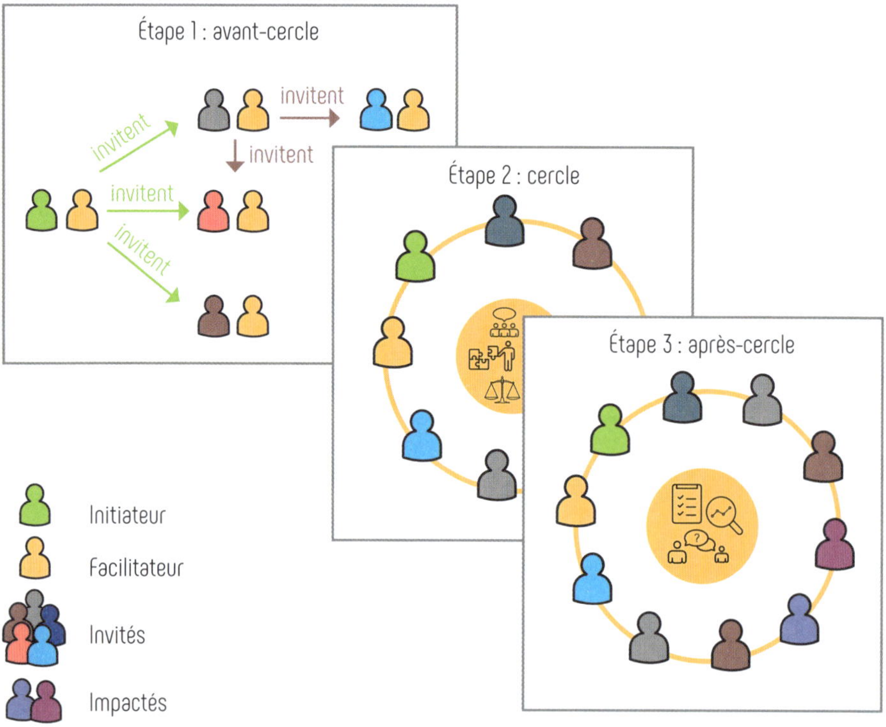

Le processus du cercle restauratif se déroule en trois étapes avec l'aide d'un facilitateur.
Source : Adapté de Mahdi Lansari – www.queteinterieure.com

Le processus de dialogue doit aboutir à des actions qui entraînent un bénéfice mutuel. Pour cela, on va tâcher d'identifier les facteurs essentiels du conflit, en laissant s'exprimer chacun à tour de rôle, les uns pour parler des conséquences de l'acte, les autres pour expliquer ce qui les a amenés à agir ainsi, afin de déclencher une forme d'autoresponsabilisation. Puis viendront les échanges pour définir des actions de réparation matérielle et de restauration des relations. Comme sur le schéma ci-dessus, tout cela se joue en trois actes, pour aboutir dans l'après-cercle à la concrétisation des engagements.

Le site Quête intérieure* publie un excellent article qui décrit dans le détail le processus des cercles restauratifs[109].

109. « Rendre plus fertiles les tensions et les conflits dans votre communauté grâce aux systèmes et cercles restauratifs », *Quête intérieure* : www.queteinterieure.com/index.php/systemes-restauratifs/

L'écovillage de Pourgues est un exemple de collectif ayant mis en place ce type de processus.

Formations

ENJEU

Imaginer les moyens de se former ensemble pour croître individuellement en cohérence avec les valeurs que le collectif s'est fixées

Chacun suit un cheminement différent, empreint de vieilles habitudes et de réflexes de protection ; l'acceptation des choix du collectif n'est donc pas un processus naturel.
La formation est un outil redoutablement efficace qui vous fera gagner du temps. Généralement, les formations sont proposées au sein du collectif, ce qui permet de s'immerger dans la réalité et de faire écho aux concepts enseignés.
Il va de soi qu'à titre individuel, chaque membre montera en compétence. Mais si vous envisagez une formation pour tout le groupe, cela suscitera immanquablement sa cohésion, car le vécu ressurgira, permettant une meilleure intégration conjointe des solutions.
Les formations peuvent être de plusieurs natures : techniques, pour servir une activité bien spécifique ou simplement découvrir un nouveau domaine (permaculture, bioconstruction…) ; transverses, pour développer des capacités en communication ou en gestion ; ou liées au fonctionnement du projet dans son ensemble.
L'autonomie passe par une nécessaire acquisition de connaissances, sans qu'il soit pour autant besoin de devenir des professionnels dans chaque domaine.

Vous pouvez faire appel à des accompagnateurs. Souvent issus d'autres communautés intentionnelles, ils partageront avec vous les bons réflexes concernant des technologies sociales qu'ils ont su enrichir et adapter à leur contexte.

Le réseau des Oasis* est un excellent interlocuteur pour vous guider dans l'offre des formations. En parallèle des prêts qu'ils peuvent vous octroyer, un accompagnement obligatoire est prévu, qui pourra vous être d'une très grande utilité.

Bien sûr, de nombreux collectifs proposent des séjours chez eux pour s'immerger et apprendre de leurs erreurs et bonnes pratiques. C'est une expérience incontournable pour ne pas rester au stade des hypothèses.

Le tipi comme hébergement insolite ou habitat léger (Tulum, Mexique).

Partie XI

Intégration et séparation des membres

ENJEU

Gérer les mouvements naturels d'entrée/sortie de la communauté, tout en préservant ses valeurs et principes mais sans bloquer son évolution adaptative

Le projet initial naît quelquefois d'un premier groupe relativement uni (une personne, un couple, un groupe d'amis proches ou un peu plus) et plus propice à faire évoluer l'ensemble dans une bonne compréhension avant d'intégrer d'éventuels nouveaux venus qui n'ont pas forcément connu le même cheminement de pensée et ne se sont pas confrontés aux mêmes étapes de réflexion. Mais la plupart du temps, c'est le projet qui constitue le groupe.
Il est d'ailleurs fréquent qu'au moment de s'engager concrètement dans le projet, certains y renoncent faute de moyens, de véritable motivation ou par peur. Il peut s'avérer alors nécessaire de lancer des recrutements additionnels.

Que cela concerne des amis proches ou des inconnus, il est essentiel de jouer la transparence et de faire preuve de clarté quant aux conditions d'entrée/sortie des membres. C'est un gage de confiance, de sérieux et donc de pérennité.

Sachez aussi que ce type de projet peut représenter un attrait certain pour des individus souffrant d'un déséquilibre émotionnel significatif, ce qui peut impliquer un relatif danger pour le groupe. Certains seront à la recherche d'un fort soutien affectif ou économique ; d'autres laisseront s'exprimer une violence contenue dont vous pourriez devenir la cible idéale en raison des valeurs humanistes portées par la communauté ; d'autres encore seront dans une quête désespérée de personnes à vénérer, d'un gourou qui les mène sur la voie d'un salut fantasmé.
Il n'y a pas forcément de recette magique pour les détecter, mais une certaine perspicacité alliée à une période de probation pourra vous mettre sur la voie.
Je ne prétends pas qu'il faille rejeter ces personnes, mais avoir conscience de leur état émotionnel limitera les possibilités d'être pris au dépourvu et vous permettra ainsi de les accueillir dans les meilleures dispositions. Il est important de distinguer si l'on se joint à un collectif pour grandir ensemble ou pour se soigner.

À noter que l'émergence d'un gourou entraîne presque systématiquement une dégradation de la mobilisation de l'intelligence collective. Le gourou est en effet souvent une personne qui a lutté âprement contre son entourage pour amener une idée nouvelle, un projet subversif, et qui, une fois son objectif atteint, a beaucoup de mal à admettre de nouveau une critique, même constructive. Il aura tendance à rejeter mécaniquement toutes les opinions divergentes et à ne plus s'entourer que des personnes acceptant une certaine soumission à toutes ses idées. Le projet peut alors entrer dans une phase d'appauvrissement de la réflexion et décliner avec le temps.

Dynamique intergénérationnelle

> **ENJEU**
> Intégrer diverses générations au bénéfice du collectif et penser l'évolution de ses membres dans le temps

La question se posera dès la constitution du groupe initial. Êtes-vous un ensemble de rentiers cinquantenaires disposant de fonds pour lancer un projet ambitieux, ou un groupe de jeunes désireux de s'affranchir des règles de la société dominante mais au maigre patrimoine financier ?
Êtes-vous conscient du cloisonnement généré par notre société ultra-productiviste ? Souhaitez-vous renouveler ces liens et profiter de la richesse qu'apporte chaque âge sans notion de hiérarchie ? Par conséquent, allez-vous privilégier l'homogénéité du collectif en pensant stratégie à court terme, ou opterez-vous pour une diversité sur la base de valeurs simplement humaines ?

Chaque génération va évidemment apporter ce qu'elle a de mieux : expérience, énergie, sagesse, enthousiasme, maîtrise de processus complexes, facilité à manier les outils numériques… Les écarts de points de vue entre générations semblant se faire chaque fois plus significatifs (c'est un peu comme les écarts de puissances de calcul entre les générations d'ordinateurs ☺), la gestion de ces divergences représentera une activité importante, qui ne sera réduite que dans l'ouverture et la compréhension. Les plus âgés verront venir des choses par expérience, les plus jeunes auront l'énergie pour s'adapter à de nouvelles situations. Ce sont bien évidemment des caricatures à ne pas prendre à la lettre…

Si cet aspect intergénérationnel fait partie de vos valeurs, il vous faudra anticiper les besoins de chacun de ces groupes. Il s'agit d'un défi significatif qui exige de prendre cette décision en pleine conscience.

Il est fort probable que votre groupe initial vieillira, qu'il a ou aura des enfants. Il vous faut aussi penser à la pérennité de votre projet, avec un apport de sang neuf pour qu'il ne se réduise pas au final à un groupe de sexagénaires. Imaginer le vieillissement de vos concitoyens dans de bonnes conditions est aussi un sujet d'importance puisque, d'une part, les plus âgés ne pourront mener les mêmes tâches, et que, d'autre part, ils pourront avoir besoin d'une attention particulière.
J'avais d'ailleurs noté cette phrase de Michel Broutin : « Le rajeunissement est mieux assuré dans les programmes locatifs, alors que dans ceux en accession

le renouvellement est moindre et les habitants ont tendance à vieillir ensemble[110]. »

Processus d'inclusion

ENJEU

S'assurer des meilleures conditions humaines pour affronter les défis de la mise en place du collectif et clarifier les conditions d'entrée

Taille du groupe

Il est fort probable qu'au début de votre projet vous ne serez que très peu de personnes, d'autant plus si vous n'avez encore rien concrétisé qui soit de nature à séduire d'autres candidats.

La question est souvent posée de la taille idéale du groupe. Bien que cela dépende plus de la « qualité » du collectif formé – compétences réunies, diversité et surtout motivation des entrants –, certaines théories ont pu être formulées quant à la taille critique.

Il est souvent fait mention de deux grands seuils : l'un est lié à l'efficacité de la communauté en termes de travail ; l'autre, à la limite au-delà de laquelle un groupe humain souffrira de dysfonctionnements et requerra une structure hiérarchique et des règles proches de celles du gouvernement d'un pays. Ce dernier seuil, appelé **nombre de Dunbar** (d'après les recherches de l'anthropologue Robin Dunbar), est évalué à environ 150 individus. Il correspondrait à la limite de nos capacités à entretenir durablement des relations sociales.

Parmi les références, citons Simone Landry, professeure à l'Université du Québec à Montréal, qui a mené une analyse sur des groupes dits restreints, constitués de 3 à 20 individus. Voici en partie les conclusions qu'elle présente, et que partagent relativement la plupart des spécialistes en ce domaine ou en gestion d'équipe :

- **Dans un groupe de moins de 5 personnes** : feront défaut certaines compétences, et les liens entre ces personnes seront peu riches.

110. Michel Broutin, *Voyage en terre méconnue*, *op. cit.*

- **De 5 à 10 individus** : s'établira un certain équilibre qui permettra d'envisager des relations plus profondes et constructives. Au sein des entreprises, il est souvent recommandé pour un manager de diriger des groupes de cette taille.
- **Au-delà de 10 individus** : se formeront des sous-groupes, avec pour risque principal un manque d'intérêt et d'implication de la part de certains.

Landry évoque aussi l'existence de trois zones dynamiques qui vont structurer ces groupes restreints :

1. La **zone du travail**, où des déséquilibres pourront générer de fortes insatisfactions.
2. La **zone de l'affection**, où se jouent les questions du lien affectif et de la cohésion du groupe qui font que tous se reconnaissent dans cette dynamique.
3. La **zone du pouvoir**, où émerge et se stabilise une forme d'autorité. Il semble assez peu probable qu'une organisation fonctionne sans l'existence d'un leadership, à tête unique ou bicéphale, mais qui permette l'union du groupe.

La problématique de la taille du groupe tient souvent au nombre de canaux de communication (C) qui peuvent s'établir entre les individus. Avec la formule $C = n (n - 1) / 2$, on peut calculer ce nombre. Jusqu'à 10 personnes, on parle déjà de 45 liens possibles.
Et surtout, il faut distinguer les personnes associées dans un même projet global et celles directement impliquées dans une tâche du grand tout. Certaines études montrent qu'à partir de 7 individus on constate une réelle perte de productivité.

Si vous souhaitez creuser la question de la dynamique des groupes, vous pouvez commencer par lire l'inventeur de ce concept, Kurt Lewin, psychologue américain d'origine allemande. On trouve des synthèses et analyses de ses recherches sur Internet.
À titre d'anecdote, regardez l'expérience dite de Asch[111], qui illustre la tendance au conformisme des individus dans un groupe, conformisme qui peut amener à des décisions contre-productives si on ne sait pas le désamorcer.

En résumé, si j'avais moi-même à faire ce choix, je dirais que pour initier le projet, mieux vaut envisager un groupe de 5 à 6 personnes. Pour l'avancement des tâches, essayez de ne constituer que des sous-groupes de 4 personnes au maximum. Au fur et à mesure de l'avancement du projet, il sera plus aisé d'intégrer jusqu'à 10 personnes. Aller au-delà de cette taille ne pourra se

111. Slash Box, « L'expérience de Asch : le conformisme », vidéo sur YouTube, 10 février 2012.

faire qu'une fois le projet consolidé, avec des règles clairement établies qui permettront de faciliter la prise de décision et la résolution des polémiques.

Modalités de décision

Laisser le choix à un seul individu, le fondateur par exemple, est souvent source de frustrations malsaines qui se révèlent par la suite, même si au début cela peut sembler simple et pratique.
Laisser aux membres du projet le choix des futurs adhérents est la garantie d'une meilleure intégration et permet d'assumer collectivement les choix et leurs conséquences.
Il s'agira donc dans un premier temps de définir le mode de décision quant au choix des nouveaux entrants, qui dépendra du mode de gouvernance que vous aurez mis en place.

Critères de sélection

Cela peut se faire sur la base :

- D'un rendez-vous sur place, avec tout ou partie des membres actuels.
- D'une cooptation avant de pouvoir candidater.
- D'une lettre de motivation, dans laquelle le candidat sera attendu sur son projet de vie et sa compatibilité avec le projet communautaire.
- De la présentation d'un projet plus élaboré, qui devra s'articuler avec l'ensemble des aspects de la communauté (on recherche un métier complémentaire, une source nouvelle de revenus…).
- De critères économiques (cela peut être une valeur du projet que d'intégrer des personnes sans capital, tout en protégeant le patrimoine des apporteurs de capitaux).
- D'une période de test pouvant aller de quelques jours à une année complète.

Un questionnaire pourra être élaboré pour déterminer et pondérer les aspects mis en avant par le candidat :

- Complémentarité : Qu'est-ce qu'il apporte ? De quelles compétences la communauté a-t-elle besoin ?
- Mixité : sociale, culturelle, intergénérationnelle…
- Finances : sa capacité financière à accéder à la propriété.

L'écovillage Local Earth* a mis en place un processus qui consiste en :

- 1re étape : lecture des documents fondateurs (vision, valeurs, financement).
- 2e étape : remplissage d'un questionnaire initial assez élaboré.
- 3e étape : participation à une session (en ligne) de questions/réponses.

- 4e étape : entretiens (virtuels ou en présentiel).
- 5e étape : réunions de planification.
- 6e étape : 3 jours de cohabitation expérientielle dans le village.

Il s'agit d'assumer le désir légitime de préserver l'esprit initial du projet tout en visant l'intégration de nouveaux entrants sans mettre en péril un si fragile édifice. Le candidat devra s'identifier en toute sincérité à la vision du collectif. Toutefois, c'est l'alchimie relationnelle, impossible à qualifier ou quantifier, qui sera le dernier critère de décision.

Vous trouverez en annexe (p. 253) un exemple de questionnaire, compilation à ma sauce de plusieurs approches. Vous pouvez donc tailler dans le texte pour rédiger le vôtre.

Processus d'exclusion ou de succession

ENJEU

Éviter tout malentendu au moment d'une séparation et clarifier les modalités de sortie de façon à rassurer les membres sur leur investissement initial

Personne n'est éternel, et quiconque peut ne plus se reconnaître dans le projet commun. Inutile de se voiler la face et mieux vaut envisager cette possibilité dès la création du projet pour rassurer les membres. Tomber dans le piège du « on s'arrangera » reflète une certaine naïveté quant à la nature humaine.

Exclusion et séparation

Le départ d'un ou plusieurs membres peut se faire dans la joie, les raisons de la séparation étant assumées par les deux parties. Lassitude, changement dans sa vie, désaccord de fond, tout est valable, et si la décision est mûrement réfléchie mieux vaut s'en accommoder et faire en sorte que chacun parte dans les meilleurs termes. Des cas extrêmes peuvent cependant se présenter, en l'occurrence si un ou plusieurs des membres se révèlent constituer un danger physique ou psychologique pour la pérennité du projet. Comment s'en rendre compte ? Qui peut juger de cette situation ? Comment prendre la décision ultime de se séparer de ces membres ? De nombreuses questions qui ne se poseront pas souvent dans la tendresse et la bonne humeur. Raison pour laquelle mieux vaut lister assez tôt les motifs qui pourraient amener à des réunions extraordinaires afin de traiter ces situations.

Les conditions de départ sont importantes. Doit-on considérer que les sortants préservent la possibilité de repartir avec un patrimoine équivalent à celui qu'ils ont mis initialement dans le projet ? Faut-il décorréler valeur du foncier et parts sociales dans la SCI ? Faut-il prendre en compte l'indice du coût de la vie pour déterminer la part qui leur revient ?
Les réponses sont multiples. Mais l'objectif est souvent d'éviter que ces personnes repartent démunies, car on ne peut les condamner à rester dans le collectif contre leur gré puisque ne disposant plus des moyens de leur indépendance.

Héritage et transfert de biens

Que ce soit en raison d'un décès, d'une séparation de couple ou d'un départ du noyau familial, demeure la question de la cession des biens que ces personnes possédaient. Il va de soi que si la propriété est collective et que le règlement stipule que ces biens restent propriété de la collectivité sans contrepartie, la situation est pour ainsi dire plus simple (mais pas forcément exempte de conflit).

Si ces membres sont propriétaires légitimes, ils sont en droit de revendre leur bien. C'est là qu'un règlement interne, peut-être notarié, pourra freiner des velléités de revente sans critères ou sans respect pour les spécificités du projet. Le principal « ennemi » d'un changement de paradigme concernant la relation à l'argent, c'est la spéculation sur l'évolution du prix du foncier. Il faudra donc spécifier des conditions limites à une revente de façon à ce que les futurs acheteurs ne se fassent pas d'illusions quant aux potentielles plus-values dont ils pourraient bénéficier un jour.

Construction d'une petite serre en bambou.

Partie XII

Statut juridique

ENJEU

Donner une viabilité juridique au projet
pour œuvrer à sa durabilité

Les statuts juridiques sont une garantie de la légalité de votre projet. Dans de nombreux pays, il est quasiment impossible d'entreprendre quoi que ce soit hors de ce cadre légal.
Il s'agit donc de bien étudier cette question afin d'opter pour les structures juridiques les plus opportunes, vous donnant de la flexibilité dans un cadre relativement contraint, souvent inadapté aux projets disruptifs. C'est votre projet qui déterminera les structures adéquates ; il n'y a pas de forme idéale dans l'absolu. Cela étant, il est bon d'en connaître quelques principes au moment d'échanger avec un avocat ou notaire qui puisse vous conseiller.

Nombre d'écovillages choisissent de créer plusieurs structures parallèles, selon les objectifs de la communauté :

- Une structure gérant le foncier.
- Une structure gérant les activités économiques (chaque activité pouvant être sous la tutelle d'une structure propre).
- Une structure associative gérant les activités culturelles, les formations, la communication du projet, la gestion des espaces communs.

Chaque pays dispose évidemment de modalités différentes et il vous faudra creuser ces aspects. Je ne vais pas m'étendre sur les différentes options, mais donner quelques exemples pour en montrer la diversité.
Dans le cas de la France, il existe de nombreuses figures juridiques de sociétés pouvant défendre les principes de votre initiative.
Voyons les quatre grandes catégories :

- L'association, pour les projets à but non lucratif.
- La coopérative, de nature non capitaliste et destinée à défendre les intérêts de ses membres.
- L'entreprise individuelle, donc constituée par une seule personne.
- La société, instaurée en personne morale, entre plusieurs personnes mettant en commun des moyens et partageant des bénéfices.

Cette dernière catégorie se divise en deux sous-groupes :

- Les sociétés commerciales : SA, SARL, SAS, SNC, EURL.
- Les sociétés civiles : SCI, SCA, SCPL.

Il existe de surcroît des formes hybrides, comme les coopératives constituées en SA.

Certaines regroupent des caractéristiques proches des valeurs d'un écovillage, comme la **société coopérative et participative**, abrégée en SCOP. C'est une forme de société commerciale mais dont la spécificité réside dans le fait que le capital et l'attribution des décisions sont majoritairement dans les mains des salariés.

À noter aussi qu'il est possible de considérer comme apport au capital d'une entreprise non seulement de l'argent en numéraire mais aussi du temps de travail non rémunéré (apport en nature) ou du matériel.

La **société coopérative par actions simplifiées** (SAS coopérative)[112] est souvent privilégiée pour nos types de projets, ainsi que pour les start-ups, car son fonctionnement est davantage régi par son pacte d'associés, autrement dit ses statuts, que par la loi. Ce qui lui offre une souplesse que n'ont pas les classiques sociétés anonymes.
Elle permet ainsi de développer des aspects liés au mode coopératif. Par exemple, chaque coopérateur ou détenteur de parts sociales dispose d'une voix quel que soit le nombre de parts sociales dont il dispose.
Si la coopérative est propriétaire d'un bien immobilier (bien que la SAS ne soit pas l'outil le mieux adapté pour la gestion d'un bien immobilier collectif), ses coopérateurs en sont collectivement propriétaires, sans qu'une surface spécifique soit attribuée nominativement. De surcroît, la part détenue n'octroie pas plus de voix à l'un qu'à l'autre. En d'autres termes, s'il y a revente, c'est d'une part de la société dont la valeur n'est établie qu'en fonction de ses possessions, ses actifs. Le texte de constitution de la SAS pourra ajouter des précisions quant aux aspects de gestion des entrées et départs.

La **société civile immobilière** (SCI), comme son nom l'indique, est civile donc non commerciale, avec un objet limité : l'immobilier. Elle ne nous servira ici qu'à détenir un bien foncier entre plusieurs personnes et à en faciliter la gestion.

Les statuts de votre structure pourront être complétés par un pacte d'associés venant préciser certains accords spécifiques mais ne pouvant entrer en contradiction avec les statuts, qui ont valeur de prédominance.
Voici des exemples d'organisations juridiques :

- Les Amanins*, centre agroécologique initié en 2004, qui s'appuie sur une SCI possédant le lieu, une association ayant la majorité des parts dans la SCI et gérant les activités d'apprentissage, et enfin une SARL SCOP pour couvrir les activités économiques.
- L'Oasis du Coq à l'Âme, qui s'est dotée d'un laboratoire vivant encadré par un comité scientifique lié au CNRS, et qui partage ses réflexions au travers de son WikiOasis[113] et de multiples documents, notamment celui qui décrit leur choix d'organisation et que je présente dans l'encadré page suivante.

---

112. Loi du 10 septembre 1947 portant statut de la coopération du livre II du Code du commerce relatif aux sociétés commerciales.
113. https://wiki.oasis-ducoqalame.com

- Les parties communes peuvent être gérées par une association, comme dans le cas de l'écohameau du Plessis, dont les statuts de l'association choisie (une ASL ou association syndicale libre) sont consultables en ligne[114].

Dans l'excellente revue en ligne *Passerelle Éco*, vous trouverez des compléments d'informations sur le choix des statuts pour un écohabitat groupé ou un écovillage[115].

Voyons le cas spécifique de l'Oasis du Coq à l'Âme. Ils ont fait le choix de monter trois structures :

- Une SCI pour la détention du bien foncier.
- Une SAS pour les activités économiques (offre de formations ou de service de conseil…), ainsi que pour la gestion de la location de leur gîte rural et de leurs salles.
- Une association pour les activités annexes liées à leur ferme agroécologique, à leur atelier de recyclage et de réparation, ainsi qu'aux événements culturels.

La SCI développe deux aspects importants : son capital est variable, c'est-à-dire qu'il peut fluctuer dans une fourchette prédéfinie, au gré des entrées et sorties de sociétaires ; et il n'est pas lié au prix du foncier acquis, ce qui permet d'intégrer de « petits » sociétaires face à de plus gros « financeurs » tout en maintenant une égalité de voix.

Les éléments de départ :

- Achat d'un terrain avec constructions existantes pour une valeur de 700 000 €.
- Le groupe est constitué de 35 adultes.
- Les apports varient de 1 000 à 200 000 €.
- Le total des apports se monte à 900 000 €.

Ils ont donc statué dans la constitution de leur SCI que :

- Une part sociale = 1 000 € (le plus petit apport).
- 35 adultes apportant chacun 1 000 € = 35 000 € (soit 35 actions), ce qui constitue le capital initial de la SCI.
- Chaque actionnaire dispose d'environ 2,8 % du capital.

---

114. http://amma-wiki.org/ecohameauduplessis/wakka.php?wiki=PagePrincipale
115. « Quels statuts choisir pour un écohabitat groupé ou un écovillage ? », *Passerelle Éco*, 1er février 2008 : www.passerelleco.info/article.php?id_article=719

Sur les 900 000 € apportés, restent donc 865 000 € qui seront inscrits aux comptes courants des associés. Ce qui signifie qu'une écriture comptable est ouverte dans le livre comptable, faisant état d'un prêt de la part de ces associés créditeurs. Ces avances pourraient être rémunérées, mais cela ne semble pas être le choix fait par le collectif.
La SCI dispose donc d'un actif de 700 000 € et dispose de 200 000 € de fonds pour son fonctionnement.
En cas d'entrée d'un nouvel associé, celui-ci achète une action à 1 000 €, augmentant ainsi le capital de la SCI du même montant. Il peut être décidé d'acheter de nouvelles parts collectivement tout en maintenant l'égalité, augmentant ainsi le capital de l'entreprise. Cet apport peut se faire en numéraire ou en débitant ce montant de l'avance faite sur le compte courant de l'associé.

Dans ce modèle où les apports sont inégaux, le collectif visera à rembourser les avances dans un temps défini afin de préserver l'équilibre.

Dans tous les cas de figure, il faut garder à l'esprit que tout déséquilibre significatif entre copropriétaires pourra entraîner des velléités de prendre le pouvoir. Si je suis la personne qui met à disposition des autres le terrain, non seulement j'en reste propriétaire, mais je le suis tout autant des constructions qui y sont implantées. Avec le temps, je pourrais même être tenté d'agiter des menaces de manière inconsciente si l'on ne m'écoute pas ! C'est le **modèle du « seigneur »** qui, même s'il permet à des candidats dépourvus de moyens de participer à un projet, risque de se retourner contre eux le jour où le « seigneur » se lasse.

Dans la grande majorité des pays, le Code civil considère, comme en France[116], que « la propriété du sol emporte la propriété du dessus ». Dit autrement, le propriétaire du terrain devient de fait propriétaire de ce qui se construit dessus et de tout ce que vous pourriez y installer (plantations, aménagements).
Cette difficulté se voit renforcée notamment pour les parties communes si elles n'ont pas été acquises de manière collective.

116. Voir les articles 552 al. 1 et 553 du Code civil français.

Piscine naturelle aux Jardins d'Atyoula.

Partie XIII

En matière de risques

ENJEU

Gérer les situations susceptibles de mettre en péril le projet

Il n'existe pas d'initiative, ou d'entreprise au sens large, sans risques, qu'ils soient assumés ou ignorés.
Aborder le sujet des risques, ce n'est pas faire preuve de pessimisme mais d'un optimisme éclairé. En effet, si après en avoir analysé les risques l'initiateur d'un projet le poursuit, c'est qu'il est non seulement optimiste mais qu'il agit de surcroît conscient des dangers qui l'entourent. Le pessimiste aurait levé toutes sortes de boucliers pour ne pas avancer.
La plupart des grandes entreprises se dotent d'un gestionnaire de risques, dont l'objectif est de les identifier et de mettre en place des mesures, ou de ne pas le faire consciemment, pour les éliminer ou les diminuer. Et cela de façon à ne pas subir une crise plus difficile à gérer lorsqu'elle sera survenue.

Avant de voir en quoi consiste la gestion des risques, vous pourriez vous demander : que vient faire ce sujet dans ce vaste tout qu'est l'écovillage ?
Je me suis moi-même posé cette question, car cette préoccupation est en général celle des entreprises capitalistes, dont l'objectif est de préserver leurs gains contre vents et marées.
Pour autant, quels que soient les objectifs d'une initiative, des risques existent, pouvant mettre en péril non seulement son économie mais son existence même.
Il s'avère que certains exercices menés en entreprise servent à éclairer cette réflexion : je vais entrer dans un processus long qui implique un changement de vie radical, qu'est-ce qui me permet de minimiser la probabilité d'un échec ?
Par ailleurs, engager cette analyse en groupe est un exercice de nature à renforcer le collectif, en élevant la conscience de ce qui est en jeu et en désacralisant ces sujets anxiogènes, pourtant bien présents dans l'inconscient de chacun.

Gestion des risques

ENJEU — Identifier les menaces et leur impact potentiel

La gestion des risques se fait en plusieurs étapes basées sur le bon sens :

1. Faire l'inventaire des risques.
2. Les pondérer sur la base des valeurs de « probabilité d'occurrence » et d'« importance de l'impact ».
3. Les hiérarchiser en fonction de ces pondérations.
4. Mettre en place un plan d'action pour les éliminer, minimiser ou assumer sur la base de cette hiérarchie.

En annexe (p. 297), je vous présente un charmant tableau que vous pourrez utiliser pour cartographier ces risques. Les pondérations proposées permettront de dégager une évaluation pour chacun d'entre eux sur la base de la matrice suivante :

Matrice des risques

Probabilité		Insignifiant (1)	Mineur (2)	Modéré (3)	Majeur (4)	Très significatif (5)
5	Très probable	5	10	15	20	25
4	Probable	4	8	12	16	20
3	Possible	3	6	9	12	15
2	Improbable	2	4	6	8	10
1	Rare	1	2	3	4	5

Impact

Risque critique : 15-25 — Risque gérable : 6-12 — Risque modéré : 1-5

Défense du lieu

ENJEU : Assurer l'intégrité physique des membres, et au mieux du collectif

Pour les personnes que préoccupe l'évolution de nos sociétés et en particulier pour les survivalistes, la protection des lieux est un élément incontournable. Vous pouvez ne pas le considérer, ce qui est encore la majorité des cas des projets de transition, mais ne pas mener un minimum de réflexion à ce sujet serait une erreur, à moins de professer une non-violence absolue et de bannir les armes en toute circonstance. Cela étant, ne serait-ce que vis-à-vis de la simple délinquance locale, un certain nombre de questions devraient être posées. Penser à s'armer ne signifie pas non plus constituer un arsenal en prévision d'une Troisième Guerre mondiale. Certains groupes ont fait par exemple le choix de se former à l'usage des armes à feu afin de s'y familiariser et de ne pas en avoir peur, surtout si l'on décide de les utiliser en ultime recours : rien de pire que de ne pas savoir s'en servir au moment fatidique.

En résumé, il existe plusieurs gradations dans l'appréciation de votre besoin de sécurité, mais les peurs se multipliant dans la société (la Covid-19 a permis d'en exprimer un certain nombre), ce sujet devra être abordé pour éviter des décisions chaotiques au sein de votre collectif.

Si vous considérez qu'il est pertinent d'aborder ce thème, il faudra vous pencher sur différents points :

- Enjeu stratégique : comment organiser votre défense contre l'invasion de personnes ayant des intentions malveillantes envers votre communauté. Cela intègre :
  - des moyens de surveillance électroniques (caméras, senseurs…) : ces systèmes ne sont évidemment pas destinés à durer dans le temps car sophistiqués et donc susceptibles de tomber en panne ;
  - une protection physique des lieux (murs, grillage, portails…) : ces moyens servent non seulement à votre sécurité mais peuvent être des barrières contre les animaux non désirés.
- Accès et évacuation : en cas de nécessaire repli (dans le cadre de saccages opérés par des groupes organisés – c'est le scénario d'une société effondrée où des gangs régneraient par la peur), il faut avoir prévu des routes d'évacuation, ce qui requiert d'imaginer les modalités d'intrusion.
- Armement : c'est un sujet délicat mais qu'il vous faut trancher. Disposerez-vous ou non d'armes à feu dans votre communauté ? Si oui, comment seront-elles réglementées, conservées, sécurisées, maintenues, financées ? Devez-vous prévoir un entraînement pour tous ou seulement certains, une inscription dans un club de tir ? Rappelez-vous qu'il est bien plus dangereux de détenir des armes dont on ne sait pas se servir que de ne pas en avoir.
- *Self-defense* : il existe de nombreux cours permettant à chacun d'apprendre certains réflexes de défense contre un agresseur physique. Il ne s'agit pas d'une position agressive mais plutôt d'une philosophie de défense en réponse à une attaque, sans forcément l'intention d'éliminer l'adversaire.

Partie XIV

Facteurs de réussite et raisons des échecs

ENJEU

Prendre conscience des écueils et des facteurs de réussite pour les anticiper

Diana Leafe Christian, citée précédemment, mentionne un taux de 90 % d'échecs en ce qui concerne les initiatives de communautés d'intention, sans toutefois réellement justifier ce chiffre. Il est cependant fort à parier que les raisons de ces échecs ont à voir avec la difficulté de se défaire de réflexes issus de notre éducation profondément individualiste et bercée aux valeurs numéraires.

Andy Kirby, dans une étude sur l'écovillage d'Ithaca[117], classe les raisons des échecs en trois catégories :

- Les **défis personnels**, qui font référence aux difficultés qu'un individu peut avoir à s'adapter au régime de fonctionnement d'un projet, car devant opérer de nombreux changements dans sa manière de vivre face aux habitudes acquises.
- Les **défis interpersonnels**, qui relèvent de la relation aux autres. De loin les plus significatifs, Kirby les divise en trois sous-catégories : les **questions de frontière** (séparation privé/collectif), les **sujets de communication** (gestion des conflits, équilibre de l'expression) et l'**application du consensus** (en lien avec les modes de prise de décision). Bien évidemment, l'auteur se base exclusivement sur l'expérience d'Ithaca, mais cela donne un aperçu de la nature des conflits qui peuvent saper un collectif.
- Les **défis situationnels**, qui englobent les problématiques économiques, incluant les différences de revenus ainsi que la question des lieux physiques.

Dane et Alain, de l'écovillage de Sainte-Camelle, ont élaboré un fascicule qui détaille les sept éléments qu'ils jugent incontournables pour se donner les meilleures chances de réussir un collectif. Vous le trouverez en téléchargement sur leur site[118]. Je me contenterai de n'en citer que les grands titres, car je vous invite à lire ce document pour vous imprégner plus en profondeur de ces concepts, et à suivre une formation sur place afin qu'ils s'inscrivent dans votre cœur et ne restent pas hors sol, dans l'intellect.
Voici ces incontournables :

1. La vision (incluant le rythme).
2. L'écologie intérieure : faire connaissance avec soi, entrer dans un processus de transformation, d'accomplissement et d'éveil.
3. La responsabilité (eh oui, on est responsable de ce qui nous arrive, mieux vaut l'assumer).

---

117. Andy Kirby, « Redefining social and environmental relations at the ecovillage at Ithaca : a case study », *Journal of Environmental Psychology*, vol. 23(3), septembre 2003, p. 323-332.
118. Dane Charrier et Alain Raybaud, *Sept « incontournables » pour réussir une vie collective harmonieuse* : https://ecovillagestecamelle.fr/produit/7-incontournables-pour-reussir-une-vie-collective-harmonieuse/

4. Faire le choix de mettre l'intérêt collectif au centre de nos vies.
5. La transparence par la sincérité et l'authenticité.
6. La confiance en la vie.
7. L'amour en action ou l'action éclairée.

Voici maintenant, pêle-mêle, des raisons d'échecs :

- Un excès d'utopie (ex. : un vote à l'unanimité pouvant bloquer face à un vote à la majorité).
- Une accumulation de trop de projets en même temps (ex. : vivre ensemble + baisser son niveau de vie + se lancer dans un nouveau métier).
- L'abus de principes abstraits.
- Un idéalisme irréaliste (ou fuite des réalités).
- Un « bombardement d'amour » (*love bombing*), c'est-à-dire un excès d'amour, manquant d'authenticité.
- Des systèmes trop contraignants.
- L'absence de règles.
- Sous-estimer ce que vivre ensemble implique ; autrement dit, imaginer que la période des grands amours initiaux va perdurer avec la même intensité.
- Accepter de n'être qu'une roue du carrosse, même si propriétaire significatif.
- Une confusion entre libertarisme et laisser-faire (l'écovillageois est avant tout un gros travailleur).
- « Un collectif ne fonctionne pas en écrasant le privatif. »
- Uniformiser tous les principes au lieu de définir des communs et de préserver la diversité.
- Une contradiction entre les discours et valeurs du groupe et le corpus de règles et modalités de fonctionnement qui les empêchent ou les limitent fortement.
- Une difficulté à collecter les contributions pour les espaces communs.
- Un manque de planification.
- Des écarts importants de revenus.
- Un excès de susceptibilité, d'autoritarisme ou d'individualisme chez certains membres.
- Chercher à l'excès l'éloignement et l'isolement de tout centre urbain (ce qui peut devenir insupportable pour certains membres).
- Ne pas prendre en compte les dynamiques générationnelles (le vieillissement des membres peut nécessiter l'attention de leurs enfants...).
- Une confusion entre un choix « politique » (on a décidé ensemble de la liberté sexuelle parce que c'est cool) et la réalité des émotions que ce choix suscite (injustice, jalousie, possession).
- Une autocratie générée par l'existence d'un financeur majoritaire.

Toujours pêle-mêle, voici quelques facteurs clés offrant une meilleure garantie de réussite, auxquels il sera pertinent de faire attention (s'il existe cependant un facteur fondamental de succès, c'est bien le partage d'une vision commune) :

- La priorité donnée à l'entraide, à la générosité et au bien commun.
- Une unanimité recherchée dans les limites du raisonnable et un vote à la majorité lorsque nécessaire.
- De la transparence en évitant les non-dits et ce qui pourrait sembler implicite.
- Une intimité pour l'individu, autrement dit le respect des espaces privés (c'est l'un des enseignements des collectifs soixante-huitards).
- Une vie communautaire qui crée du liant sans être invasive.
- Pas de contraintes excessives.
- La propriété collective des lieux de vie.
- Une organisation rigoureuse, qui ne souffre pas de réunionite aiguë.
- Une bonne atmosphère de travail.
- Des revenus partagés (une partie des revenus individuels + revenus des activités collectives).
- Un traitement équitable faisant fi du niveau d'éducation ou du patrimoine économique.
- Une sélection à l'entrée.
- Le travail d'écologie intérieure se fera au sein du collectif quoi qu'il arrive, alors autant l'anticiper et se l'approprier.
- Une auto-évaluation régulière pour ne pas s'endormir sur ses lauriers.
- De bonnes relations avec le voisinage et les autorités.

Atelier d'intelligence collective.

Enfin, je souhaite vous partager quelques remarques faites par des membres de diverses communautés et dont la portée est assez générale :

> « Ne pas aborder un sujet parce qu'il ne fait pas encore partie des préoccupations partagées recèle une source potentielle de conflit à terme. »
>
> « Par nature, le groupe est quand même un peu moins exigeant que l'individu. »
>
> « C'est un truc de bon sens : quand on déglingue quelque chose du commun, même sans le vouloir, le minimum qu'on demande c'est qu'il soit remplacé dans des délais corrects. »
>
> « Tout le monde n'a pas la même notion de la propreté et de l'hygiène. Il est donc important de mettre en place des règles claires sur la gestion des espaces communs. »
>
> « On retrouve le sens véritable des mots et on joue tous à tour de rôle le miroir d'un autre. »
>
> « Il faut avancer dans l'évidence plutôt que dans l'idéal, car notre conscience n'est pas assez évoluée. »

Le puits, un minimum indispensable pour les récoltes.

Partie XV

Vous n'êtes pas seul !

ENJEU

S'entourer des meilleurs soutiens et bénéficier de l'expérience du grand collectif des écovillageois

Réseaux

Il existe un certain nombre de réseaux pouvant vous apporter de multiples informations ou un soutien concret :

- La Fabrique des Colibris en est un, et comme le dit son slogan : « Ensemble, on va plus loin ! » : www.colibris-lafabrique.org
- Plusieurs sites recensent des initiatives d'écovillages. Le plus international est celui du GEN : https://ecovillage.org, qui se divise en sous-régions, dont l'Europe : https://gen-europe.org. Il géolocalise les initiatives au niveau mondial et fournit de nombreuses ressources documentaires
- Un autre bon réseau, Écovillage global : www.ecovillageglobal.fr, lié à l'excellente revue *Passerelle Éco* : www.passerelleco.info
- Les Pas-Sages, qui proposent un accompagnement dès la conception de votre projet pour éviter les principaux écueils et rompre avec certains paradigmes : https://les-pas-sages.org/
- Un site qui recense sur une carte un ensemble d'initiatives, y compris les terrains disponibles : https://hameaux-legers.org

Récolte d'automne à l'écovillage de Hjortshøj au Danemark.

En voici d'autres parmi les plus actifs :

- Le Réseau français des écovillages : https://ecovillagesfrance.org
- La Coopérative Oasis, qui recense les lieux écologiques et solidaires nommés Oasis et partage de nombreuses informations de qualité : https://cooperative-oasis.org
- SemeOz, avec ses différentes cartes thématiques : https://semeoz.initiative.place
- Vivre reliés, qui recense près de 300 lieux : https://vivrerelies.org

Des exemples inspirants

Vous pouvez lire tous les ouvrages existants et parcourir tous les chouettes sites du Web, rien ne remplacera l'échange direct. De nombreux collectifs proposent des séjours parmi eux. Participer à un cercle de parole, prêter main-forte à un ouvrage communautaire, être témoin de la gestion d'un différend sont de multiples opportunités pour comprendre, au-delà des concepts intellectuels, les dynamiques en jeu et la manière de résoudre la diversité des situations sans s'enfermer dans des processus figés.

Essayez d'identifier une communauté qui ressemble à ce que vous aimeriez développer. Le nombre de ces initiatives ne cessant de croître, vous trouverez chaussure à votre pied.

Désormais, vous êtes équipé pour vous lancer. Retenez simplement que les deux dimensions qui représentent un véritable défi, ce sont les finances et l'humain ! Et que même si l'aventure semble ardue, le chemin en vaut la peine : les nombreux écovillages existants nous indiquent qu'il est possible d'« atterrir » ces idéaux et de contribuer à ce que l'humain transcende sa nature.

Pour une touche plus légère, je vous invite à voir ou revoir les comédies suivantes :

- *Quelques messieurs trop tranquilles* de Georges Lautner (1973) ;
- *Peace, love et plus si affinités* (*Wanderlust*) de David Wain (2012) ;
- *Problemos* d'Éric Judor (2017).

Village circulaire de Lipnice en République tchèque.

Sources bibliographiques

Aberkane Idriss, *Libérez votre cerveau ! Traité de neurosagesse pour changer l'école et la société*, Robert Laffont, 2016.

Alvarez Céline, *Les Lois naturelles de l'enfant*, Les Arènes, 2016.

Bey Hakim, *TAZ – Zone autonome temporaire*, L'Éclat, 1997.

Bidar Abdennour, *Lettre ouverte au monde musulman*, Les Liens qui libèrent, 2015.

Boquien Nathalie et Thiriet Marie, *Autonomie solidaire. Écovillages et habitats participatifs*, Rustica, 2021.

Broutin Michel, *Voyage en terre méconnue. 40 années d'habitats groupés*, Éco Habitat Groupé, 2014.

Butler C.T. Lawrence et Rothstein Amy, *On Conflict and Consensus*, Food Not Bombs Publishing, 1991.

Chiquet Bernard-Marie et Appert Étienne, *Une nouvelle technologie managériale : l'holacracy*, iGi Partners, 2013.

Curci Christophe et Broustey Benjamin, *Méthodologie et outils clefs du design en permaculture*, Imagine un Colibri, 2017.

Dawson Jonathan, *Les Écovillages, laboratoires de modes de vie écoresponsables*, Yves Michel, 2010.

Dekarz Damien, *La Permaculture au jardin mois par mois*, Terran, 2019.

Deloria, Vine, Jr., *Red Earth, White Lies : Native Americans and the Myth of Scientific Fact*, Fulcrum Publishing, 1997.

Elsberg Marc, *Black-out*, Le Livre de Poche, 2016.

Fare Marie, *Repenser la monnaie. Transformer les territoires, faire société*, Charles Léopold Mayer, 2016.

Flament-Ortun Sidney et Macias Bruno, *Néo-paysans. Le guide (très) pratique*, France agricole, 2017.

Gesell Silvio, *The Natural Economic Order*, Lulu.com, 2009.

Hervé-Gruyer Perrine et Charles, *Vivre avec la Terre*, Actes Sud, 2019.

Holmgren David, *Permaculture. Principes et pistes d'action pour un mode de vie soutenable*, Rue de l'échiquier, 2014.

Hopkins Rob, *Manuel de transition. De la dépendance au pétrole à la résilience locale*, Écosociété, 2010.

Laborde Stéphane, *Théorie relative de la monnaie 2.718*, Lulu.com, 2013.

Laloux Frédéric, *Reinventing Organizations. Vers des communautés de travail inspirées*, Diateino, 2019 (ouvrage de management destiné à réviser les modes d'organisation, basé sur des études de cas réels).

Leafe Christian Diana, *Vivre autrement. Écovillages, communautés et cohabitats*, Écosociété, 2015 (référence en la matière, c'est un manuel pratique tiré de nombreuses expériences menées aux États-Unis).

Lietaer Bernard, *Au cœur de la monnaie. Systèmes monétaires, inconscient collectif, archétypes et tabous*, Yves Michel, 2011.

Macy Joanna et Young Brown Molly, *Écopsychologie pratique et rituels pour la Terre*, Le Souffle d'or, 2016.

McCurdy Robina, *Faire ensemble. Outils participatifs pour le collectif*, Passerelle Éco, 2013 (recense de nombreux outils très utiles pour la gestion de groupe).

McLaughlin Corinne et Davidson Gordon, *Les Bâtisseurs de l'aube. Des communautés dans un monde en transformation*, Le Souffle d'or, 1985 (ouvrage québécois, encore d'actualité).

Metcalf Bill, *The Findhorn Book of Community Living*, Kaminn Media Ltd, 2004.

Neill Alexander S., *Libres enfants de Summerhill*, La Découverte, 2e éd. 2004.

Noubel Jean-François, *Intelligence collective : la révolution invisible*, Noubel.com, 2013.

Rabhi Pierre, *Manifeste des Oasis en tous lieux*, Mission des Oasis en tous lieux, 1997.

Salomé Jacques et Potié Christian, *Oser travailler heureux. Entre prendre et donner*, Le Livre de Poche, 2013.

San Giorgio Piero, *Survivre à l'effondrement économique*, Culture & Racines, 2020.

Wahl Daniel C., *Designing Regenerative Cultures*, Triarchy Press, 2016.

Walker Liz, *Ecovillage at Ithaca : Pioneering a Sustainable Culture*, New Society Publishers, 2005.

Wilber Ken, *Les Trois Yeux de la connaissance*, Almora, 2013.

Sites Internet

Collectifs constitués

Centre UnisVers (Haute-Vienne, France) : www.centre-unisvers.fr
Collectif Habiterre (Drôme, France) : www.habiterre.org
Communauté Auroville (Inde) : https://auroville.org
Communauté Damanhur (Italie) : https://damanhur.travel/fr/
Communauté Twin Oaks (États-Unis) : www.twinoaks.org
Écohameau du Plessis (Eure-et-Loir, France) : https://ecohameauduplessis.fr
Écohameau Les Trois Sources (Aveyron, France) : www.ecovillage-3sources.eu
Écosystème Darwin (Bordeaux, France) : https://darwin.camp
Écovillage d'Éourres (Hautes-Alpes, France) : http://eourres.fr
Écovillage Dancing Rabbit (États-Unis) : www.dancingrabbit.org
Écovillage de Hjortshøj (Danemark) : www.andelssamfundet.dk
Écovillage de Pourgues (Ariège, France) : www.villagedepourgues.coop
Écovillage de Sainte-Camelle (Ariège, France) : https://saintecamelle.fr
Écovillage Earthaven (États-Unis) : www.earthaven.org
Écovillage Ecoravie (Drôme, France) : www.ecoravie.org
Écovillage La Cité écologique (Canada) : https://citeecologique.org
Écovillage Local Earth (États-Unis) : http://local-earth.org
Écovillage Zegg (Allemagne) – le Forum : www.zegg-forum.org
Fondation Findhorn (Écosse) : www.findhorn.org
Grain & Sens (Ardèche, France) : www.grainandsens.com
Hameau des Buis (Ardèche, France) : https://hameaudesbuis.com
Jardins et écolieu d'Atyoula (Landes, France) : www.ecolieuatyoula.com
La Forge du Vallon (Charente, France) : www.laforgeduvallon.fr
Le Château Partagé (Savoie, France) : www.lechateaupartage.fr
Le Manoir (Canada) : https://manoir.community
Les Amanins (Drôme, France) : www.lesamanins.com
Longo Maï (Suisse) : www.prolongomaif.ch
Moulinage de Chirols (Ardèche, France) : https://lemoulinagedechirols.org
Oasis du Coq à l'Âme (Charente, France) : https://oasis-ducoqalame.com
Open Lande (Nantes, France) : https://openlande.co
Tera (Lot-et-Garonne, France) : www.tera.coop

Enseignement

Campus de la Transition : https://campus-transition.org
Communauté européenne pour l'éducation démocratique/EUDEC France : www.eudec.fr
Créer son école : www.creer-son-ecole.com
École démocratique de Summerhill (Grande-Bretagne) : www.summerhillschool.co.uk
Enric Corbera : www.enriccorberainstitute.com
Ferme du Bec-Hellouin : www.fermedubec.com
Gaia Education : www.gaiaeducation.org
Réseau des écoles publiques alternatives du Québec (Répaq) : https://repaq.org
Université des Colibris : https://colibris-universite.org
Université du Nous : https://universite-du-nous.org
Université Vivante : www.universite-vivante.org

Entreprises

Archestra : http://archestra.fr
Crédit coopératif : www.credit-cooperatif.coop
La Nef : www.lanef.com
Solaris Store : www.solaris-store.com
Wattuneed : www.wattuneed.com

Informations générales

Build Green : www.build-green.fr
Encyclopédie de l'énergie : www.encyclopedie-energie.org
InfoTerre : http://infoterre.brgm.fr
Les Calories : www.les-calories.fr
Maison-Construction : www.maison-construction.com
Programme Solidarité-Eau : www.pseau.org
Terre-net : www.terre-net.fr
Toits alternatifs : https://toitsalternatifs.fr
Weathercloud : https://app.weathercloud.net/map
Windfinder : www.windfinder.com

Réseaux et annuaires

Casa Latina : https://redcasalatina.org
Communauté Local Earth : http://local-earth.org
Coopérative Oasis : https://cooperative-oasis.org
L'Archipel du Vivant : https://archipelduvivant.org
Les Pas-Sages : https://les-pas-sages.org/

Passerelle Éco : www.passerelleco.info
Relier : http://reseau-relier.org
Réseau des écovillages mondial/Global Ecovillage Network (GEN) : www.gen.ecovillage.org
Réseau des Oasis/Mouvement des Colibris : www.colibris-lemouvement.org
Réseau français des écovillages : https://ecovillagesfrance.org
Smala : www.lasmala.org
Una Nueva Ecoaldea (Amérique Latine) : https://unanuevaecoaldea.org

Services divers pour collectifs

Aquatiris : www.aquatiris.fr
Cagette.net : www.cagette.net
Cercles restauratifs : www.cerclesrestauratifs.org
Compta-Facile : www.compta-facile.com
Duniter : https://duniter.org/fr
Dynamiques de groupe : http://dynamiquesdegroupe.com
Eco coin : www.ecocoin.com
Gouvernance intégrative : https://gouvernanceintegrative.com
HelloAsso : www.helloasso.com
L'ÉchangeHeure : www.lechangeheure.org
La Banque de Temps : www.labanquedetemps.com
La Débrouille : https://la-debrouille.fr/
Les Biens en Commun : https://lesbiensencommun.com
Quête intérieure : www.queteinterieure.com
Répertoire départ installation (RDI) : www.repertoireinstallation.com
Rêve du Dragon : https://revedudragon.org
Solidaris : www.solidaris-liege.be
Twiza : https://fr.twiza.org
Vers un réseau d'achat en commun (VRAC) : https://vrac-asso.org
Wikiwater : https://wikiwater.fr
WWOOF : wwoof.fr

Services publics

Ademe : www.ademe.fr
Agreste : https://agreste.agriculture.gouv.fr
BDLISA : https://bdlisa.eaufrance.fr
Observatoire des territoires : www.observatoire-des-territoires.gouv.fr
PLU en ligne : https://plu-en-ligne.com
Safer : www.safer.fr
Spanc : www.assainissement-non-collectif.developpement-durable.gouv.fr

L'ingéniosité des habitants de Sainte-Camelle.

Annexes

Annexe I :
Exemple de charte (composition)

La raison d'être et la vision

La vocation de ce lieu de transition est de rassembler, en un même site géographique, des personnes partageant une même vision du monde et un ensemble de valeurs autour de différents habitats privatifs et collectifs et pôles d'activité, pour mettre en œuvre un mode de vie écologique, solidaire, intergénérationnel, interculturel, sobre mais joyeux, gage de pérennité, en préservant le bien-être des générations futures, et d'humanisme.

L'autonomie

Nous avons la volonté de nous prendre en charge par nous-mêmes et en interdépendance avec les autres. Ainsi que de développer la capacité à être responsable, en assumant les conséquences de nos actes.
À cela s'ajoute notre souhait de développer une autonomie collective en matière économique, alimentaire et énergétique. L'emploi du *low-tech*, par nature plus durable, sera privilégié lorsque possible.

La convivialité

Notre projet doit être imprégné de joie et de bien-être, individuel et collectif, à tous les stades de son développement. Les événements festifs collectifs seront d'excellents moyens d'exprimer cette confiance en la vie.
Plus que seulement l'acceptation d'autrui, nous voulons tendre à un accueil ouvert fraternel et chaleureux, abordant l'autre avec ses différences par la recherche de relations pacifiées. Le couple, la famille, la « tribu », laboratoires de la convivialité, doivent pouvoir s'épanouir harmonieusement dans notre écovillage. Notre lieu doit pouvoir accepter et accompagner tant nos vulnérabilités individuelles que nos forces.

L'ouverture

Nous ne cherchons pas l'autarcie mais une interaction constante et mutuellement bénéfique avec notre voisinage.
Nous rechercherons donc une insertion dans le tissu local social, économique, culturel et auprès des institutions locales par la quête de partenariats avec l'ensemble du « mouvement alternatif » qui veut vivre et travailler autrement.

La solidarité

Nous visons à favoriser un fonctionnement équitable plutôt que caritatif en apportant l'aide du groupe à ceux qui assument une activité nouvelle et difficile. Ces principes de solidarité active avec tous ceux qui luttent pour une vie meilleure tendront vers une notion de réciprocité afin de fluidifier les échanges.
De ce fait, nous apporterons notre aide à la création d'autres types d'initiatives similaires.

Les croyances

Toute croyance, qu'elle soit d'ordre esthétique, éthique ou spirituel, est un cheminement personnel qui ne pourra s'imposer au collectif, qui ne souhaite se voir aucunement étiqueté en ces termes. L'écovillage souhaite devenir un lieu ouvert d'échanges et d'expérimentations où la liberté de conscience, en tant que processus individuel, implique le respect de celle des autres pour autant qu'elle ne compromet pas l'initiative collective.
Par conséquent, il sera veillé à une indépendance morale, philosophique et économique vis-à-vis de toute organisation politique, religieuse ou sectaire.

Les activités

La gamme des activités possibles dans notre écovillage est assez étendue : activités professionnelles ou non, agricoles, artisanales, éducatives, culturelles, de loisirs, tout en favorisant leur complémentarité. Tant qu'elles se tournent vers le collectif.
Autrement dit, sauf de manière transitoire, nous ne souhaitons pas conserver des activités économiques hors du collectif qui transformeraient le lieu en un simple dortoir.

Le collectif

« Seul on va plus vite, à plusieurs on va plus loin. » Nous considérons que les réponses aux défis futurs seront collectives et non plus individuelles. La collaboration vient complémenter la compétition saine. L'intelligence collective est un outil au service de cette dynamique de groupe, et pour la cultiver nous serons vigilants quant à la qualité des liens entre individus et accepterons que le rythme du groupe ne soit pas le même que celui de chaque individu.

La gouvernance

Nous privilégierons le fonctionnement le plus démocratique et laïque, collectif et solidaire possible, mais imprégné de réalisme.

La prise de décisions se fera en privilégiant le consensus et l'écoute, mais avec des mécanismes pragmatiques pour éviter toute situation bloquante, répétitive ou démotivante.
La gouvernance s'appuiera sur l'élaboration d'outils comme un cahier des décisions ou des règlements internes afin de convenir de règles claires pour faciliter la vie au quotidien.

En somme, ces principes seront illustrés par…

Le respect de la nature

Par des comportements fondamentalement écologiques, aux sens global et local du terme :

- Avant tout, ne pas nuire.
- Veiller à une bonne intégration paysagère des installations.
- Réduire individuellement et collectivement, localement et globalement son empreinte écologique, au travers notamment de constructions ou rénovations aux normes écologiques et de pratiques comme la permaculture, l'économie circulaire ou la mutualisation des moyens.
- Participer à la préservation des écosystèmes environnants.
- Participer à l'élévation des consciences.

Le respect des autres

- Faire le choix de mettre l'intérêt collectif au centre de sa vie.
- Faire de son mieux pour appliquer et faire appliquer les décisions prises.
- Ne pas imposer ses convictions, offrir simplement l'exemple de son propre vécu.
- Chercher le consensus dans les prises de décision.
- Développer sa capacité à réellement écouter l'autre, dans un dialogue sincère et authentique.
- Être tolérant et empathique.
- Respecter les engagements que l'on a pris.
- Faire preuve de franchise, d'honnêteté et de bonne foi : assumer la responsabilité de ses actes, paroles, gestes, et se préoccuper de leurs conséquences (« ma parole est impeccable »).
- Ne pas médire, faire des suppositions ou propager des rumeurs (« ma parole est puissance »).
- Aucun sujet n'est tabou : pouvoir entamer toute conversation sans crainte de « représailles ».
- Respecter toute forme de vie (y compris dans l'acte du sacrifice pour s'alimenter).
- Respecter la vie privée au sein du collectif.

Le respect de soi-même

- Être responsable à 100 % de ses états d'être, de ses choix de vie, de ses décisions dans le collectif.
- Être conscient de sa part de responsabilité dans tout ce qui nous arrive.
- Exprimer son point de vue et quand quelque chose ne nous convient pas. Si tel n'est pas le cas, assumer de ne pas l'avoir fait.
- Faire ce que l'on a dit que l'on ferait (« je suis cohérent entre le dire et l'agir »).
- Reconnaître ses erreurs ou manquements et proposer de les amender (humilité et travail sur son ego).
- Chercher à progresser en conscience en se remettant en question (« les circonstances sont neutres, ce sont mes émotions qui les colorent »), en acceptant la critique constructive de son entourage et son rôle de miroir.
- Refuser tout ce qui peut dégrader l'être humain, comme l'alcoolisme ou les drogues récréatives.

Sources : www.passerelleco.info ; www.lechateaupartage.fr ; http://benjamin.lisan.free.fr

Annexe II : Exemple de charte (écovillage Local Earth)

Établissements humains et systèmes sociétaux

- Nous valorisons la connaissance et la sagesse en tant que guides.
- Nous respectons la nature en tant qu'enseignante.
- Nous soutenons les fermes locales, les aliments biologiques non génétiquement modifiés, les jardins communautaires et les marchés de producteurs.
- Nous encourageons l'utilisation efficace, la conservation et la préservation de l'eau pure.
- Nous encourageons les sources d'énergie propres et renouvelables.
- Nous encourageons les structures conçues de manière écologique et construites avec des matériaux locaux provenant de sources durables.
- Nous encourageons les systèmes de gestion écologique des déchets.
- Nous proposons une éducation aux écosystèmes locaux, une compréhension de l'environnement et une sensibilisation à la biologie.
- Nous cultivons l'équilibre optimal et l'intégration de la sagesse indigène et des technologies appropriées.
- Nous inspirons la conception de produits et de systèmes en économie circulaire.
- Nous promouvons des systèmes financiers et des modèles bancaires justes et équitables.
- Nous soutenons les modèles démocratiques équilibrés de gouvernement.
- Nous soutenons le développement communautaire qui bénéficie à la santé de l'humanité et de la nature dans son ensemble.
- Nous encourageons la responsabilité sociale et environnementale.
- Nous apportons un capital intellectuel au collectif pour le bien de l'humanité.

Attitudes, actions et vision du monde

- Nous cultivons une santé optimale en relation avec soi-même, la communauté et la nature.
- Nous respectons la Terre et sommes reconnaissants envers la belle planète sur laquelle nous avons la possibilité de vivre.
- Nous célébrons l'unité, la paix, l'amour, la bonté, la compassion et la non-violence.
- Nous célébrons la diversité de nos cultures, religions, croyances et visions du monde.
- Nous communiquons honnêtement et agissons avec une intégrité personnelle.

- Nous inspirons la créativité, la collaboration et la coopération.
- Nous offrons une éducation communautaire gratuite et abordable.
- Nous cultivons l'autonomisation en nous-mêmes et dans nos communautés locales.
- Nous faisons des choix personnels et locaux conscients qui soutiennent positivement la santé de la communauté mondiale.
- Nous célébrons la beauté, le pouvoir, le plaisir et l'efficacité du travail en commun.
- Nous avons choisi de travailler ensemble en tant que collectif local et mondial.

Autres principes dans la conception

Éléments clés du modèle (répondre à tous les besoins suivants de la manière la plus saine, la plus écologique et la plus régénératrice possible) :

- Permaculture – Utiliser les principes de conception de la permaculture pour répondre aux besoins et atteindre les objectifs du projet.
- Architecture – Tester différents méthodes et matériaux de construction afin de trouver les solutions les plus efficaces possible en ce qui concerne l'utilisation de l'énergie et des ressources naturelles nécessaires pour créer et maintenir un environnement de vie sain, sûr et stimulant :
  - chauffage et refroidissement solaires passifs/orientation environnementale ;
  - systèmes de captage des eaux de pluie ;
  - systèmes d'eaux grises/noires ;
  - alimentation par des sources d'énergie renouvelables ;
  - matériaux de construction provenant de sources durables.
- Agriculture – Développer et mettre en œuvre les modèles et pratiques les plus sains, régénérateurs et efficaces de l'agriculture et du jardinage biologiques à l'échelle du village :
  - cultiver un pourcentage des besoins alimentaires et de production des communautés, convenu collectivement.
- Gestion des déchets – Développer et mettre en œuvre les pratiques de gestion des déchets humains, paysagers et de consommation les plus efficaces sur le plan écologique :
  - compostage des déchets alimentaires et paysagers en une matière organique précieuse pour les jardins ;
  - toilettes à compostage pour utiliser et convertir les déchets humains en une matière organique bénéfique qui soutienne les systèmes vivants du modèle ;
  - prendre des décisions conscientes sur les types de produits de consommation que nous achetons en ce qui concerne leur emballage et les matériaux utilisés pour les fabriquer ;

- notre idéal est de créer un système en boucle fermée qui ne produise pas de gaspillage.

Systèmes communautaires (structures invisibles)

- Prise de décision/gouvernance – Développer et mettre en œuvre le processus de prise de décision en groupe le plus juste, équilibré et représentatif possible. Réunions de groupe cohérentes, systèmes de communication et processus de prise de décision convenus.
- Valeurs et objectifs communs partagés – Développer un processus permettant au groupe d'établir un ensemble de valeurs et d'objectifs communautaires partagés. L'intention est de créer une situation et un environnement qui favorisent l'harmonie et la cohésion.
- Pratiques de communication saines – Cultiver des pratiques de communication saines afin d'aborder les conflits potentiels du groupe de manière productive et non violente. Les valeurs communes partagées fournissent une base stable sur laquelle on peut revenir en cas de conflit ou de mauvaise communication.
- Partage des ressources – Partager les éléments dont chacun a besoin dans la communauté, dans la mesure du possible, afin de réduire la demande en ressources naturelles (ex. : outils, matériel de cuisine, véhicules…).
- Partage des tâches quotidiennes – Créer un système de partage des responsabilités quotidiennes avec le groupe afin de rendre les processus plus efficaces et plus agréables (ex. : cuisine, nettoyage, jardinage, compostage…).
- Voyages et échanges – Créer un système qui permette de voyager et d'inviter de nouveaux membres dans le groupe vivant si quelqu'un décide de partir. Une fois que des groupes vivants sont initiés dans d'autres endroits du monde, développer un système qui permette aux gens d'échanger leurs lieux.
- Économie – En relation avec le système économique externe, mettre en commun les ressources économiques pour acheter les biens nécessaires à la communauté de la manière la moins coûteuse possible (ex. : produits d'épicerie en vrac). En relation avec le système économique interne, fournir au groupe de vie autant de services et de besoins que possible par le biais de ses membres (ex. : nourriture/jardin/cuisine, construction, entretien de la propriété, carrosserie…).

Source : http://local-earth.org/

Annexe III : Fiches d'analyse de terrain

FICHE IDENTITÉ ESPACE POUR PROJET D'ÉCOVILLAGE			
Date d'actualisation :			
NOM DU LIEU			
Nom local			
Commune			
Département			
Région			
Pays			
COORDONNÉES			
Nord/sud	°	'	"
Ouest/est	°	'	"
DISTANCES AU VOISINAGE (EN VOITURE)			
PROJET **Nom de votre projet**			
INVESTISSEMENT **Valeur d'achat**	€		
SUPERFICIE **m²/ha**			

TOPOLOGIE & LOCALISATION

Date d'actualisation :

SUPERFICIES & HAUTEURS

Total	m^2/ha	Constructible	m^2/ha
Forêt	m^2/ha	Constructible	m^2/ha
Terrains agricoles	m^2/ha	Autre	m^2/ha
Hauteur moyenne	m	Point le plus haut	m

ACCESSIBILITÉ

Points d'entrée		Praticabilité	

Indiquer le type de véhicule minimum et les saisons de non-accès :

CONSTRUCTIONS

Superficie bâtie	m^2	Nombre de bâtiments	
Maison principale construite	m^2	Nombre d'étages	
Capacité de la maison			

Décrire la maison et les autres bâtiments :

ÉTAT DU LOGEMENT PRINCIPAL

Habitable en l'état ?	☐	Quelques aménagements à faire ?	☐
Importantes rénovations à prévoir ?	☐	Ruine	☐

DISTANCES AU VOISINAGE (EN VOITURE)

Au village le plus proche	km	À une grande ville	km
Au premier collège	km	Au premier lycée	km
À une autoroute	km	À un aéroport	km
À une gare ferroviaire	km	À un arrêt de bus	km
À un autre écovillage	km	À un hôpital	km
À la capitale	km	À un marché populaire	km

Spécificité du voisinage (communauté religieuse, paysans isolés, centrale nucléaire, industrie polluante…) :

COMMENTAIRES

FINANCES			
Date d'actualisation :			
VALEUR ÉCONOMIQUE (€)			
Valeur demandée par le propriétaire		Valeur estimée par la commune	
Valeur acte d'achat précédent		Négociable ?	☐ oui ☐ non
Nom du propriétaire			
Tél. portable propriétaire		Tél. fixe propriétaire	
E-mail propriétaire			
SERVICES			
Électricité publique	☐ oui ☐ non	Eau potable publique	☐ oui ☐ non
Internet	☐ oui ☐ non	Services postaux	☐ oui ☐ non
COMMENTAIRES			

RESSOURCES & ACTIVITÉS

Date d'actualisation :

EAU

Superficie aquatique	m²/ha
Étang naturel/artificiel	Nombre
Fleuve/rivière/cours d'eau/canal	Nombre
Sources d'eau	Nombre
Puits	Nombre
Nappe phréatique identifiée ?	Profondeur m

Indices de contamination ?

ACTIVITÉS AGRICOLES

Superficie cultivable	m²/ha	Superficie actuelle en culture	m²/ha
Arrosage opérationnel ?	☐ oui ☐ non	Permaculture déjà pratiquée ?	☐ oui ☐ non
Type(s) de sol(s)	☐ oui ☐ non	sableux ☐ calcaire ☐ limoneux ☐ terre noire ☐ pierreux ☐ tourbeux ☐ salin ☐ argileux ☐	
Culture agrochimique	☐ oui ☐ non	Sol « épuisé »	☐ oui ☐ non

Quelles cultures sont pratiquées ?

ACTIVITÉS D'ÉLEVAGE

Superficie dédiée	m²/ha	Infrastructure	m²

extensif ☐ intensif ☐ autoconsommation ☐
bovin ☐ ovin ☐ caprin ☐ porcin ☐ volaille ☐ lapin ☐

Détails :

AUTRES ACTIVITÉS

apiculture ☐ aquaculture ☐ fromagerie ☐ laiterie ☐ chevaux ☐
production de bois ☐ négoce ☐

Décrire :

COMMENTAIRES

TOURISME			
Date d'actualisation :			
DISTANCES			
Distance à la route touristique la plus proche		km	
Accès avec quel type de véhicule ?		bus ☐ fourgonnette ☐ 4 × 4 ☐ simple ☐	
ATTRACTIONS			
Faune ?			
Flore ?			
Paysages ?			
Chemins de randonnée ?			
Visites particulières (ateliers, artisans, château, site archéologique...) ?			
Activités que nous pourrions développer ?			
COMMENTAIRES			

INFORMATIONS GÉNÉRALES

Date d'actualisation :	
SÉCURITÉ	
Nombre d'accès	
Clôture ?	☐ oui ☐ non
Existe-t-il un point haut d'observation à 360° ?	☐ oui ☐ non
Peut-on construire une tour d'observation ?	☐ oui ☐ non
Périmètre du terrain	m

RISQUES NATURELS			
Inondation	☐ oui ☐ non	Vent violent	☐ oui ☐ non
Éboulement	☐ oui ☐ non	Incendie dû à forêt proche	☐ oui ☐ non
Tremblement de terre	☐ oui ☐ non	Tsunami	☐ oui ☐ non
COMMENTAIRES			

DOCUMENTS

Date d'actualisation :			
DOCUMENTS À JOINDRE			
Acte d'achat antérieur	☐ oui ☐ non	Papiers d'identité propriétaire	☐ oui ☐ non
Relevé topographique	☐ oui ☐ non	Cartes géographiques	☐ oui ☐ non
Relevé du cadastre	☐ oui ☐ non	Impôts fonciers	☐ oui ☐ non
Notaire de référence			
PENSER À FAIRE LORS DE LA VISITE			
Photographies	☐ oui ☐ non	Coordonnées GPS	☐ oui ☐ non
Temps d'accès depuis l'entrée	☐ oui ☐ non	Échantillons de terre	☐ oui ☐ non
Enregistrement avec drone	☐ oui ☐ non	Dessins du terrain	☐ oui ☐ non
COMMENTAIRES			

Annexe IV : Exemple de questionnaire pour candidat à la résidence

Nous sommes honorés et reconnaissants que vous soyez intéressé à être résident et cocréateur de notre projet d'écovillage !
Les questions suivantes ne sont pas rédhibitoires : il n'y a pas de mauvaise réponse. Nous vous demandons la plus grande honnêteté afin d'évaluer au mieux la possibilité de votre intégration, car il s'agit d'un choix de vie conséquent, tant pour vous que pour nous, et les non-dits peuvent s'avérer à terme périlleux. Nous sommes conscients que ce questionnaire est long, mais il l'est au même titre que l'engagement envisagé.

EN PRATIQUE :

Votre e-mail :
Nom et prénom, âge :
Quelle est la meilleure façon de vous contacter ?

Veuillez confirmer que vous avez lu, compris et êtes en accord avec toutes les informations concernant les valeurs fondamentales et ententes préalables liées au modèle d'écovillage que nous développons :
☐ Non ☐ Oui

Avez-vous des questions sur les valeurs fondamentales et les accords qui ont été élaborés jusqu'à présent ?
☐ Non ☐ Oui et je précise mes questions :

Où habitez-vous actuellement ?
Quels sont les membres de votre famille (enfants, partenaire) et animaux domestiques avec lesquels vous comptez vivre dans le village ?

Nom et prénom	Âge	Accompagnant ?	Visiteur ?

PARLONS DE VOUS :

Parlez-nous de votre chemin de vie, de votre métier et de votre situation actuelle :

Quelles sont les cinq valeurs/vertus humaines essentielles à vos yeux ?
Quels compétences et talents possédez-vous qui, selon vous, seraient utiles pour la cocréation et la construction d'un écovillage ?
Compétences maîtrisées :
Compétences développées :
Compétences en cours d'acquisition :

Avez-vous une expérience de travail avec des modèles de gouvernance alternatifs/dynamiques similaires à la sociocratie, l'holacratie ou la démocratie directe ?
▢ Non ▢ Oui et je précise :

De votre propre point de vue, quels pourcentages vous attribueriez-vous pour les trois traits de caractère suivants (ex. : 25 % penseur, 25 % sensoriel, 50 % faiseur) ?
Penseur : %
Sensoriel : %
Faiseur : %
→ Total : 100 %

Avez-vous déjà participé à des situations de vie temporaire en groupe (scoutisme, internat, camp de vacances, expédition…) ?

▢ Non ▢ Oui et je précise :

Avez-vous déjà vécu dans une communauté intentionnelle ou participé à la formation d'une communauté de vie ? Si oui, veuillez partager quelques informations sur vos expériences.
▢ Non ▢ Oui et je précise :

> Si vous avez déjà vécu en communauté, veuillez partager certaines des expériences les plus INSPIRANTES que vous ayez eues.
>
> Si vous avez déjà vécu en communauté, veuillez partager quelques-unes des expériences les plus DIFFICILES que vous ayez eues.

Comment gérez-vous les conflits ? Veuillez donner un exemple de conflit récent que vous avez vécu et indiquez comment vous avez réagi à la situation.

Quels sont vos traits de caractère les plus marqués ?
Qu'est-ce qui vous rend joyeux ?
Quelles sont les habitudes de vie que vous aimez ?
Quelles sont les habitudes de vie que vous souhaitez changer ?
Avez-vous déjà eu des antécédents sérieux avec la justice ?
☐ Non ☐ Oui et je précise :

Avez-vous actuellement des dettes financières ?
☐ Non ☐ Oui et je précise :

Avez-vous déjà été confronté à une dépendance (drogues, alcool, tabac…) ?
☐ Non ☐ Oui et je précise :

Avez-vous de fortes convictions ou pratiques alimentaires ?
☐ Non ☐ Oui et je les indique :

Quel est actuellement votre lien à la terre ou à la nature ?
Avez-vous une pratique spirituelle ?
☐ Non ☐ Oui et je précise :

Quel est votre parcours thérapeutique ou de soin intérieur ?
Avez-vous des choses à nous préciser concernant votre santé, tant physique que mentale, ou simplement votre état émotionnel et votre degré de sociabilité ?
Selon vous, quel est l'un des plus grands défis auxquels nous sommes actuellement confrontés sur la planète en tant qu'espèce humaine ?

PARLONS DE NOUS :

Depuis combien de temps vous investissez-vous dans cette démarche ?
Avez-vous déjà visité des lieux d'habitat collectif, et si oui lesquels ?
Qu'est-ce qui vous inspire le plus dans le fait de cocréer une communauté et de vivre dans un écovillage ?

Y a-t-il un projet spécifique que vous souhaiteriez développer au sein de l'écovillage ?
☐ Non ☐ Oui et je l'indique :

De quoi pensez-vous vivre sur le lieu en phase de transition (travail extérieur, projet sur place…) ? Précisez l'activité et le besoin en infrastructure.

Pour votre projet d'habitat, vous envisagez :
☐ Un habitat léger
☐ Une maison en dur
☐ Un espace en habitat partagé
☐ Je ne sais pas encore
Quelles pourraient être vos exigences concernant votre habitat et le lieu (surface, écologie, vie commune, taille du groupe…) ?

Quel est le montant du capital dont vous disposez pour investir dans la structure ?
Dans quel délai ce capital est-il disponible ?
Dans quel délai envisageriez-vous de venir vivre dans le village ?
Avez-vous des inquiétudes quant à la création de cet écovillage ?
☐ Non ☐ Oui et je les précise :

Sur une échelle de 1 à 10, à combien évaluez-vous votre niveau d'intérêt pour ce projet d'écovillage tel que présenté ? (1 = je ne suis pas convaincu ; 10 = je suis partant et n'ai pas de doute)

1	2	3	4	5	6	7	8	9	10

N'hésitez pas à ajouter à ce questionnaire tout commentaire, tout document ou toute fantaisie pour l'agrémenter d'une touche encore plus personnelle.
En vous remerciant pour votre patience et votre compréhension.

Source : Adapté des questionnaires des collectifs Local Earth et Avenir Écovillage.

Annexe V : Exemple de règlement interne (écovillage de Pourgues)

Titre A – Règles pour protéger les membres et le climat

Article A0 – Préambule et engagements fondamentaux

Tous les membres du Conseil de Vie sont responsables du climat à Pourgues. Leurs actions doivent donc contribuer à en préserver l'atmosphère de liberté, de respect, de justice, d'ordre et de confiance qui sont les principes fondamentaux et la raison d'être du collectif.

Cette responsabilité implique le devoir pour chaque membre d'informer le collectif de toute action qui pourrait menacer ce climat.

Pourgues se veut être un espace de liberté permettant à chacun d'agir comme bon lui semble, dans la mesure où ses actions sont respectueuses des autres membres et de Pourgues. Pour assurer ce respect, le Conseil de Vie se réserve le droit à tout moment de définir ou redéfinir les limites de ce qu'il considère comme acceptable à Pourgues. Ces limites sont explicitées dans ce règlement intérieur et il est attendu de chaque membre qu'il les respecte.

Nota : La modification du préambule ci-dessus est soumise au vote à l'unanimité des membres du Conseil de Village [= CoVi, institution maîtresse – *NdA*].

A0.1 - Refus du cadre. Il est interdit de désobéir en connaissance à toute règle, procédure ou décision prise par le CoVi.

Article A1 – Activités illégales

Il est interdit de mener des actions illégales qui mettraient le collectif en péril.

Article A2 – Respect de l'individu

Empêcher ou obliger d'agir, dépasser les limites exprimées du consentement, discriminer un individu, porter atteinte à son intégrité physique ou psychique est prohibé.

Article A3 – Respect de la propriété privée et collective

A3.1 - Propriété. L'utilisation d'un espace, d'un matériel ou d'une ressource doit se faire avec le consentement de son propriétaire. Toute atteinte à la propriété (vol, détérioration, gaspillage, usage inapproprié, utilisation sans certificat) est interdite.

A3.2 - Rangement. Chaque membre doit ranger et nettoyer derrière lui avant de passer d'un lieu à un autre.

Article A4 – Protection de la vie privée et relations avec l'extérieur

A4.1 - Vie privée. Lors d'interactions avec des personnes extérieures au sujet de ce qui se vit à Pourgues, il est interdit de citer les membres sans leur accord.
A4.2 - Communication externe. Lorsqu'un membre communique en externe, il doit s'assurer de ne pas mettre en péril l'image du Village de Pourgues ou de ses membres.
A4.2.1 - Toute campagne de communication et toute communication avec les institutions impliquant le nom du Village de Pourgues doivent *a minima* passer par une sollicitation d'avis en amont.
A4.3 - Documentation confidentielle. Les rapports du comité d'enquête et d'arbitrage (CEA) sont confidentiels en dehors du Village de Pourgues. Si un rapport du CEA est diffusé à l'extérieur, les personnes concernées ne doivent pas être identifiables.
A4.4 - Droit à l'image. Il est interdit de photographier ou filmer d'autres membres sans leur consentement. Il est interdit de publier publiquement sur Internet des informations au sujet des autres membres sans leur consentement (photos, vidéos, articles, posts…).
A4.5 - Voisins. Il est interdit de pratiquer des activités qui interfèrent avec la liberté de nos voisins.

Article A5 – Activités dangereuses

A5.1 - Mare. La baignade à la mare est interdite aux visiteurs.

Titre B – Devoirs des membres pour assurer le fonctionnement

Article B1 – Instances et prises de décision

B1.0 - Respect des procédures. Chaque membre doit respecter les procédures du manuel de gestion[119].
B1.1 - Respect des autres décisions du CoVi. Chaque membre doit respecter les décisions du CoVi qui n'apparaissent pas dans ce règlement ou dans le manuel de gestion.
B1.2 - Respect des arbitrages. Chaque membre doit respecter les décisions du CEA qui le concernent.
B1.3 - Appeler le CEA. Chaque membre doit faire appel au CEA lorsqu'il observe une transgression, apparemment grave, du règlement intérieur.

---

119. L'écovillage de Pourgues a la gentillesse de partager son manuel de gestion au lien suivant : https://docs.google.com/document/d/18N7c33dgp0XKndLxVB4GLmH0_XrEH2Vt3fPcVCb4utg/edit, sous licence CC BY-SA.

B1.4 - Convocation. Un membre doit se présenter en CEA ou en CoVi lorsqu'un de ces organes le convoque.
B1.5 - Perturbation du CoVi/CEA. Chaque membre doit respecter le déroulé du CoVi et du CEA, notamment ne pas perturber leur tenue et respecter l'ordre de parole.
B1.6 - Sollicitation d'avis. Un membre prenant une initiative qui impacte le collectif doit solliciter l'avis de suffisamment d'experts et/ou de membres impactés avant d'agir.
B1.7 - Désinformation. Il est interdit de pratiquer la désinformation concernant le contenu du règlement intérieur et du manuel de gestion.
B1.8 - Dire la vérité. Lorsqu'il décrit des faits en CEA ou en CoVi, un membre doit dire la vérité.

Article B2 – Sorties

B2.1 - Avec un enfant non membre du CoVi. Lorsqu'un membre sort de Pourgues avec un membre non émancipé, il est tenu d'obtenir l'accord d'un des parents responsables au préalable.
B2.2 - D'un responsable d'enfant non membre du CoVi. Quand un membre sort ou s'éloigne de Pourgues, il en informe les membres non émancipés dont il est responsable et s'assure de confier sa responsabilité à un autre membre le temps de son absence.

Article B3 – Responsabilité des membres

B3.1 - Engagement. Les membres sont tenus de respecter leurs engagements face au collectif.
B3.2 - Événement collectif. L'organisateur d'un événement/moment collectif est responsable des nuisances causées par le groupe et inscrites au règlement (ex. : nuisance sonore, rangement).

Article B4 – Service d'élu

Un membre élu à un poste doit exercer sa responsabilité de manière cohérente avec le contenu du manuel de gestion et de manière satisfaisante aux yeux du collectif.

Titre C – Règles du savoir vivre ensemble

Article C1 – Nuisances

C1.1 - Climat de sérénité
C1.1.1 - Crier. Il est interdit de crier dans la bâtisse.
C1.1.2 - Bâtisse. La bâtisse est un espace calme dans les étages et le hall d'entrée à partir de 22 h jusqu'à 9 h le matin. Chaque membre doit veiller à parler doucement, jouer calmement et garder les portes fermées.

C1.1.3 - Alentours des bâtiments. Les alentours de la bâtisse et des habitations du domaine sont des espaces calmes entre 23 h et 8 h le matin.
C1.1.4 - Repas. Le niveau sonore pendant les repas doit être régulé en fonction du besoin exprimé par la majorité dans l'instant.
C1.1.5 - Machines. Il est interdit de faire fonctionner des machines bruyantes le dimanche afin de préserver le calme du voisinage et du collectif.
C1.1.6 - Espaces de conflit. Lorsqu'un débat émerge, les personnes impliquées doivent s'assurer que le contexte est propice pour le vivre. Sinon, ils doivent s'isoler pour le poursuivre.
C1.1.7 - Cuisine. Pendant les séjours vacances, lorsque l'équipe cuisine commence son activité, la cuisine leur est réservée. Les autres personnes sont invitées à éviter de circuler ou stationner dans cet espace.

C1.2 - Autres nuisances

C1.2.1 - Fermer la porte derrière soi. La porte de toute pièce chauffée doit rester fermée. Les portes des WC et sanitaires doivent rester fermées.
C1.2.2 - Vitesse autorisée. La vitesse des véhicules sur tout le lieu est limitée à 20 km/h.
C1.2.3 - Circuler mouillé. Il est interdit de circuler mouillé dans la bâtisse (piscine, douche, jeux d'eau, maillot de bain…).
C1.2.4 - Jeux d'eau. Les jeux d'eau sont interdits sur la terrasse et dans la bâtisse.
C1.2.5 - Fumer. Il est interdit de fumer :

- côté sud de la bâtisse jusqu'à hauteur du pittosporum et sur les tables en bois ;
- sur la face ouest jusqu'à la pergola ;
- sur la dalle de la buvette.

C1.2.6 - Wifi. Les émetteurs-récepteurs Wifi doivent être coupés entre 23 h et 8 h 30.
C1.2.7 - Odeurs de cuisine. Maintenir la porte de la cuisine fermée lors de la préparation des repas et allumer la hotte en cas de fumée ou d'odeur incommodante.

Article C2 – Rangement

C2.1 - Chaussures. Les chaussures sont tolérées au rez-de-chaussée de la bâtisse à condition d'être propres. Les chaussures doivent être retirées et rangées avant de monter aux étages. Il est interdit de marcher en chaussures sur les tapis.
C2.2 - Jeux de société. Les jeux de société sont prêtés uniquement aux personnes en mesure d'en prendre soin pendant leur utilisation et de les ranger après usage. En cas de doute, un référent doit être identifié pour en superviser utilisation et rangement.

C2.3 - Véhicules. Les véhicules sont interdits dans la bâtisse et sur la terrasse (trottinettes, vélos, skates…). Il est interdit de les garer sur la terrasse. Ils doivent être rangés dans leurs espaces désignés par le CoVi.
C2.4 - Tri. Chaque membre doit trier ses déchets dans les espaces identifiés : matières compostables, emballages, papiers, cartons, verres, cagettes, piles usagées, ampoules, ferraille, déchets non recyclables.
C2.5 - Plat. Une personne qui termine un plat (ou presque) est responsable de son rangement.
C2.6 - Vaisselle sale. Il est interdit de laisser stationner de la vaisselle sale dans et aux abords des éviers.

Article C3 – Hygiène et animaux

C3.1 - Hygiène. Chaque membre doit avoir un comportement respectueux de la santé et de l'hygiène.
C3.2 - Animaux. L'arrivée de nouveaux animaux à Pourgues doit faire l'objet d'une proposition en CoVi, sauf s'ils demeurent dans les espaces privés. Il est interdit de faire entrer les animaux dans la bâtisse, sauf pour Zelda et Tchica. Lorsque le référent d'un animal s'absente (plus d'une demi-journée pour les chiens, une journée pour les autres animaux), il s'assure de trouver un autre référent et en informe le collectif.

Article C4 – Écologie et respect de l'environnement

C4.1 - Achats. Les membres privilégient les achats écologiques et durables.
C4.2 - Respect de la nature. Les membres ont un comportement respectueux des animaux et des plantes.
C4.3 - Chauffage dans la bâtisse. Les membres doivent éteindre les chauffages dans les pièces qui seront inoccupées plus de deux jours, notamment après le passage des invités en nuitée.
C4.4 - Introduction de nouveaux objets dans les espaces collectifs. Les membres privilégient les objets écologiques et durables dans les espaces collectifs.

Article C5 – Utilisation des biens communs

C5.1 - Consommation. Les membres consomment les ressources du collectif avec un souci d'équité et de partage.
C5.2 - Ordinateur commun de la bâtisse. L'ordinateur commun de la bâtisse est utilisé prioritairement pour des tâches administratives, de communication ou de gestion concernant le Village de Pourgues.
C5.3 - Toitures. Il est interdit de marcher sur les toits, sauf pour l'entretien.
C5.4 - Trampoline. Il est possible de réserver l'usage du trampoline pour une durée de 30 minutes.

C5.5 - Mailing list. La *mailing list* est réservée à la transmission d'informations liées à la gestion et la vie du lieu. D'autres outils doivent être utilisés pour les débats et pour répondre aux sollicitations d'avis.

Article C6 – Nudité

C6.1 - Consentement. Il est autorisé de se mettre nu seulement face à des personnes consentantes.
C6.2 - Affichage. En cas de baignade nu à la piscine, il faut le signaler en utilisant les deux panneaux en bois à chaque entrée de la piscine.
C6.3 - Personnes déjà présentes. Il n'est pas possible d'enclencher une baignade nu à la piscine quand une personne en maillot est présente dans l'enceinte de la piscine.

Source : www.villagedepourgues.coop (CC BY-SA 4.0).

Annexe VI : Exemple de règlement de construction (écohameau du Plessis)

Le présent règlement de construction s'applique à toutes les parcelles de l'écohameau destinées à la construction d'un ou plusieurs logements privés, mais exclut les constructions de l'ASL[120] (maison commune, laveries…) et la maison des seniors. Son objet est de fixer les règles de base s'appliquant à chaque parcelle individuelle.

Il est opposable et s'impose à quiconque détient un droit quelconque de nature immobilière, à quelque titre que ce soit, sur une parcelle de l'écohameau. La vente d'une parcelle devra mentionner l'existence de ce règlement de construction, qui sera annexé audit acte, et comporter l'obligation pour son bénéficiaire d'en respecter scrupuleusement les dispositions contractuelles. Les acquéreurs ou occupants de l'écohameau seront tenus de respecter intégralement les conditions prévues au présent règlement de construction.

La signature du permis d'aménager entraîne adhésion complète aux dispositions du présent règlement de construction, dont un exemplaire doit être remis à chaque acquéreur de lot.
Ce règlement de construction a pour principes de base de :

- favoriser l'autonomie en eau et en énergie des habitations ;
- limiter l'impact des constructions sur l'environnement par le choix de matériaux adaptés ;
- favoriser l'intégration harmonieuse de l'écohameau dans le paysage existant.

Dans le présent document, on désignera par :

- « maison individuelle » : les habitations individuelles sur des parcelles de 250 m^2 ;
- « petite maison mitoyenne » : les habitations individuelles sur des parcelles de 175 m^2 qui seront soumises à une contrainte de mitoyenneté avec une autre parcelle de même taille ;
- « habitat groupé » : les habitations comprenant plusieurs logements distincts sur une même parcelle de 250 m^2.

---

120. ASL : association syndicale libre, qui dans le cas précis de ce projet est propriétaire uniquement des parties communes du collectif.

1. Favoriser l'autonomie en eau et en énergie des habitations

Énergie

Les logements seront conçus selon les principes bioclimatiques pour limiter la consommation énergétique de chaque foyer et pour profiter au maximum des sources d'énergie naturelle. La conception favorisera les ouvertures au sud pour bénéficier des apports de chaleur solaire, visera une bonne isolation et une bonne inertie du bâtiment. Pour la performance thermique de chaque logement, le besoin bioclimatique (Bbio) pour le chauffage, le refroidissement et l'éclairage doit être inférieur ou égal à 80 % de la valeur exigée par la Réglementation technique 2012 (RT 2012). Le Bbio est calculé en points selon la méthode de calcul Th-BCE (RT 2012). Cela correspond au niveau d'exigence du label Effinergie+. En parallèle, chaque coloti est vivement encouragé à tendre vers la conception d'un bâtiment passif dans sa consommation d'énergie.
Pour le chauffage, les sources d'énergie renouvelable seront utilisées (biomasse, solaire, éolien…) et l'électricité du réseau pourra être utilisée en appoint. L'utilisation de l'électricité comme mode de chauffage principal n'est permise que pour les maisons passives (besoin en énergie de chauffage inférieur à 15 kWh/m^2/an). Dans ce cas, il est recommandé de privilégier un fournisseur en « électricité verte » ou de produire la totalité ou une partie de son électricité de manière renouvelable. Il ne sera pas possible d'avoir recours au fioul ou au gaz naturel pour le chauffage. L'eau chaude sanitaire solaire sera obligatoire. Dans le cas de projets mûris de manière globale sur la maison avec un autre apport d'énergie renouvelable comme le bois ou la géothermie par exemple, des dérogations à l'installation d'eau chaude sanitaire solaire pourront être émises par le comité de pilotage de l'ASL après présentation du projet.

Eau

Pour préserver les ressources en eau potable et assurer le bon fonctionnement du système de phytoépuration de l'écohameau, les toilettes à eau seront interdites dans l'ensemble de l'écohameau. Tous les logements seront donc équipés de toilettes sèches. En cas de besoin de bac à graisse collectif, un système de filtrage de la graisse devra être mis en place au niveau des évacuations d'eau de chaque maison (filtre à paille ou bac à graisse) pour faciliter le bon fonctionnement de la phytoépuration. Les membres de l'écohameau pourront opter pour le système de leur choix (toilettes sèches à litière, vermicompost, séparation ou non…) en fonction des modalités de compostage proposées sur les espaces communs de l'ASL.

Les produits d'entretien utilisés devront être compatibles avec le système de phytoépuration.

Récupération de l'eau de pluie : des systèmes de récupération de l'eau de pluie devront être installés sur l'ensemble des toitures. L'eau pourra être soit stockée sur la parcelle pour un usage personnel, soit redirigée vers des espaces de stockage proposés par l'ASL (citernes ou plans d'eau).

2. Limiter l'impact des constructions sur l'environnement par le choix de matériaux adaptés

Les habitations seront construites selon les principes bioclimatiques, à partir de matériaux naturels, non toxiques et si possible d'origine locale (bois, terre crue, terre cuite, paille, chanvre…). Le choix des matériaux devra prendre en compte l'énergie grise liée à leur fabrication et leur transport.

- *Gros œuvre.* Il est souhaitable d'utiliser des matériaux biosourcés (bois, paille…) ou recyclés. Le béton de ciment est interdit pour les élévations, à l'exception des renforts structurels tels que poteaux et chaînages (notamment dans des techniques utilisant des blocs en béton de chanvre) et, dans la mesure du possible, en combinant ce choix avec une méthode constructive n'utilisant pas de béton de ciment dans les fondations.

- *Isolation.* Une isolation perspirante et naturelle est recommandée. L'usage du polystyrène et de la laine de verre est interdit.

- *Huisseries et menuiseries extérieures.* Au vu de l'impact environnemental moindre de la fabrication et du recyclage des menuiseries en bois, elles seront à privilégier par rapport aux menuiseries en bois-aluminium ou PVC. Elles pourront être peintes, lasurées ou laissées naturelles, et respecteront la gamme de couleurs donnée dans le document *Les Couleurs du bâti percheron* joint en annexe[121].

- *Façades.* Elles seront recouvertes avec un enduit traditionnel (chaux, terre…) ou un bardage bois.

- *Toitures.* Les matériaux de toiture qui peuvent être utilisés sont l'ardoise, les bardeaux et les tuiles de couleurs principalement foncées, et les toitures végétalisées. Les couleurs respecteront la gamme donnée en p. 6 et 13 du document joint en annexe[122]. Les gouttières et descentes en PVC ne peuvent pas être utilisées, sauf si elles sont intégrées dans la toiture et donc non visibles de l'extérieur.

---

121. Autre document interne du collectif, non joint ici.
122. *Idem.*

3. Favoriser l'intégration harmonieuse de l'écohameau dans l'environnement existant

- *Parking.* Le hameau est conçu comme un espace piéton. L'usage des véhicules à l'intérieur y sera occasionnel. Le stationnement des véhicules sera concentré sur plusieurs parkings collectifs. Il sera interdit de stationner un véhicule sur sa parcelle.
  Si certains habitants ont besoin d'un garage particulier, ils devront en faire la demande à l'ASL.

- *Hauteur et position des habitations.* Chaque habitation ne doit pas excéder un étage et une hauteur au pignon de 8 m, dans le but de favoriser l'accès au soleil et l'intégration paysagère. Pour respecter le droit à l'ensoleillement, le positionnement de chaque maison sur sa parcelle devra être validé par l'architecte-conseil du projet de l'écohameau du Plessis qui sera désigné par l'ASL.

- *Toiture.* En dehors des annexes ou petits bâtiments de moins de 30 m^2 (serres, abris de jardin, vérandas…), les toitures des habitations devront être :
  - soit une toiture à deux pentes comprise entre 35 et 45° (caractéristiques des couvertures traditionnelles du Perche), avec couverture en ardoises, en tuiles plates foncées, en bardeaux ou en panneaux solaires ;
  - soit une toiture végétalisée avec une pente nécessaire à l'écoulement des eaux de pluie.

Des habitations à toitures mixtes, à pente et végétalisée, peuvent être envisagées. Tout autre type de toiture ne pourra être mis en œuvre que s'il existe un réel intérêt architectural ou écologique et s'il est validé par l'architecte-conseil du projet d'écohameau (et par l'ASL).

- *Façades.* Dans un objectif d'harmonie visuelle des constructions, il est demandé d'utiliser des teintes cohérentes avec la gamme de couleurs donnée dans le document joint en annexe pour les enduits extérieurs. Le bois extérieur sera préférablement laissé nu, mais il pourra aussi être teinté dans des couleurs proches des enduits traditionnels.

- *Sécurité.* Si une infrastructure présentant un danger potentiel pour les autres habitants est créée sur un terrain privé, elle devra forcément être sécurisée aux frais du propriétaire.

- *Clôture.* La séparation des parcelles par des clôtures est interdite devant les maisons du côté des places centrales. Des clôtures pourront être mises en

place à l'arrière des maisons, dans le but de préserver des espaces intimes, d'assurer un confort visuel et esthétique, de fournir de l'ombre ou des brise-vent, et être réalisées en haie naturelle, en bois ou en pierre. Leur hauteur maximale n'excédera pas 1,20 m, sauf accord explicite du comité de pilotage de l'écohameau.
Il est souhaitable que les portes d'entrée principales des maisons donnent du côté des places centrales pour soutenir la convivialité de l'écohameau.

- *Emprise au sol.* Dans un but de sobriété et d'harmonie visuelle, l'emprise au sol d'une maison individuelle ne devra pas dépasser :
  - 130 m^2 pour un habitat groupé ;
  - 130 m^2 pour une maison individuelle ;
  - 65 m^2 pour une petite maison mitoyenne.

Les constructions sans fondations de type serre ou préau ne seront pas prises en compte dans ce calcul de l'emprise au sol maximum ; elles ne devront pas dépasser 30 m^2. Les vérandas et les terrasses maçonnées présentant des fondations, elles seront incluses dans le calcul de l'emprise au sol.

- *Surface de plancher.* Toujours dans un but de sobriété et d'harmonie visuelle, la surface de plancher d'une maison individuelle ne devra pas dépasser :
  - 140 m^2 pour une construction avec deux ou trois logements ;
  - 140 m^2 pour une maison individuelle ;
  - 80 m^2 pour une petite maison mitoyenne.

- *Terrassement.* Les travaux de terrassement seront réduits au minimum nécessaire. Pour une meilleure intégration des bâtiments dans leur environnement, les surélévations du volume principal de la construction, notamment par la création d'un talus artificiel ou d'un sous-sol semi-enterré, sont interdites. Plus généralement, la construction doit viser à déplacer le moins de terre possible.

Source : www.ecohameauduplessis.fr (CC BY-SA 4.0).

Annexe VII : Exemple de règlement interne en matière d'animaux de compagnie

Les membres sont conscients que la présence d'un chien dans un milieu de vie commun peut entraîner des défis supplémentaires et des conflits.
L'attitude et la personnalité du maître, l'attitude et la personnalité du chien, l'aisance et les limites des personnes présentes dans la communauté sont toutes des données subjectives qui peuvent rendre les relations chien-maître-membres de la communauté plus difficiles et tendues. Ce document a pour objectif d'aider les membres et leurs visiteurs à gérer cette coexistence, en donnant des lignes directrices quant aux attentes de la communauté envers le chien et le maître, aux stratégies à employer pour tracer les limites et nommer les comportements problématiques.

Ententes et comportements acceptés/attendus	Comportements irritants	Comportements non tolérés	Comportements inacceptables
Situations et comportements ayant été discutés par le groupe et sur lesquels il y a eu entente ou consensus	Comportements qui ne dérangent pas de la même façon tous les membres	Comportements affectant de façon fréquente et/ ou importante les sentiments de quiétude et de sécurité des membres et des gens qui sont présents dans la communauté	Comportements qui entraînent automatiquement l'expulsion du chien de la communauté
À rediscuter si les ententes ou comportements acceptés doivent être modifiés	Les membres du groupe doivent informer le maître des comportements dérangeants	Comportements entraînant des conséquences élevées (légale, matérielle, financière, enjeux de sécurité)	Le chien doit être maintenu en cage jusqu'à son départ
	Les comportements doivent diminuer, ne pas augmenter ou rester peu fréquents	Absence ou manque important de vigilance lorsque des enfants sont présents dans la communauté	Un chien qui mord sera expulsé de la communauté

Ententes et comportements acceptés/attendus	Comportements irritants	Comportements non tolérés	Comportements inacceptables
	Le groupe s'entend sur les comportements qui ne sont pas tolérés	Absence ou manque important de vigilance quant à la sécurité du chien et des personnes alentour	
	Le maître doit intervenir pour diminuer les comportements irritants et les risques	Comportements nécessitant une intervention immédiate de la part du maître lorsque pris sur le fait	
		La communauté se réfère au document sur les comportements problématiques si le maître du chien ne collabore pas	

Entente entre les membres

- Le chien d'un membre peut aller dans sa chambre lorsqu'il est présent.
- Un membre doit s'entendre avec le groupe avant d'accueillir un chien en visite.
- Les chiens peuvent accompagner les membres dans leurs déplacements en voiture. Modalités :
  - si un déplacement occasionne davantage de frais par la présence du chien, le membre doit payer la différence ;
  - si un déplacement est fait expressément pour répondre aux besoins du chien, le membre doit rembourser au collectif le coût du déplacement au taux de 0,15 € par kilomètre.
- Un chien ayant été accepté par la communauté a le droit à une allocation de 20 € par mois.

Comportements acceptés

- On permet aux chiens de faire la sieste sur le divan du balcon.
- Sous supervision et accord de toutes les personnes concernées, les chiens peuvent accompagner les personnes lors du train des poules.

Comportements attendus (liste non exhaustive)

- Un chien doit répondre à des commandements de base :
  - venir lorsqu'on l'appelle ;
  - se calmer lorsqu'on le lui demande ;
  - rester dans un endroit spécifique ou ne pas aller dans un endroit qui lui est interdit.
- Un chien qui est encore en dressage doit porter un collier afin qu'il puisse être attaché au besoin.
- Le maître ramasse les excréments qui se situent à proximité d'une maison (là où l'on pourrait avoir envie de marcher pieds nus).

Comportements irritants (liste non exhaustive)

- japper ;
- sauter sur les gens, les voitures ;
- faire des trous ;
- laisser ses butins en décomposition (compost, déchets, carcasses d'animaux…) devant la maison et ailleurs dans la cour ;
- répandre des poils dans la maison ;
- gratter aux portes et fenêtres ;
- endommager des biens.

Comportements non tolérés (liste non exhaustive)

- japper excessivement ;
- montrer les dents, grogner avec agressivité ;
- faire preuve de surexcitation, causant des blessures ;
- agresser des animaux résidents et/ou amis de la communauté ;
- braconner/attaquer des animaux sauvages ;
- aller chez le voisin ;
- sortir de la cour ;
- aller dans l'enclos des poules ;
- jouer dans le compost ;
- manger les déchets ;
- endommager les cultures et jardins ;
- pour le maître, ne pas intervenir ou banaliser un comportement dérangeant.

Comportements inacceptables

- Un chien qui mord une personne (enfant ou adulte) sera automatiquement expulsé de la communauté.
- Le chien devra être maintenu en cage en tout temps jusqu'à son départ.

Source : Anonyme.

Annexe VIII : Exemple de procédure pour régler une situation problématique

1. Définitions

1.1 Comportements problématiques

1.1.1 Violence verbale.

1.1.2 Mensonge ou omission de l'information demandée.

1.1.3 Non-respect des ententes communes.

1.1.4 Comportement ou paroles d'oppression : racisme, sexisme, âgisme, capacitisme, hétéronormisme…

1.1.5 D'autres comportements peuvent être considérés comme problématiques (vandalisme…).

1.1.6 Toute violence physique ou sexuelle mène au processus d'expulsion si la victime ou un membre de la communauté le demande.

1.2 Membre en cause

Ci-après, la dénomination « membre en cause » désigne la personne qui est accusée d'un comportement problématique ou d'un manquement à une entente commune.

1.3 Rencontre de rétroaction

1.3.1 La rencontre de rétroaction est un outil de médiation et un processus de dialogue offrant à chacun la possibilité de s'exprimer et d'être entendu. Elle se tient, en présence de facilitateurs, entre les personnes qui sont impliquées directement, indirectement ou structurellement dans la situation conflictuelle.

1.3.2 Le but est que le comportement problématique cesse et que chaque personne partage en profondeur comment elle se sent par rapport à la situation.

1.3.3 Tout le monde est encouragé à assister à cette rencontre.

1.3.4 Le membre en cause a un « avocat », quelqu'un qui le soutient et l'aide à exprimer ses idées, pour qu'il ne soit pas « tout seul » non plus.

1.3.5 Au moins un représentant de chaque partie doit être présent.

1.3.6 Il y a un facilitateur, choisi en grand groupe et accepté par le membre en cause.

1.3.7 Il peut y avoir élaboration d'un contrat avec le membre en cause et une équipe de personnes pour l'aider à remplir le contrat.
1.3.8 Si le contrat n'est pas respecté dans les délais prescrits, le processus d'expulsion s'enclenche.

2. Étapes pour régler une situation problématique

2.1 Un membre remarque un comportement problématique chez un membre en cause. Il l'approche pour lui en faire part.
2.1.1 Le membre en cause peut reconnaître le problème et s'engager à changer de comportement.
2.1.2 Le membre en cause peut ne pas reconnaître que son comportement est problématique, ou ne pas être d'accord avec l'entente, ou ne pas avoir envie de changer de comportement. Le membre qui a abordé la question lui fait savoir qu'il soumettra la question en grand groupe.

2.2 Chacun des membres peut demander confirmation à un autre membre : « X. a fait ça. Je lui en ai parlé. As-tu déjà remarqué qu'il/elle faisait ça ? Qu'est-ce que tu en penses ? » Ou : « Z. m'a dit que je ne devais pas faire ça. Crois-tu que je ne respecte pas telle entente ? Qu'en penses-tu ? »

2.3 S'il n'y a pas de changement de comportement, le sujet est débattu en réunion en grand groupe, en présence de la personne en cause. Le groupe détermine par consensus – à l'exclusion du membre en cause – si le comportement est problématique.

Quatre options sont possibles :
2.3.1 Le groupe considère que le comportement est problématique. La personne en cause reconnaît le problème et est d'accord pour changer de comportement. Une rencontre a lieu deux mois plus tard pour savoir si le comportement a changé. S'il n'y a pas eu de changement de comportement, une rencontre de rétroaction a lieu.
2.3.2 Le groupe considère que le comportement est problématique et veut faire respecter l'entente, mais le membre en cause refuse ou ne reconnaît pas le problème. Une rencontre de rétroaction est prévue dans les dix jours qui suivent la rencontre en grand groupe. Si le membre en cause refuse la rencontre de rétroaction, le processus d'expulsion s'enclenche.
2.3.3 Le groupe est globalement indifférent et ne tient pas à faire appliquer la règle.

2.3.4 La personne en cause considère que c'est la règle qui est problématique et non son comportement, et propose de modifier la règle. Voir le document sur le mode de prise de décision par consensus[123] pour connaître le processus à suivre.

Source : Anonyme.

123. Document interne du collectif, non joint ici.

Habitats à l'écovillage de Hjortshøj au Danemark.

Annexe IX : Relevé des besoins énergétiques pour un système photovoltaïque

Nota : Dans ce tableau, il est fait mention d'équipements en 110 V, mais il est fort probable que le vôtre sera en 220 V.

Yourte et panneau solaire.

Appareils électriques	Marque/modèle	A	B	C	D	E	F	Consommation hebdomadaire par créneau horaire				Équipements que je veux alimenter en solaire
		Puissance en W	Heures d'utilisation/jour	Total Wh/jour	Jours d'utilisation/semaine	Total Wh/semaine	Voltage (V)	8 à 12 heures	12 à 18 heures	18 à 24 heures	24 à 48 heures	
				(A x B)		(C x D)						
ESPACES INTÉRIEURS												
Réfrigérateur	Samsung RS26DDA	84	24,00	2 016	7,0	**14 112**	110	1	1	1	1	1
Cuisine à gaz (brûleur)	Teka	0	0,00	0	0,0	**0**	110	1	1	1		
Four électrique	Teka HL830	850	0,10	85	7,0	**595**	220	1				
Lumière chambre #1	2 LED	27	5,00	135	7,0	**945**	110			1		1
Lumière chambre #2	1 LED	9	0,50	5	7,0	**32**	110			1		
Lumière chambre #3	1 LED	9	0,20	2	7,0	**13**	110			1		
Lumière chambre #4	1 LED	9	0,10	1	7,0	**6**	110			1		
Lumière salon	1 LED	12	2,00	24	7,0	**168**	110			1		
Lumière toilettes	1 LED	41	3,00	123	7,0	**861**	110			1		1
Cafetière	Electrolux	1 000	0,20	200	7,0	**1 400**	110	1	1			

Télé	Sony	75	4,00	300	7,0+	**2 100**	110			1		
Aspirateur	Rainbow	1 000	1,00	1 000	2,0	**2 000**	110	1	1			
Ordinateur portable #1	Apple	90	8,00	720	7,0	**5 040**	110	1	1	1		
Ordinateur portable #2	Apple	90	4,00	360	7,0	**2 520**	110			1		
Téléphones portables	Apple + Samsung	40	4,00	160	7,0	**1 120**	110	1	1	1	1	1
Routeur Wifi	Huawei	36	24,00	864	7,0	**6 048**	110	1	1	1	1	1
Mixer	Osterizer	600	0,10	60	7,0	**420**	110	1	1			
Planche à repasser	Panasonic	1 200	3,00	3 600	1,0	**3 600**	110			1		
ESPACES EXTÉRIEURS												
Moteur portail	1/2 HP	350	0,05	18	7,0	**123**	110	1	1			
Pompe à eau puits	Franklin Electric 1 HP	750	0,10	75	7,0	**525**	220	1	1			1
Pompe à eau réservoir	Foras 1 HP	750	2,00	1 500	7,0	**10 500**	220	1	1	1		1
Machine à laver	Samsung	550	1,50	825	3,0	**2 475**	110	1	1			
Lumière terrasse	4 LED	48	0,30	14	7,0	**101**	110			1		
TOTAL (Wh)				**12 086**		**54 703**		**44 358**	**43 763**	**47 165**	**21 280**	**34 111**

Annexe X : Listes pour stocks alimentaires

Liste « stock Latter-day Saints »

Dimensionné pour 2 adultes
Prévu pour tenir 12 mois

Grains

- 130 kg de blé
- 25 kg de farine
- 25 kg de farine de maïs
- 22 kg de flocons d'avoine
- 45 kg de riz
- 25 kg de pâtes

Légumes en conserve

- 27 kg de haricots secs
- 10 kg de graines de soja
- 4 kg de haricots de Lima
- 4 kg de pois chiches
- 4 kg de lentilles
- 4 kg de soupe lyophilisée
- 27 kg de maïs
- 27 kg de petits pois
- 27 kg de haricots verts
- 27 kg de carottes
- 35 kg de pommes de terre
- 4 kg d'oignons
- 18 kg de tomates

Gras et huiles

- 15 l d'huile végétale
- 15 l d'huile d'olive
- 4 kg de matière grasse
- 3 kg de mayonnaise
- 4 kg de beurre

Produits laitiers

- 55 kg de lait en poudre
- 25 boîtes de lait condensé non sucré
- 10 kg d'autres produits laitiers (fromage à pâte dure…)

Sucres

- 3 kg de miel
- 36 kg de sucre
- 3 kg de sucre de canne
- 1 kg de mélasse
- 3 kg de confitures

Essentiel

- 1 kg de levure chimique
- 1 kg de bicarbonate de soude
- 500 g de levure
- 5 kg de sel
- 4 l de vinaigre

Fruits

- 35 kg de compote de pommes
- 27 kg de bananes chips
- 35 kg de jus de fruits
- 35 kg de fruits en conserve

Eau

- 1 200 l d'eau
- Un système de filtration efficace et durable

Source : www.apprendre-preparer-survivre.com

Liste « Kit de survie de 72 heures » de Piero San Giorgio[124]

Dimensionné pour 2 adultes + 1 enfant
Prévu pour tenir 3 jours

Eau et nourriture par personne

- 4 l d'eau en bouteilles
- 3 repas déshydratés (MRE)
- 400 g de chocolat noir
- 6 barres de céréales
- cubes de bouillon

Aliment ou objet	Unité	Quantité par personne, par mois	Durée de stockage
Pâtes	1 kg	10	Pratiquement illimité
Poisson en boîte	1 kg	2	10 ans
Viande en boîte	1 kg	2	10 ans
Légumes en conserve	1 kg	15	10-15 ans
Fruits en conserve	1 kg	5	10-15 ans
Légumineuses	1 kg	4	Pratiquement illimité
Farine	1 kg	8	3 ans
Noix et autres	500 g	1	3-5 ans
Huile	1 l	1	3-5 ans
Pommes de terre	1 kg	4	1-2 ans dans un lieu sec et à température constante et peu élevée
Riz	1 kg	3	Pratiquement illimité
Sel	1 kg	1	Pratiquement illimité
Sucre	1 kg	1	Pratiquement illimité
Miel	1 kg	1	Pratiquement illimité
Lait en poudre	1 kg	1	3-5 ans
Fromage (en meule)	1 kg	1	1 an
Maïs	1 kg	2	10 ans

124. Piero San Giorgio peut être qualifié de survivaliste. Il est l'auteur de plusieurs ouvrages, dont *Survivre à l'effondrement économique*, dans lequel il énumère tout ce qu'il considère être nécessaire pour survivre. La liste reproduite ici en est un extrait, limité aux aliments. Si vous souhaitez pousser cette logique, je vous invite à vous procurer son livre.

Aliment ou objet	Unité	Quantité par personne, par mois	Durée de stockage
Fruits de garde	1 kg	10	1 an dans un fruitier
Avoine	1 kg	1	3-5 ans
Blé déshydraté	1 kg	1	Pratiquement illimité
Fruits secs	1 kg	1	Pratiquement illimité
Légumes secs	1 kg	1	Pratiquement illimité
Nourriture déshydratée (MRE)	selon besoin	1	30 ans et plus
Sachets de bouillon ou soupe	150 g	1	Pratiquement illimité
Condiments	1 kg	1	Pratiquement illimité
Barres énergétiques type Ovomaltine	1 kg	1	Pratiquement illimité
Café (non moulu)	1 kg	1	10 ans
Féculents de maïs	150 g	1	Pratiquement illimité
Pudding en poudre	300 g	1	Pratiquement illimité
Café soluble	1 kg	1	Pratiquement illimité
Moutarde	500 g	1	Pratiquement illimité
Thé	1 kg	1	10 ans
Levure en poudre	1 kg	1	2-3 ans
Cubes de bouillon	100 g	1	Pratiquement illimité
Œufs en poudre	100 g	3	2-3 ans
Tablettes multivitaminées	100 g	1	1 an
Acide ascorbique en poudre	100 g	1	3 ans à 20 °C et au sec
Lait UHT	1 l	12	1 an
Jus de fruits UHT	1 l	12	1 an
Chocolat noir	1 kg	8	Pratiquement illimité
Aliments de confort (biscuits…)	1 kg	1	1-2 ans
Vinaigre	1 l	1	Pratiquement illimité
Vin	1 l	8	Pratiquement illimité
Alcool fort	1 l	1	Pratiquement illimité

Aliment ou objet	Unité	Quantité par personne, par mois	Durée de stockage
Confitures	500 g	4	Pratiquement illimité
Soufre	200 g	1	Pratiquement illimité – pour sécher les fruits
Épices	100 g	1	Pratiquement illimité – choisir selon préférences
Bicarbonate de soude	1 kg	1	Pratiquement illimité – à avoir en grandes quantités, utile pour le troc
Sachets pour emballer et mettre sous vide la nourriture			À avoir en grandes quantités
Papier d'aluminium			À avoir en grandes quantités, sert pour un four solaire artisanal
Sachets pour viande séchée			À avoir en grandes quantités, utile pour le troc
Bocaux et joints			À avoir en grandes quantités, utile pour le troc

Source : Piero San Giorgio, *Survivre à l'effondrement économique*, Culture & Racines, 2020.

Liste « Stock alimentaire du survivaliste » du site Autonomie & Survivalisme

Dimensionné pour 1 adulte
Prévu pour tenir 1 mois

- 1 kg de riz cru = 3 kg de riz cuit
- 750 g de pâtes crues = 1,5 kg de pâtes cuites
- 750 g de semoule crue = 1,5 kg de semoule cuite
- 180 biscottes
- 4 pots de confiture
- 6 kg de salade de fruits
- 1,5 kg de mélange de fruits secs
- 60 barres de céréales
- 300 g de sucre
- 500 ml d'huile d'olive
- 2 pots de 300 g de beurre de cacahuète
- 1 pot de 300 g de mayonnaise
- 1,5 kg de lentilles
- 1,5 kg de haricots secs
- 4 l de soupe de légumes
- 15 conserves de thon de 100 g
- 15 conserves de maquereau de 100 g
- 800 g de viande séchée
- 5 bocaux de 200 g de terrine
- 600 g d'amandes
- 3 l de lait de soja

Source : https://autonomie-survivalisme.fr

Annexe XI : Exemple de bulletin de souscription à une épargne solidaire (collectif Habiterre)

BULLETIN DE SOUSCRIPTION À RENVOYER

Société civile immobilière à capital variable ....

Je/nous soussigné·e·s ....
Demeurant à ....
....
Né·e le .... à ....
Profession·s ....
Téléphone .... E-mail ....
Déclare/Déclarons avoir lu la note d'information jointe à ce document et désire/désirons nous associer au projet de la société civile immobilière ...., tel que décrit.

Modalités de souscription

J'apporte/nous apportons à la SCI la somme totale de : .... €.
Dont 100 € pour l'acquisition de 1 part sociale.
Et .... € en compte courant d'associé.
Il est également possible de conclure un contrat de prêt solidaire qui fixe plus précisément les modalités de remboursement et la durée du prêt.
Ci-joint un chèque de : .... € libellé à l'ordre de la SCI .... Il sera déposé sur le compte de la société ouvert à l'agence de la banque ....

Information

Je déclare/Nous déclarons avoir pris connaissance des différents documents de la SCI .... – dont les statuts et la charte des associés, disponibles sur le site Internet à l'adresse suivante : .... –, ainsi que des conditions mentionnées au verso de ce document.

Fait à .... le ....
Signature *(précédée de la mention « lu et approuvé »)*

(Pour les formalités de déclaration, merci de bien vouloir joindre à votre bulletin la ***photocopie recto-verso d'une pièce d'identité****.)*

Les modalités du placement

Le montant investi sera réparti comme suit :

- 1 part de la SCI de 100 €, pour devenir associé·e·s ;
- le reste en avances en compte courant.

Les avantages en compte courant

Qu'est-ce qu'un compte courant d'associé ?

Un ***compte courant d'associé*** *est une créance de l'associé sur la société. Ce sont des sommes prêtées par l'associé au profit de l'entreprise et qui peuvent être productrices d'intérêts. On parle d'****apport en compte courant d'associé****. Les sommes prêtées sont donc portées au passif du bilan de la société et doivent être remboursées.*

Sauf convention contraire convenue lors de la souscription ou des versements ultérieurs, le retrait de tout ou partie des sommes en compte courant, pour quelque cause que ce soit, devra être demandé à la SCI. Le remboursement sera effectué dans les délais suivants :

- 1 mois, si les sommes réclamées sont inférieures à 1 000 € ;
- 3 mois, si les sommes réclamées sont comprises entre 1 000 et 5 000 € ;
- 6 mois, si les sommes réclamées sont supérieures à 5 000 €.

Les retraits effectués seront subordonnés à la condition que la société ait, à cette époque, des disponibilités suffisantes pour que ses opérations régulières et ordinaires ne soient pas entravées par ces retraits. La société pourra toujours rembourser d'office, en totalité ou par fractions, les comptes courants de l'un ou l'autre des associés, et ce sans préavis.

Rémunération

Les fonds recueillis par .... produisent un intérêt annuel qui suit le taux du livret A de la Caisse d'Épargne. Les intérêts sont provisionnés annuellement et versés au retrait de l'avance après prélèvement forfaitaire de l'impôt et des cotisations sociales (39,50 %).

Chaque année, le souscripteur aura la faculté de renoncer aux intérêts dus afin de soutenir les investissements de la maison commune.

Source : www.habiterre.org

Annexe XII : Exemple d'entente pour le partage des revenus

Présentation

Le choix de devenir membre et de partager ses revenus est fait consciemment et librement.

1. *Nous souhaitons avoir un document qui démontre qu'on ne force personne à partager ses revenus et que c'est un choix que chaque individu fait consciemment et librement, sans pression extérieure, menace ou obligation.*
2. *De plus, nous voulons utiliser ce document pour établir le plus distinctement possible (quoique, dans les détails, cela puisse bouger avec le temps) ce qui fait partie du pot commun et ce qui n'en fait pas partie.*
3. *Ces deux étapes sont là pour rassurer :*
   a) *dans un premier temps, le monde autour de nous ;*
   b) *les membres et aspirants membres, puisque les frontières ou les modalités du partage seront mieux définies ;*
   c) *et peut-être aussi le système, si jamais il y a un problème et que le juridique ou le fiscal nous rentre dedans.*
4. *C'est aussi bien sûr pour nous, dans l'avenir, pour faciliter l'intégration des prochains membres.*
5. *Également, ce sera l'occasion d'identifier au niveau des dépenses :*
   a) *ce qui est couvert par la communauté ;*
   b) *ce qui ne l'est pas (et qui entre dans les dépenses personnelles, avec l'allocation ou les avoirs si on permet qu'ils soient utilisés).*
6. *C'est un document en évolution. Éventuellement, nous pourrions y inclure :*
   a) *les modalités de départ de la communauté : quel soutien la communauté offre-t-elle à un membre qui la quitte, et selon quels critères (durée de son séjour…) ;*
   b) *les modalités de prêt (si les membres choisissent de prêter leurs avoirs à la communauté, comment les rembourser, à quelle fréquence, à quel taux…) ; ces prêts ou dons peuvent aussi inclure des objets – voiture, maison, outils… (mais qu'arrive-t-il dans le cas d'un bris, d'une perte, d'un vol… ? Quelles sont les modalités de remplacement et par qui sont assumés les coûts ?) ;*
   c) *les voyages ou autres projets personnels en dehors de la communauté.*

Préface : un texte exposant les valeurs ou les principes derrière notre choix de partager nos revenus

- *égalité ;*
- *1 heure vaut 1 heure ;*
- *partage des revenus, pas des avoirs (est-il égalitaire que des personnes aient plus que d'autres ?) ;*
- *égalité face à l'éventualité d'un départ (après) ;*
- *égalité dans le cadre de la communauté (pendant) ;*
- *égalité dans la société dont on est issu (avant) ;*
- *ne pas oublier de regarder nos bilans et nos prévisions financières.*

Exclusion du partage des revenus

Les avoirs

C'est l'argent, les propriétés et les possessions qu'un membre avait avant sa venue dans la communauté.

Le membre demeure propriétaire de ses avoirs. La liste des avoirs a été remplie par chaque membre au début de son adhésion probatoire. Elle fait partie de l'entente signée sur le partage des revenus.

Le principe initial est d'éviter une disparité de richesse entre les membres. Si un membre choisit d'utiliser ses avoirs, il est invité à le faire avec conscience et respect pour les autres membres.

L'allocation peut être accumulée pour acheter des objets et des services plus coûteux.

Le membre probatoire doit gérer ses avoirs et ses dettes pendant sa période de probation.

Les dettes

Le membre demeure responsable de ses dettes. Il existe une nuance entre « avoir des dettes » et « être endetté ».

- Avoir des dettes : cela peut être une hypothèque, mais les paiements peuvent être assurés par un loyer ; on peut avoir contracté une dette, avoir les fonds pour la payer et choisir de la conserver pour des raisons stratégiques, mais être en mesure d'assurer les paiements à même ses avoirs (payer avec une carte de crédit pour éviter les frais bancaires, garder une dette d'études pour les intérêts bas et les déductions d'impôt…).
- Être endetté : avoir des dettes qu'on ne peut rembourser qu'en travaillant de manière salariée. C'est être dans le négatif.

Un membre qui arrive avec des dettes devra s'en occuper pendant qu'il est dans le collectif. Nous avons réfléchi aux diverses options dans un autre document.

Modalités de mise en commun

Revenus

Chaque membre de la communauté, probatoire ou régulier, contribue en donnant ses revenus à la communauté. Il met le total de ce qu'il gagne dans le pot commun, et ensuite il reçoit une allocation mensuelle issue du pot commun. On considère comme un revenu des rétributions en argent ou en biens.
Cela inclut :

- Le salaire issu d'un travail rémunéré.
- Les revenus du chômage ou de l'assistance sociale, d'une rente.
- Les revenus générés en commun, que ce soit :
  - par la vente ou l'échange de biens ou services produits dans le cadre de la communauté ;
  - par le biais d'une entreprise ;
  - par un travail non rémunéré (cuisine, agriculture de subsistance, service à un ami…).
- Les subventions, à l'exclusion de la prime à l'établissement.

Cela inclut également :

- Les dons à la communauté.
- Le gain d'un concours (concours d'entrepreneuriat, pour la relève agricole, personnalité de l'année…).
- Les profits issus des avoirs (maison, voiture ou autres ; revenus locatifs, frais d'entretien et autres frais).
- Le remboursement du capital pendant la durée de l'adhésion à la communauté (dans une hypothèque de maison, c'est la partie du capital et non les intérêts, qui sont du profit). Le gain en capital est collectivisé à partir du moment où le membre devient permanent.

Cela exclut :

- Les donations ou cadeaux en nom propre.
- Les héritages.
- Les intérêts sur les placements. Nous ne calculons pas cela dans les revenus à partager, davantage pour une question logistique que par principe. On veut que les gens ne perdent pas leur argent, pas qu'ils fassent de l'argent avec les intérêts. Le taux d'inflation peut être notre référence.
- Le gain d'une loterie ou d'un tirage au sort lorsque le billet a été acheté avec de l'argent personnel.

Les échanges de services entre un ou plusieurs membres de la communauté et une ou plusieurs personnes de l'extérieur sont traités avec un grand bon sens.

Si jamais cela pose problème ou s'il y a un malaise, une discussion peut avoir lieu. Les heures échangées peuvent être personnelles ou collectives (nous parlons ici des heures que les membres font à l'extérieur).

- Les rétributions qui sont difficilement partageables (massages, vêtements…) sont perçues par le membre ayant échangé le service. Les échanges de services dans ce cadre se font pendant les heures personnelles.
- Attention au glissement : si l'échange de service est utilisé pour contourner le partage de revenus, en se faisant payer avec un objet de valeur plutôt qu'avec de l'argent.

Dépenses

Modalités des dépenses

L'argent gagné en commun est mis en commun dans un compte collectif.

- Chaque membre régulier a accès soit à une carte de crédit, soit à une carte de crédit prépayée, soit à une carte de débit pour accéder au compte.
- Les membres probatoires n'ont pas de carte. Ils peuvent faire des dépenses pour la communauté et demander à être remboursés.
- Pour l'instant, c'est un compte à une signature (une personne seule peut faire n'importe quel retrait). Éventuellement, on pourrait établir un montant à partir duquel deux signatures sont nécessaires (ex. : pour une dépense de plus de 500 €).

On convient ensemble des dépenses que l'on veut faire pour le groupe ou pour soi-même, surtout lorsqu'il s'agit de grosses dépenses. C'est aussi un moyen de trouver des alternatives lorsque c'est possible (trouver, recycler, partager…).

- Un budget peut être attribué à des comités ou des porteurs qui pourront le dépenser pour accomplir leur mandat.

On fait le bilan des dépenses chaque mois. Il est important de conserver un suivi de ces dépenses pour garder collectivement une trace de l'argent qui entre et qui sort.

Planification

On fait un bilan annuel et des prévisions financières pour l'année afin d'avoir une meilleure idée de l'argent que l'on a pour couvrir ces dépenses.

Allocation

Chaque personne de la communauté reçoit une allocation mensuelle. Depuis septembre 2015, ce montant est de 120 €, et il peut être sujet à révision. Cette allocation sert à répondre aux désirs ou besoins de chaque personne individuellement sans qu'elle ait à demander aux autres membres de la communauté si elle peut prendre de l'argent commun. Chacun, selon sa préférence, reçoit cette allocation soit en argent comptant, soit sur son compte personnel.

Réserve et fonds

Il existe une « réserve », dotée d'un montant annuel collectif permettant de couvrir certaines dépenses personnelles. Piocher dans cette réserve requiert l'aval du groupe.

- *Voyages.* La communauté paye au cas par cas en attendant un document plus précis.
- *Vacances en famille.* 60 € par semaine pour la nourriture, transport payé, hébergement à voir (on présume que la personne est hébergée par la famille ou des amis). Ces dépenses s'inscrivent dans le budget voyage.
- *Santé.* Un fonds de 500 € par mois cumulable pour les dépenses non courantes (ex. : nettoyage et soin des caries, mais pas achat de brosses à dents). Nous utilisons présentement ce fonds pour payer l'hypothèque de la maison. Nous voulons garder à l'esprit que cet argent servira à la santé en cas de besoin.

Veuillez consulter les prévisions financières annuelles pour avoir une idée des montants de la réserve alloués pour chaque volet.

Dépenses couvertes par la communauté (liste non exhaustive)

Les besoins de base :

- Nourriture
  - potager ;
  - produits de luxe et de plaisir occasionnels collectifs ;
  - achat en vrac avec le groupe d'achat ;
  - épicerie.

- Logement
  - loyer/hypothèque ;
  - électricité/chauffage ;
  - communications (Internet et téléphone) ;
  - assurance habitation ;
  - taxes municipales et scolaires ;
  - entretien.

- Déplacement
  - autobus ;
  - vélo, ski de fond, chaussures, trottinette ;

- frais de covoiturage ;
- voiture (permis, essence/électricité/carburant végétal, immatriculation, réparation et entretien, assurance).

- Santé
  - pharmacie ;
  - médicaments conventionnels et produits traditionnels ;
  - soins de santé conventionnels et traditionnels (dentiste, ophtalmo, acupuncteur, ostéopathe, psychologue…).

- Vêtements
  - en plus de l'allocation, chaque membre dispose de 200 € par an non cumulables pour réparer et s'acheter vêtements neufs ou de friperie, kits d'hiver et chaussures.

- Autres
  - frais bancaires du compte personnel, jusqu'à 4 € par mois.

Les frais pour gagner de l'argent :

- Pour le travail
  - habits et bottes (un budget doit être présenté au grand groupe avant tout achat) ; ces vêtements appartiennent à la personne si c'est approuvé en grand groupe ; par défaut, ils appartiennent à la communauté ;
  - permis ou adhésion à une organisation ;
  - formation.

Besoins couverts par le budget discrétionnaire des membres (liste non exhaustive)

Payés par l'allocation personnelle ou les avoirs des membres :

- café ;
- tablette de chocolat (mais le chocolat utilisé en cuisine est couvert…) ;
- produits de luxe non collectivisés (viande, produits de la mer, jus…) ;
- trucs qui coûtent cher sans qu'il y ait consensus pour les acheter ;
- alcool ;
- drogue ;
- cigarettes ;
- soins de bien-être (massages, soins du corps pour des raisons non pathologiques).

Les projets de transformation maison de ces produits peuvent être soutenus par la communauté (ex. : brasser sa bière).

Membres probatoires

Les membres probatoires gèrent eux-mêmes leurs avoirs et leurs dettes et en sont responsables pendant toute la durée de la probation. Certains avoirs qu'un membre probatoire a en sa possession peuvent être sujets à discussion.

Les cadeaux

Cette section s'adresse seulement aux membres permanents.

Nous incluons les cadeaux dans le partage des revenus puisque nous avons parfois, comme tout le monde, ce type d'obligation familiale et amicale.

Le matériel nécessaire pour fabriquer des cadeaux est fourni par la communauté sur acceptation du projet en grand groupe.

L'argent des cadeaux peut être pris dans le pot commun ; les membres doivent annoncer qu'ils se sont servis à l'occasion d'une réunion.

Déclaration

En signant ce document, je m'engage à partager mes revenus avec la communauté tant que je serai membre.

Je reconnais que chaque membre de la communauté, probatoire ou régulier, contribue en donnant ses revenus à la communauté. Il met le total de ce qu'il gagne dans le pot commun, et ensuite il reçoit une allocation mensuelle issue de ce pot. On considère comme un revenu les rétributions en argent ou en biens. La communauté n'est pas une communauté à partage des avoirs, c'est-à-dire que le membre demeure propriétaire de l'argent, des propriétés et des possessions qu'il avait avant sa venue dans la communauté.

Le principe initial du partage des revenus est d'éviter une disparité de richesse entre les membres. Conséquemment, si un membre choisit d'utiliser ses avoirs, il est invité à le faire avec conscience et respect pour les autres membres.

Toutes les informations contenues dans la section suivante demeureront confidentielles et seront seulement consultables par les membres permanents.

Voici la liste de mes avoirs (argent, possessions et propriétés) et de mes dettes et charges (allocations familiales…). Ci-joint les documents accompagnant chacun de ces éléments.

Nous voudrions des détails sur les avoirs et les dettes (marque, valeur, état d'usure). Des documents peuvent être joints s'il y a eu des ententes spéciales.

Je soussigné·e ...., consens à ce que cette entente soit effective à partir de la date de sa signature, et à ce qu'elle le demeure aussi longtemps que je serai membre.

Je déclare solennellement que les renseignements faisant l'objet de cette déclaration sont exacts et complets. Je comprends les modalités du partage des revenus pour la communauté. Je m'engage à partager mes revenus avec la communauté tant que je serai membre, et j'adhère totalement et librement à ce qui précède.

Signature :

Date : ....

Témoin : ....

Source : Anonyme.

Annexe XIII : *Check-list* pour l'organisation d'une réunion

1. Les invitations

- Lister les participants à inviter (peut-être en fonction des sujets abordés).
- Les consulter par quelque moyen que ce soit pour fixer une date (sauf si rendez-vous prédéfini).
- Envoyer les invitations de manière formelle.

2. Préparer le déroulement de la réunion

- Établir l'ordre du jour et les objectifs à atteindre, puis définir une durée maximum.
- Demander éventuellement à certains des participants de préparer des interventions ou de fournir des documents.
- Communiquer l'ordre du jour, la répartition des tâches et les documents éventuels aux participants.
- Donner éventuellement un rôle spécifique à certains participants : le gardien du temps, le scribe qui prendra des notes et rédigera le compte-rendu, et bien sûr l'animateur si ce n'est vous-même.

3. S'occuper de l'organisation matérielle

- Réserver la salle.
- S'assurer de la disponibilité du matériel : ordinateur, vidéoprojecteur, micro, connexion Internet…
- Anticiper éventuellement des boissons, une collation voire un déjeuner avec les participants.

4. Préparer les interventions

- Collecter les informations nécessaires.
- Préparer les présentations (s'assurer de leur durée) ou les documents à partager.
- Prévoir de faire le lien entre les interventions pour bien mener la réunion.

5. Préparer la salle juste avant la réunion

- S'assurer de la disponibilité de la salle.
- Mettre en place le matériel nécessaire et le tester.
- Prévoir chaises et tables et leur agencement en fonction de la réunion.
- Prévoir l'accueil des participants.

Source : Adapté de Fabien Renou, « La *check-list* pour organiser une réunion », *Journal du Net*, 21 novembre 2011.

Annexe XIV : Modèle de bilan financier initial

Nota : Ces chiffres sont hypothétiques – à corriger en fonction de votre réalité.

DONNÉES		
Surface du terrain	240 000 m²	24 ha
Nombre de logements	20 m²	
Nombre de parcelles	1 m²	
Surface moyenne des logements	70 m²	
Surface des bâtiments collectifs	200 m²	
Surface des bâtiments agricoles	400 m²	
Surface de la salle commune	200 m²	
Surface des logements accueil et location	400 m²	

BILAN				
N° bilan	Poste	Budget prévisionnel HT	Commentaire	% budget total HT
	PRODUITS D'EXPLOITATION	1 300 000 €		100,00 %
1	FINANCEMENTS	1 300 000 €		100,00 %
101	Apports des sociétaires	1 200 000 €		92,31 %
102	Mécénat, subventions, aides…	0 €		0,00 %
103	Épargne solidaire, financement participatif	100 000 €		7,69 %
	CHARGES D'EXPLOITATION	1 250 248 €		96,17 %
2	TERRAIN ET VOIRIE	525 400 €		40,42 %
201	Prix du terrain	480 000 €		36,92 %
202	Frais de notaire	38 400 €	De l'ordre de 8 % du prix du terrain	2,95 %
203	Géomètre et bornage	1 000 €		0,08 %
204	Voirie routière	0 €		0,00 %
205	Chemins	0 €		0,00 %

206	Construction de puits/réservoir d'eau	6 000 €		0,46 %
207	Raccordement au réseau public	0 €		0,00 %
3	**TAXES D'URBANISME**	**14 400 €**		**1,11 %**
301	Taxe locale d'équipement (TLE) + autres taxes	14 400 €	Consulter la mairie, car varie de 1 à 5 %	1,11 %
4	**CONCESSIONNAIRES**	**2 500 €**		**0,19 %**
401	Eau	500 €		0,04 %
402	Assainissement	500 €		0,04 %
403	Téléphonie et Internet	500 €		0,04 %
404	Électricité	500 €		0,04 %
405	Gaz	500 €		0,04 %
5	**ÉTUDES**	**12 000 €**		**0,92 %**
501	Géotechnique	3 000 €		0,23 %
502	Pollution	0 €		0,00 %
503	Étanchéité de l'air	4 000 €	200 € par logement	0,31 %
504	RC-EDD (géomètre/notaire)	5 000 €	Responsabilité civile et état descriptif de division	0,38 %
6	**HONORAIRES ARCHITECTE/ BUREAUX D'ÉTUDES TECHNIQUES**	**12 500 €**		**0,96 %**
601	Architecte conception et réalisation	5 000 €	Hypothèse : esquisses et conseils Prix moyen d'un architecte : de 66 à 95 €/m² (voir : https://www.monequerre.fr/prix-architecte/) L'architecte est obligatoire pour des superficies > à 150 m²	0,38 %
602	Assistant maîtrise d'ouvrage technique	0 €	2 à 3 % du montant des travaux	0,00 %
603	Contrôle technique	0 €	= 0 € si logements individuels	0,00 %
604	Bureau d'études fluides (toutes énergies : électricité, eau...)	7 500 €	500 € par logement	0,58 %
605	Bureau d'études assainissement	0 €	= 0 € si logements individuels	0,00 %
606	Sécurité et protection de la santé (SPS)	0 €	= 0 € si logements individuels	0,00 %
607	Bureau d'études économie de la construction	0 €	1 % du montant des travaux	0,00 %
608	Ordonnancement, pilotage et coordination (OPC)	0 €		0,00 %
7	**BANQUE/ASSURANCES**	**1 000 €**		**0,08 %**

701	Services bancaires	1 000 €		0,08 %
702	Assurance dommages-ouvrage	0 €	Minimum 3 000 € par logement, allant de 1 à 3 % du montant de la construction	0,00 %
703	Assurances TRC et CNR	0 €	Complémentaires de l'assurance dommages-ouvrage (tous risques chantier et constructeur non réalisateur)	0,00 %
8	**CONSTRUCTION**	**572 000 €**		**44,00 %**
801	Construction des logements privés	420 000 €	Ratios classiques (hors écoconstruction et autoconstruction) : – si construction neuve et collective : 1 500 €/m² – si construction neuve et privée : 1 000 €/m² – si rénovation (varie beaucoup suivant l'état du bâtiment) : 300 à 1 500 €/m²	32,31 %
802	Construction des bâtiments communs	144 000 €	Ratios classiques (hors écoconstruction et autoconstruction) : – si construction neuve et collective : 1 500 €/m² – si construction neuve et privée : 1 000 €/m² – si rénovation (varie beaucoup suivant l'état du bâtiment) : 300 à 1 500 €/m² Ajouter un ratio lié au caractère ERP (établissement recevant du public), par exemple 20 %	11,08 %
803	Rénovation des logements privés	0 €	Si travaux non faits par le collectif, il faudra distinguer : – la rénovation d'intérieur : 200 à 800 €/m² – la rénovation de la structure : 1 000 à 1 500 €/m²	0,00 %
804	Rénovation des bâtiments communs	8 000 €	Si travaux non faits par le collectif, il faudra distinguer : – la rénovation d'intérieur : 200 à 800 €/m² – la rénovation de la structure : 1 000 à 1 500 €/m²	0,62 %
9	**HONORAIRES ARCHITECTE-BET ET FORMATIONS**	**15 000 €**		**1,15 %**
901	Assistant maîtrise d'ouvrage hors technique	5 000 €		0,38 %

902	Autres honoraires de gestion	1 000 €	Montage dossier de déclaration préalable : 500 € TTC minimum Montage dossier de permis de construire pour bâtiment < à 80 m² : à partir de 800 € Montage dossier de permis de construire pour bâtiment entre 80 et 120 m² : à partir de 900 € Montage dossier de permis de construire pour bâtiment entre 120 et 150 m² : entre 900 et 1 000 €	0,08 %
903	Formation en gouvernance et communication	4 000 €		0,31 %
904	Accompagnement en gouvernance	5 000 €		0,38 %
10	**FRAIS JURIDIQUES**	**10 000 €**		**0,77 %**
1001	Montage de la structure SCI	5 000 €	Voir : www.legalplace.fr/guides/cout-creation-sci/	0,38 %
1002	Autres frais juridiques	5 000 €		0,38 %
11	**ÉCOLOGIE**	**61 000 €**		**4,69 %**
1101	Conception en permaculture du projet	5 000 €	Si recours à un expert	0,38 %
1102	Aménagement jardins, potager	20 000 €	Système d'arrosage, construction de serre	1,54 %
1103	Phytoépuration	6 000 €	4 000 à 5 000 € pour 24 m² (4 à 5 personnes)	0,46 %
1104	Énergies renouvelables	30 000 €	Photovoltaïque : – pour une installation ne dépassant pas 3 kWc : 3,5 € TTC/Wc – pour une installation de 3 à 9 kWc compris : 2,2 à 3 € HT/Wc – pour 100 kWc de panneaux solaires : 1,2 à 1,5 € HT/Wc Ces tarifs incluent le matériel et la pose ; il faudra y ajouter le coût du raccordement au réseau électrique Chauffe-eau solaire : 1 400 à 4 000 € pour un foyer de 4 personnes	2,31 %
12	**DIVERS ET IMPRÉVUS**	**24 448 €**	**Hypothèse : 5 % du total**	**1,88 %**
13	**TVA**	**140 490 €**	**+ 20 % du total, sauf achat terrain**	**10,81 %**
	RÉSULTAT D'EXPLOITATION (marge)	**49 752 €**		**3,83 %**

Source : Adapté de « Concevoir son modèle financier », www.cooperative-oasis.org

Annexe XV :
Matrice de gestion des risques

Le changement climatique, un défi majeur pour les collectifs.

INVENTAIRE DES RISQUES ET PONDÉRATION							
Projet :							
Date :							
				AVANT/PRÉVENTION			
				Risque inhérent			
N° DE RISQUE	DOMAINE	FACTEUR DE RISQUE	NOM DU RISQUE	Probabilité	Impact	Évaluation	Objectif de l'action
R1	ALIMENTATION	Production	Destruction de la production de légumes par des intempéries	4	4	16	Risque opérationnel
R2	CLIMAT	Inondation	Inondation de lieux d'habitation	1	5	5	Assumer et partager Réduire
R3	CLIMAT	Toitures	Toitures endommagées par les intempéries, provoquant des fuites d'eau et de chaleur importantes	1	4	4	Réduire
R4	CLIMAT	Route d'accès	Impossibilité de transiter par la route principale avec une voiture (4 × 4 compris)	1	4	4	Réduire

							APRÈS/GESTION DE CRISE
				Risque inhérent			
Action préventive	Action de contrôle/ Indicateur	Responsable	Date de réalisation	Probabilité	Impact	Évaluation	Action en contingence
Une partie de la production doit se faire sous serre							
Identifier les zones inondables et chemins d'évacuation des eaux, puis mesurer les niveaux des habitations pour évaluer le véritable risque							
Analyser la possibilité de réduire l'impact sur les habitations							
Disposer de matériaux de réparation (tuiles...)							
Aménager un second accès							

				AVANT/PRÉVENTION			
				Risque inhérent			
N° DE RISQUE	DOMAINE	FACTEUR DE RISQUE	NOM DU RISQUE	Probabilité	Impact	Évaluation	Objectif de l'action
R5	EAU	Sources	Tarissement temporaire	3	5	15	Éviter
R6	EAU	Rivière	Assèchement rendant impossible le pompage de l'eau pour l'arrosage des cultures	2	4	8	Assumer et partager
R7	ÉNERGIE	Réseau public	Coupure du réseau	2	4	8	Éviter
R8	ÉNERGIE	Production photovoltaïque	Panne d'un composant électronique, rendant le système non opérationnel	1	5	5	Réduire

							APRÈS/GESTION DE CRISE
				Risque inhérent			
Action préventive	**Action de contrôle/ Indicateur**	**Responsable**	**Date de réalisation**	**Probabilité**	**Impact**	**Évaluation**	**Action en contingence**
Construire une réserve (lac artificiel ou réservoir plastique)							
Rien à faire							
Installer un système d'énergie photovoltaïque pour les habitations principales							
Disposer des contacts du fournisseur pour un approvisionnement immédiat (appel au principe de fonds d'urgence du collectif)							

Remerciements

C'est un exercice classique, mais je tiens à le faire car ce premier projet éditorial d'un ouvrage pratique n'a pu voir le jour que grâce à ces personnes :

À commencer par ma femme, Sandra, et mes enfants Anaïs et Mathias, qui ont eu l'extrême patience de me laisser bosser des heures devant l'ordinateur et d'écouter mes préoccupations. Un clin d'œil aussi à mes parents, qui malgré la distance géographique ont toujours soutenu mes idées fantasques.

Je remercie aussi les personnes suivantes, qui m'ont apporté de précieuses informations, ou souvent simplement un message d'encouragement :

- Arielle, depuis son lointain Québec
- Carolin, du GEN
- l'association Arutam (http://arutam.free.fr), mes amis Jean-Patrick et Alma, et l'énergie qui circule dans les cercles du chamanisme
- Gaby, pour sa présence bienveillante et son engagement indéfectible
- Ambre et Sébastien
- Ana et José et leurs deux magnifiques filles
- Dane et Alain et le collectif de Sainte-Camelle, avec qui j'ai passé un moment extrêmement enrichissant et lumineux
- Hervé, pour son soutien constant et discret
- Loïc et sa généreuse famille, au-delà des continents
- Andino, David et Andrea depuis l'Équateur.

J'en oublie et m'en excuse par avance mais le cœur y est, pour tous ceux que j'ai pu croiser dans cette quête et qui m'ont apporté conseils et enseignements, même subreptices.

Déjà parus aux éditions de Terran

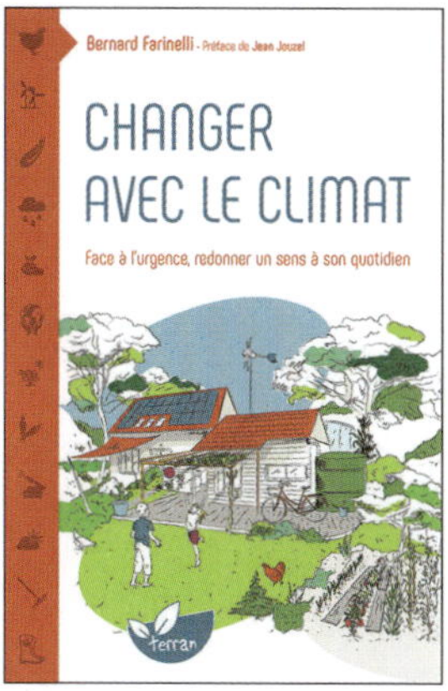

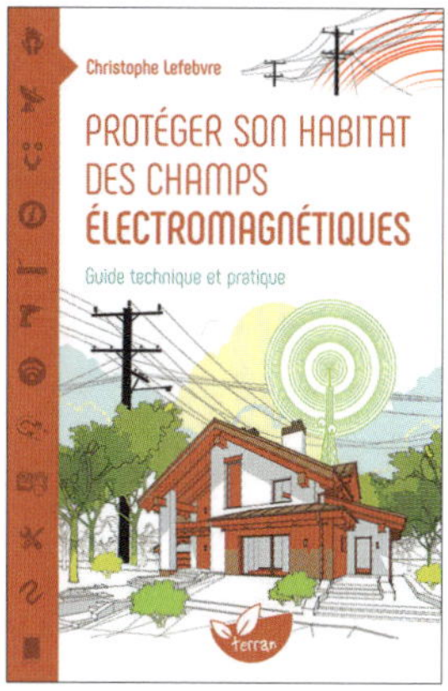

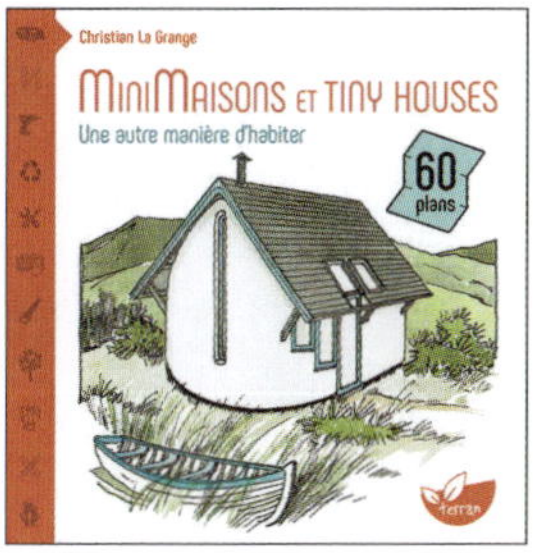

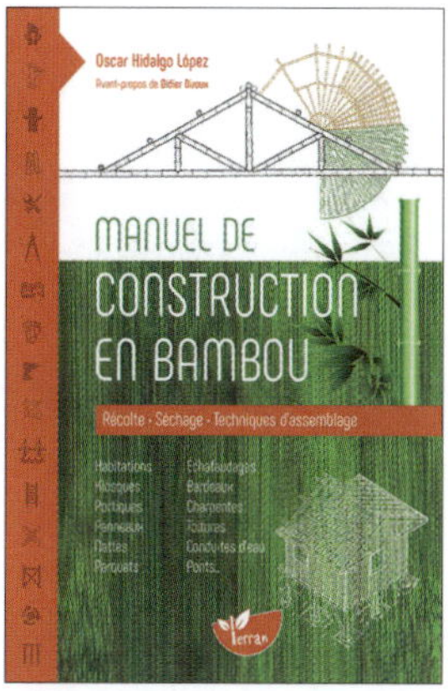

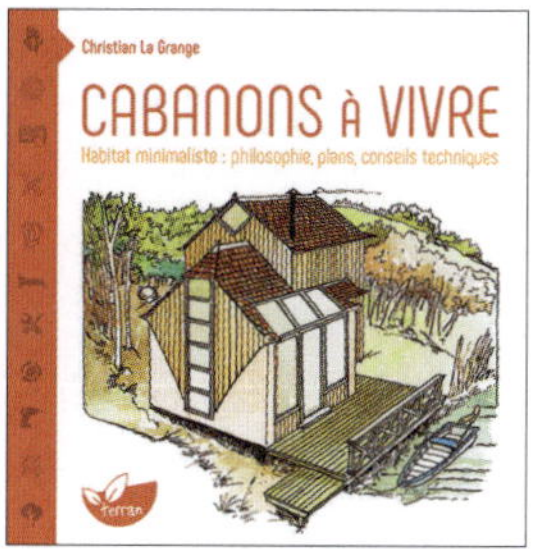

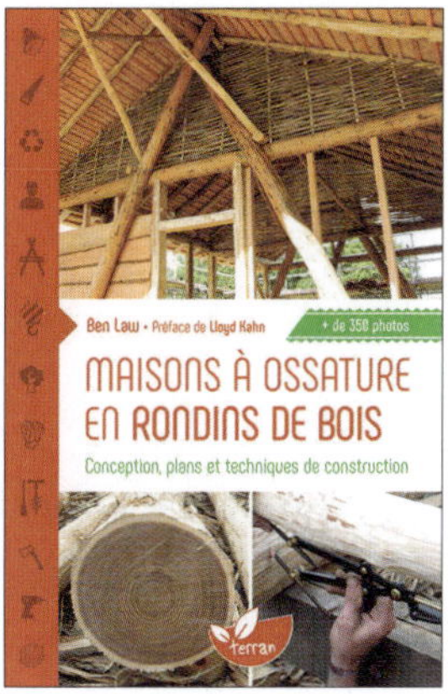

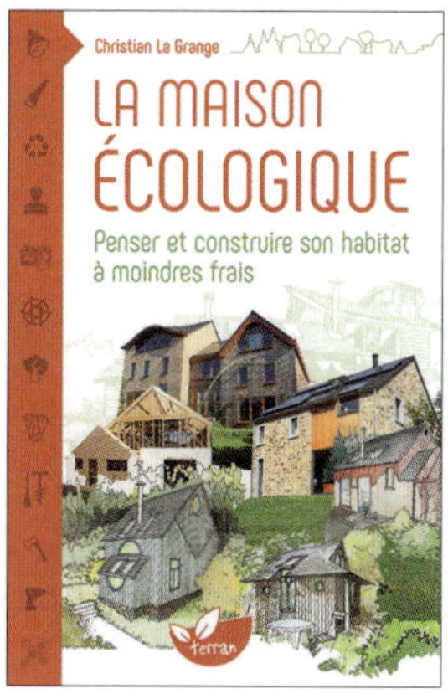

Crédits iconographiques

Photographies :

- p. 10 : Diane Bécheras – Travaux d'Aslı Tekin (Instagram : @aslitekinatelier)
- p. 12 : Roberto Nickson / Pexels
- p. 15, 108, 123, 124, 148, 160, 168, 204, 212, 238 : William Wadoux
- p. 18, 170, 218 : L. Bach, A. Cazette, M. Claudet
- p. 20, 226 : Écovillage Les Trois Sources
- p. 39g : Dancing Rabbit Ecovillage
- p. 39d : Association Tera
- p. 44 : Raphaël Rivollier / Ecoravie (CC BY-NC-SA)
- p. 58 : Ikars Kublins / adobestock.com
- p. 75 : Philippe Leridon / adobestock.com
- p. 76 : Oasis du Coq à l'Âme
- p. 83 : Pete Kanaris / Youtube.com/GreenDreamsFL
- p. 85 : beermedia / adobestock.com
- p. 87 : Père Igor / Wikipédia (CC BY-SA 4.0)
- p. 100 : Mariyka LnT / adobestock.com
- p. 106 : lamax / adobestock.com
- p. 116 : alhim / adobestock.com
- p. 119 : Viviana / adobestock.com
- p. 120 : Guillaume Loubet / Archestra (www.archestra.fr) – Supervue Studio (www.supervue.fr)
- p. 129 : Initiative La Pyrène (https://monnaie09.fr/)
- p. 191 : Sabrina et Anne-Sophie Thiry / L'Autrement Dit
- p. 228 : Kemedo / adobestock.com
- p. 230, 274 : Pierre Lécuelle
- p. 232 : concept w / adobestock.com
- p. 275 : ArtHouse Studio / Pexels
- p. 297g : Matthew J. Thomas / adobestock.com
- p. 297d : wlad074 / adobestock.com

Schémas et dessins :

Mis en forme par Elena Ighil et Caroline Robin à partir des sources et crédits mentionnés, excepté :

- p. 29 : Centre UnisVers
- p. 82 : Bureau d'études Permaculture Design (www.permaculturedesign.fr)
- p. 172 : François Piranda / Université du Nous (CC BY-SA 4.0)
- p. 197 : John Manoogian, Buster Benson, Albert Moukheiber, Mariam Chammat / Wikipédia (CC BY-SA 4.0)
- p. 200 : Maïté Gayet

Suivi éditorial : Coline Pons

Relecture : Marie-Laurence Sarret

Maquette : Caroline Robin | LA PLUME GRAPHIK

Diffusion/Distribution

DG DIFFUSION – info@dgdiffusion.com

Cet ouvrage a été achevé d'imprimer par la SEPEC en mars 2022.

Imprimé en France. Numéro d'impression : 15535210107

PEFC 10-31-1470 / Certifié PEFC / Ce produit est issu de forêts gérées durablement et de sources contrôlées. / pefc-france.org